高尔夫球会管理流程丛书

《高尔夫营销策划管理》编委会

主　编：黄丽坚

副主编：关展荣　霍桂馨　谭晓晖　李树广　吕晓庄

助　理：卢雨森　周惠明　张绮霞　区婉珊

主编 黄丽坚 关展荣 霍桂馨等
高尔夫球会管理流程丛书
Golf Club Management Procedure Collection

Golf Marketing and Planning Management

高尔夫营销策划管理

主　编◎黄丽坚
副主编◎关展荣　霍桂馨　谭晓晖　李树广　吕晓庄

暨南大学出版社
JINAN UNIVERSITY PRESS
中国·广州

图书在版编目（CIP）数据

高尔夫营销策划管理/黄丽坚主编. —广州：暨南大学出版社，2013.11
（高尔夫球会管理流程丛书）
ISBN 978-7-5668-0824-0

Ⅰ.①高… Ⅱ.①黄… Ⅲ.①高尔夫球运动—营销策划 Ⅳ.①G849.3-05

中国版本图书馆 CIP 数据核字（2013）第 256912 号

出版发行：暨南大学出版社

地　址：中国广州暨南大学
电　话：总编室（8620）85221601
　　　　营销部（8620）85225284　85228291　85228292（邮购）
传　真：（8620）85221583（办公室）　85223774（营销部）
邮　编：510630
网　址：http://www.jnupress.com　http://press.jnu.edu.cn

排　版：弓设计
印　刷：深圳市新联美术印刷有限公司

开　本：850mm×1168mm　1/16
印　张：19
字　数：623 千
版　次：2013 年 11 月第 1 版
印　次：2013 年 11 月第 1 次
印　数：1—2000 册

定　价：98.00 元

作者简介

黄丽坚

工商管理硕士。广州大学旅游学院特约讲师、兼职副教授，《GOLF经营与管理》杂志主编。从事高尔夫行业工作二十年，深感中国高尔夫行业的经营需要从管理教育及流程规范开始。1999年至2001年，出任世界著名球会观澜湖高尔夫球会市务传讯总监一职。任职期间专门负责观澜湖球会ISO9001和ISO14000的管理流程导入；参与国际大型活动，包括世界顶级球星泰格·伍兹（Tiger Woods）、维杰·辛格（Vijay Singh）、厄尼·埃尔斯（Ernie Els）在中国的高尔夫专业赛事活动的策划工作。2003年开始，走访国内外各高尔夫球场，访问同业行家600多人，其采访报道被各大报刊及电子媒体纷纷转载。自2003年开始，策划组编一套高尔夫管理丛书。任多间高尔夫球会的管理顾问，协助球会制定管理流程，培训管理人才，监督、评估、完善球会管理流程执行状况。研究领域为高尔夫球场经营运作管理流程导入与执行、管理教育的推广，是中国高尔夫行业资深的管理流程导入与执行导师之一。

关展荣

香港中文大学社会科学学士，《GOLF经营与管理》杂志出版人。早年出任中国银行（香港）国际业务部经理及分行经理，后从事国际贸易工作近二十年。2003年从事高尔夫普及与文化研究工作，对高尔夫人才培训的组织与策划管理有非常丰富的经验。2004年创办和出版《GOLF经营与管理》杂志并策划组编一套高尔夫管理丛书，先后编著出版《高尔夫行业百家撷英访谈录》、《高尔夫投资者语录与法律视觉》、《高尔夫行业供应商名册》、《2004—2008年高尔夫经营与管理杂志合订本》。在研究高尔夫文化发展的过程中，深感中国高尔夫行业的规范管理需要从管理教育开始。因此，他收集近百个行业案例，进行深入分析。他对企业的经营及管理模式十分了解，非常重视并擅长企业的信息化管理。在主持和策划“GBMsoft至邦高尔夫经营与管理专用软件系统”的编程管理工作时，收集大量国内外专业的管理数据，反复论证和实验，为编写“GBMsoft至邦高尔夫经营与管理专用软件系统”程式提供了宝贵的管理流程资料。

霍桂馨

广东省仲恺农业技术学院植物保护系农学学士。2002年加入高尔夫行业，参与广东省昆虫研究所新型生物杀虫剂（防治昆虫病原线虫）的实验与应用工作，直接参与高尔夫场地养护与成本管理方面的运作以及草坪病虫害预测预报及药后研究与评估工作。2004年出任《GOLF经营与管理》杂志执行主编，从事高尔夫球场运作流程研究，采访行业内外专家学者数百人，收集编写行业信息，构建与行家共同探讨高尔夫经营与管理的发展之路的平台。先后参与编著《高尔夫行业百家撷英访谈录》、《高尔夫投资者语录与法律视觉》、《高尔夫行业供应商名册》、《2004—2008年高尔夫经营与管理杂志合订本》。从事高尔夫行业多年，与行业商家及俱乐部管理层关系密切。在设计“GBMsoft至邦高尔夫经营与管理专用软件系统”管理流程时，收集大量数据，反复论证和实验，将国际上流行的植保管理的专业流程与中国高尔夫球场养护管理流程相结合，创建编写了“高尔夫场地养护管理系统”程式。这套软件历经5年多的策划和研发，它的面世，填补了中国高尔夫球场经营与成本管理软件的空白。

谭晓晖

经济师，资深高尔夫职业经理人，广州大学旅游学院特约讲师、兼职副教授。从事高尔夫行业近二十年，经营过八家球会，历任多家球会总经理，曾被聘为三家球会的管理咨询顾问，现为深圳市朝向高尔夫管理有限公司董事，《GOLF经营与管理》编辑顾问及栏目主持，多家高尔夫专业及公共期刊、网站专栏作者，专业著述近三十万字。在高尔夫俱乐部的运作和管理的理论和实践上有较深的造诣。研究领域为高尔夫项目策划与管理执行、大型高尔夫活动策划和球场开业前后的管理流程设置及导入，是中国高尔夫行业资深策划与管理执行导师之一。

李树广

广告人，毕业于辽宁大学广告学院，主修广告学，后自修法学专业。从事广告策划营销工作十余年，涉足加盟连锁、网站运营等行业，曾被聘为两家连锁企业的宣传及营销顾问，曾担任《二十一世纪赢家》杂志运营顾问，对产品运作有较多见解；多年来积累了大量的广告策略、活动推广、渠道开发、连锁运营心得，属实干派。由于广告学与各行业的特殊关系，其吸收了不同行业广告宣传、营销策略、品牌建设的优秀经验，对企业文化、品牌建设均有涉猎。对企业公共关系及危机公关处理素有研究，长期关注国内企业危机处理进程并有一定心得，为《高尔夫营销策划管理》提供了宝贵的案例和处理经验。现任中国国内草坪养护设备大型配套服务商绿友集团市场部经理。

吕晓庄

观光学硕士，广州大学旅游学院高尔夫与休闲管理专业方向负责人。从事高校教育工作二十年，发表中、日文研究论文十余篇。研究领域为地域开发与振兴、高尔夫经营与管理。进入高尔夫领域以来，立足中国高尔夫实际，紧密结合业界的需求，积极与业界和学界沟通探讨，脚踏实地进行实地调查，不断丰富经验和收集资料。2005年现场调研了苏格兰各类型高尔夫俱乐部及球场的管理运作，全程认真考察了在圣安德鲁斯老球场举办的英国公开赛，对世界级高尔夫赛事的筹备、组织、运营进行了深入的调查研究，获得苏格兰圣安德鲁斯皇家古老高尔夫球会和英国爱姆伍德学院的高尔夫PDA证书。2008年开始参加美国俱乐部经理人协会(CMAA)资格考试的BMI高尔夫管理部分课程的学习。在学科建设和实践基地建设上不遗余力，与业界形成了良好的合作关系，为高尔夫人才培养和学术研究打下了坚实的基础。

序一　实务观察和实践经验的总结

詹国勇

黄丽坚请我给《高尔夫营销策划管理》作序，自以为是行家里手的我满口答应。谁知打开邮件一看，好家伙，洋洋洒洒数十万言！彷徨之间，看了二十余日，竟未能落笔……

好在本书并不是营销管理的理论巨作，也不是尚待验证的科学观点，而是编者对国内外许多成功的高尔夫企业的实务观察和实践经验的总结，侧重于高尔夫球会有关营销策划的方式、方法、步骤以及所产生的结果，从中可以清楚地看到一个营销项目几近完整的操作流程，读起来朗朗上口，也让我受益匪浅。

高尔夫应该不是关系到国计民生的基础性产业，也不是国民经济发展中的主导产业或支柱产业，它本质上只是一项体育休闲运动而已。它在中国经过了30年的野蛮生长，虽经历过高压棍棒，却仍现繁荣态势。然而，可惜的是，几乎每一家球会都在重复着从猴到人的进化历程。为什么呢？可能是因为业内还没有一套成熟的人才培养体系和企业运营的行为指南。

黄丽坚作为一名媒体人，能将这些被业内人士视为“商业秘籍”的内容挖掘整理出来并公之于世，真是立了大功德！相信本书的内容对高尔夫行业的管理者、从业人员以及对高尔夫球会经营管理感兴趣的读者都会有所帮助。

想我也苦撑高球教育数年，虽经刻意安排，终未能完善一套成型的教材。相较黄丽坚女士，又树一座丰碑，真叫人羡慕、嫉妒、恨煞！汗颜之余，老实兑现承诺，再去奋蹄。

2013年7月

（詹国勇：著名高尔夫球会管理专家，荣获“中国企业最具执行力职业经理人”称号。中国高尔夫球协会教育与科研委员会副主任，高尔夫项目策划专家，高尔夫球场建设与管理专业导师。）

序二　高尔夫营销的指南针

尉智敏

中国现代高尔夫产业历经20多年的发展，已初具规模。高尔夫球作为一项运动，“绿色（G）、氧气（O）、阳光（L）、友谊（F）”是其代名词。同时，高尔夫对于提升城市品位、陶冶个人情操、改善投资环境、促进就业等意义重大，这越发让人感受到它所蕴含的经济和文化气息，也让人坚信高尔夫行业的光明前景。

但是目前中国高尔夫的发展存在诸多问题，例如，在中国，高尔夫被影射为一种贵族化运动，这种消费观念偏离了高尔夫运动本身的真正价值，导致很大一部分收入不高的潜在客户群流失，也不利于高尔夫运动文化在国内的传播。而在美国，高尔夫球场大部分是公共球场，打球费用不到国内的一半，是一种较为普通的运动。这种差异与中国高尔夫的经营管理模式和营销思路密切相关。如何凸显高尔夫的真正价值，让中国的高尔夫深入大众、走向世界，突破日常经营管理过程中遇到的诸如产品市场定位不清、销售渠道拓展困难等瓶颈，是值得我们深思的问题。

《高尔夫营销策划管理》一书涉及高尔夫球会营销策划项目的方式、方法、步骤以及所产生的结果等方方面面，为企业开展营销策划提供了理论指导。最难能可贵的是，本书的理论知识建立在对国内外许多成功高尔夫企业的实务观察与实践经验总结的基础上，能够切实为企业经营管理者、相关从业人员提供帮助和指引。本书称得上是企业开展营销项目活动的指南针，希望在此书的指导下，中国高尔夫的发展实现新突破，让更广泛的大众亲身体验高尔夫运动的真正乐趣。

2013年7月10日

（尉智敏：参与高尔夫球会管理研究工作，任高尔夫球会总经理，从事旅游与酒店业管理工作十多年。）

序三　新篇章

谭晓晖

“高尔夫球会管理流程丛书”首部面世至今已有三年。这三年中，编辑部的同仁们不畏艰难，脚踏实地，一步一个脚印地向前走，从《高尔夫俱乐部会所经营与管理》到《高尔夫球场场地养护管理》，如今，第三册，也是非常重磅的一册——《高尔夫营销策划管理》，再一次填补了长久以来高尔夫领域理论研究的一大空白，可喜可贺！

笔者根据多年的球会管理经验，一直认为，做市场是球会总经理的第一要务，没有“之一”。市场做不好，没法给业主交代，自己在业界也创不出业绩和口碑，甚至连球会日常运作都维持不了，时时要摊大手掌向老板要钱，这样的老总很容易下岗的（那些把球场当作后花园来营运的老板除外）。市场做好了，才谈得上球会管理和服务、软件和硬件的提升。

说细一些，“营”和“销”是两个不同的概念范畴。“营”就是我们通常说的“做市场”，是个战略概念，从整个球会总体氛围的营造到细节落实，包括球会对外形象的展示、每一项对客户服务的安排，甚至内部管理的方式和力度，都可以对市场产生影响，都属于“营”的范畴；“销”即“销售”，是一个战术概念，包括具体产品的策划推广和销售方式、销售队伍的建设及管理等。有些人以为找一个好的市场总监就能把市场做好，那是把“营”和“销”混为一谈了。实质上，“营”的工作是要总经理来做的。“营”要为“销”打基础、做准备、营氛围；“销”是“营”的临门一脚，互相依存，缺一不可。《高尔夫营销策划管理》这本书里面的内容可以清楚地告诉大家，有许多事情是市场总监做不来、做不到的，只有总经理从大的范围去把握、去控制、去实施，只有整个球会每一个工作人员都树立正确的市场意识，积极参与，才能真正达到球会的营销目的。因此，笔者认为，这本书不仅球会市场部的人要看，总经理更要看，甚至球会的每一个员工都应该看！

市场是千变万化的，没有放之四海而皆准的通则，但有些工作的步骤还是可以统一规范的。“世界上没有相同的高尔夫球场”，说的不仅是每一个球场会因地形地貌、设计建造的不同而不同，而且因其产生的背景、所处的环境不同而经营管理的方式也大相径庭。这就给高尔夫理论研究设置了一道难题，因为可以提炼的共性的东西太少。尤其是市场工作，因每个球会所处的地理环境、经济环境、自然环境、竞争环境等的不同，也因业主的背景和要求不同，营销手法更是千差万别，要总结出其共性，殊为不易。可以想象，“高尔夫球会管理流程丛书”的编辑们在寻求解决问题的方法时所下的功夫是一点也不会少的。这项工作非常有意义，弥足珍贵，从目前所定书稿来看，对业界也将是非常有帮助的。

高尔夫运动在中国的发展需要你我的探索和推动，“高尔夫球会管理流程丛书”的编辑同仁们已走在前面，让我们阔步跟上，一起努力吧！

再次对此书的编写者们致以崇高的敬意！

2013 年 6 月于深圳

（谭晓晖：资深高尔夫职业经理人，经济师职称。对高尔夫俱乐部的运作和管理的理论与实践有较高的造诣，是中国高尔夫行业资深策划与管理执行导师之一。）

前　言

对于高尔夫从业人员或从事高尔夫相关行业的人员来说，手头有一套类似于工作手册，把高尔夫球会的管理流程及各个岗位的工作职能与操作流程有条理、清晰地归纳概括出来的实用操作指南，是非常有必要的。

市场竞争，就其本质而言是人才的竞争。以人为本的现代企业管理同样对职业经理人的职业素质提出了更高的要求。形势的变化要求经理人跟上时代前进的步伐，全面更新自己的知识与技能。事实证明，只有持续地学习与培训，不断提高自身的职业化、专业化程度，方能在激烈的职场竞争中立于不败之地。

中国的高尔夫球会管理现代化与经理人队伍的职业化、专业化都迫切要求有一套全面、系统、实用的工具丛书，在帮助解决企业管理实际问题的同时，又能促进经理人职业素养的不断提升，继而打造出一支能够适应激烈竞争的、职业化与专业化高度融合的经理人团队。这无论是对中国高尔夫产业的稳步发展，还是对经理人群体的健康成长，乃至对于促进中国企业管理科学的发展，无疑都具有积极的意义。

基于此，广州市红邦企业管理咨询有限公司策划了“高尔夫球会管理流程丛书”，并由暨南大学出版社出版。这套丛书选取高尔夫球会管理工作中最常见的问题，借鉴吸收最新管理理念与管理方法，以规范化、步骤化、人性化的方式进行了深入具体的分析与整理；在解决流程运作的同时，编写者进一步围绕岗位，以帮助岗位任职人员提高业务能力为目的，详细地把具体岗位的职责范围、操作流程、操作方法、应用工具、注意规则等影响岗位工作绩效的要点提炼出来，结合实际操作中的运用技巧，形成了针对高尔夫球会具体工作岗位的工序技能培训范本。

丛书内容涉及高尔夫俱乐部会所经营与管理、高尔夫球场场地养护管理、高尔夫营销策划管理、高尔夫竞技运作与竞赛管理、高尔夫企业后勤支持与管理五个核心业务，在全面系统地分析现有高尔夫球会的经营理论和管理实践的基础上，对其进行归纳并重构，形成了规范的、标准的高尔夫业务管理流程与球会管理模板。

1. 丛书的特色

（1）选题的实用性。

丛书选题紧扣高尔夫球会日常管理工作，提供兼具规范化、职业化、实用性及可操作性的工序规程。

（2）内容的系统性。

丛书内容涵盖高尔夫工作的方方面面，是一套高尔夫从业人员及经理人管理工作的核心业务与知识领域的百科全书。

（3）表述的规范化。

本套丛书的编写体例、语言表述都规范一致，便于读者学习、查阅和使用。

（4）版式的人性化。

为了给读者提供一个轻松、愉快、高效的阅读学习体验，本套丛书在版式及内容设计上，力图做到知识技能表述的要点化、步骤化、图表化、功能化。

（5）学习与实践的互动性。

本套丛书每本书的每个章节中都设计了相对应的技能特点指引，力图使读者在学习与实践结合中达到学以致用的效果。

2. 丛书的学习功能模块设置

本着设身处地为读者着想的原则，本套丛书通过设置若干功能模块，力求为读者学习、阅读、使用本套丛书带来最佳效果。书中的各个模块及其功能如下：

（1）阅读重点提示。

“阅读重点”为每一篇章的主要标题，是流程所要解决的问题。读者可以将所遇到的或所关注的问题与此对照，从而找到解决方案。读者可以通过“阅读重点”快捷地了解到自己的问题所属的核心业务与知识领域。

（2）工序与技能描述。

“工序与技能”是针对经理人常见管理问题提供的解决方案。通过查看相关的工序与技能，读者可以轻松地处理日常工作中所面临的管理问题，还可以根据适用工序情景，准确地将技能知识用于实践，也可检验自己是否正确查找到所需的答案。

（3）岗位设置与工作内容。

“岗位设置与工作内容”是对技能描述的补充说明，包括一些上下级的归属、部门人员岗位配置数量、必要的补充知识等。通过“岗位设置与工作内容”，读者可以获取更为丰富的知识。

（4）部门管理规则明确。

“部门管理规则”是处理管理过程中应当注意的事项，相当于忠告或注意事项。读者可以利用它快速把握每一核心业务描述的主要内容。

3. 经理人怎样用好本套丛书

（1）作为随用随查的管理工具。

经理人在日常工作中遇到有关管理问题需要处理，却对如何正确处理没把握时，可查阅参考本丛书中相应核心业务与知识领域的技能描述，从中寻求工作指南。

（2）作为自助学习、自我提升的教材。

经理人可以根据个人需要和学习习惯，自主选择与自己所属的核心业务和知识领域相关的书，甚至是某一本书中的相应技能点，作为自己在某一时段内的学习资源，从而有针对性地提升自己某一方面或某几个方面的能力。

（3）高度直视时间联系。

丛书在对每一个工序技能与管理流程进行介绍之后，都附有具有针对性和相对应的技能特点指引，其目的是通过练习，巩固经理人的学习成果，加深其对知识和技能的了解，从而提高经理人的实际操作能力。因此，我们希望读者尽量按书中的提示，认真进行相关的实践，从而在实践中取得尽可能大的学习效果。

4. 高尔夫企业怎样用好本套丛书

（1）作为各项工作标准化、规范化的参考手册。

本套丛书把高尔夫球会的管理流程以及各个岗位的工序技能与操作程序有条理、清晰地归纳概括出来，成为先进的操作模式。企业可将本丛书作为各项工作标准化、规范化的参考手册，提高企业运作的标准化和规范化程度。

（2）作为员工职业化培训教材。

本套丛书涉及的内容广泛并具有很强的针对性，是高尔夫企业不可多得的系列培训教材。企业可针对员工特别是各部门管理人员的特点、工作岗位、职业规划等情况，有计划地选择本丛书作为教材对员工进行培训，从而达到全面提高员工职业化素质的目的。

（3）构建企业管理图书馆或职业经理人书架。

建立企业管理图书馆或构建职业经理人书架是有利于企业成为学习型组织的重要硬件设施。企业可以以本套丛书为基础开始筹建企业管理图书馆或职业经理人书架，从而为员工创造良好的学习条件，引导员工形成终身学习的习惯，最终促使企业成为学习型组织。

编写这套丛书，无论对策划者、作者，还是对出版社来说，都是一个很大的挑战。当然，这套丛书没有也不可能穷尽一切管理难题。全新的尝试能否得到读者的认可，还需要经过实践的检验并在实践中逐步改进与完善。

我们期望本套丛书不仅是可以规范高尔夫行业球会经营运作的流程和管理书，更是一套可以帮助高尔夫企业培训管理人才，提升其管理能力、方法、技巧的培训书。

《高尔夫营销策划管理》是“高尔夫球会管理流程丛书”第三册。本书共分六个篇章，从高尔夫营销策划管理目的出发，全面系统地论述高尔夫球会营销活动的流程控制，分别是：高尔夫营销策划管理概述；高尔夫营销活动管理流程；高尔夫球会客户开发管理流程；高尔夫球会公共关系管理流程；高尔夫球会市场策划管理流程；高尔夫球会营销策划部门工作流程控制。

《高尔夫营销策划管理》对管理流程的模板和岗位操作的规范，都进行了细分式的分析，去除理论化的烦琐，注重突出流程化、规范化、实用性与操作性，以清新、简洁、鲜明的风格，一步到位地为读者提供一整套实用的管理模板、管理工具和培训教材。

目　录

第一篇

高尔夫营销策划管理概述

阅读重点

有关营销策划管理研究

高尔夫营销策划管理内容

高尔夫营销策划管理发展趋势

高尔夫球会营销策划工作年度安排表

高尔夫球会营销策划部门岗位设置与工作内容

高尔夫球会营销策划部门岗位设置图

第一章　高尔夫营销策划管理概念及意义

第一节　有关营销策划管理研究

一、营销策划的定义

营销策划是一种运用智慧与策略的营销活动与理性行为，是为了改变企业现状，达到理想目标，借助科学方法与创新思维，分析研究创新设计并制订营销方案的理性思维活动。营销策划是对营销活动的设计与计划，而营销活动是企业的市场开拓活动，它贯穿于企业经营管理过程之中。因此，凡是涉及市场开拓的企业经营活动都是营销策划的内容。

在“营销”二字中，“营”指经营，“销”指销售；在“策划”二字中，“策”是指计策、谋略，“划”是指计划安排，连起来就是有计划地实施谋略。成功的营销策划并不是完全靠拍脑袋想出来的，也不是一种偶然的巧合，而是某些客观规律的体现，是现代科学原理指导下的产物。

营销策划是为企业的市场营销活动方案进行全面的设计，包括对营销行动步骤进行衔接安排、对行动可能出现的结果进行预测应变的谋略活动。这种为实施营销目标而对营销策略进行实际运用的活动是营销管理全过程的重要组成部分。要使营销策划充分发挥作用，其组织与管理不容忽视。通常需组织者因时、因地制宜，集天时、地利、人和，整合各种资源安排周密的活动。好的策划能环环相扣、前后呼应。策划规模可大可小，时间可长可短。

营销策划有主观性、超前性、复杂性、创造性等特点。营销策划的方法通常如下：

1. *点子方法*

从现代营销角度来说，点子是指有丰富市场经验的营销策划人员经过深思熟虑，为营销方案的具体实施所想出的主意与方法。

2. *创意方法*

创意是指在市场调研前提下，以市场策略为依据，经过独特的心智训练，有意识地运用新的方法组合旧的要素的过程。

3. *谋略方法*

谋略是关于某项事物、事情的决策和领导实施方案。营销策划包括六个步骤：情景分析、目标、战略、战术、预算和控制。

（1）情景分析。企业首先要明确所处环境的各种宏观力量（经济、政治/法律、社会/文化、技术）和局内人——企业、竞争者、分销商和供应商。企业可以进行 SWOT 分析（优势 Strengths、劣势 Weaknesses、机会 Opportunities、威胁 Threats），但是这种分析方法应该作一些修改，修改后成为 TOWS 分析（威胁 Threats、机会 Opportunities、劣势 Weaknesses、优势 Strengths）。原因是，分析思维的顺序应该由外而内，而不是由内而外。SWOT 分析方法可能会赋予内部因素不应有的重要性，误导企业根据自身的优势来选择性地认识外部威胁和机会。这个步骤还应包括公司各部门面临的主要问题。

（2）目标。对于情景分析中确认的那些最好的机会，企业要对其进行排序，然后由此出发，定义目标市场、设立目标和完成时间表；企业还需要为利益相关者、企业的声誉、技术等有关方面设立目标。

（3）战略。任何目标都有许多达成途径，战略的任务就是选择最有效的行动方式来完成目标。

（4）战术。战略充分展开成细节，包括4P（产品、价格、分销渠道和促销组合）以及各部门人员的时间表和任务。

（5）预算。企业为达到其目标所计划的行为和活动需要的成本。

（6）控制。企业必须设立检查时间和措施，及时评估计划完成情况。如果计划进度滞后，企业必须更正目标、战略或者各种行为来纠正这种局面。

营销策划学科的特点：创新思维学科、市场营销工程设计学科、可操作性实践学科、系统分析的学科。营销策划的原则：创新性、时效性、可行性、信息性、经济性、灵活性、整体性、慎重性。

二、营销策划的要点与基本程序

营销策划是人们为了达到某种预期的目标，借助科学方法、系统方法和创造性思维，对策划对象的环境因素进行分析，对资源进行重新组合和优化配置而进行的调查、分析、创意、设计并制订行动方案的行为。

营销策划的要素：①创意，即策划的内容必须独特新颖、令人叫绝；②目的；③可行性（可操作性）。

企业的策划人员根据企业现有的资源状况，在充分调查、分析市场营销环境的基础上，发挥创意，为整个企业制定出一套营销战略、策略规划并组织实施。营销策划书主要包括市场营销目标、市场机会分析、市场策划定位、营销战略及策略、营销评估等内容。

1. 营销策划的要点

（1）营销策划的对象可以是某一个企业整体，也可以是某一种（项）商品和服务，还可以是一次活动；

（2）营销策划的涉及范围广；

（3）营销策划要立足于企业的影响现状和一些目标；

（4）营销策划需要设计和应用一系列计谋；

（5）营销策划需要制订周密的计划并作出精心的安排；

（6）最终形成营销策划书。

2. 营销策划的基本程序

（1）了解现状、界定问题：市场形势、产品状况、竞争形势、分销状况、宏观环境等；

（2）分析情况、产生创意：机会与风险、优势与劣势、结果总结；

（3）制定目标：企业整体目标、营销目标；

（4）制定营销战略：目标市场战略、营销组合策略、营销预算；

（5）制订行动方案；

（6）预测效益；

（7）设计控制和应急措施；

（8）撰写市场营销计划书。

第二节　高尔夫营销策划管理内容

一、服务营销的发展历程

1. 服务营销的三个发展阶段

发展时期	具体内容	研究阐述
第一阶段 （20世纪60—70年代） 服务营销学的脱胎阶段	这一阶段，服务营销学刚刚从市场营销学中脱胎而出，人们对服务营销只是一个朦胧的概念，没有比较全面的认识。因此研究主要局限于对服务的本质和特征的把握。代表人物主要有格鲁诺斯、艾利尔、贝利、洛夫劳克等。	有形实物产品与服务的异同：实体与非实体；形式相似与形式相异；生产、分销和消费分离与生产、分销和消费同时进行；顾客不参与生产过程与顾客参与生产过程；可储存与不可储存；所有权可以转让与所有权不可转让；核心价值在工厂被生产出来与核心价值在买卖接触中产生。 服务的特征：不可感知性；不可分离性；品质差异性；不可储存性。
第二阶段 （1980—1985年） 服务营销学的理论探索阶段	这一阶段的研究开始转向消费者对服务的购买行为模式、特点、购买风险评价等方面。在这一阶段，美国亚利桑那州州立大学成立了“第一跨州服务营销学研究中心”，标志着对服务营销理论探索的深入。	主要探讨服务的特征如何影响消费者购买行为，尤其集中于消费者对服务的特质、优缺点及潜在的购买风险的评估。形成了一个共识，即服务营销不同于传统的市场营销，它需要新的市场营销理论的支持。
第三阶段 （1986年至今） 理论突破及实践阶段	这一阶段，市场营销学者们在第二阶段取得的对服务基本特征的共识的基础上，集中研究了在传统的4P组织（产品、价格、分销渠道和促销组合）不够用来推广服务的情况下，究竟要增加哪些新的组合变量的问题。	这一阶段具有代表性的学术观点为：服务营销应包括7种变量组合，即在传统的产品、价格、分销渠道和促销组合之外，还要增加“人”、“服务过程”和“有形展示”3个变量，从而形成7P组合。营销学者逐步认识到了“人”在服务的生产和推广过程中所具有的作用，并由此衍生出了两大领域的研究，即关系市场营销和服务系统设计。

2. 服务营销五种经营观念

种类	类型	内容	备注
1	生产观念	短缺经济时代，顾客只关心能否得到产品，对服务要求不高；企业注重改进生产工艺，提高劳动生产率，认为关键在于能生产多少，核心是以量取胜。	以生产者为导向的经营观
2	产品观念	企业注重产品质量，拒绝顾客参与，认为关键在于产品质量的高低，核心是以质取胜。	
3	推销观念	产品过剩的时代，企业开始注重产品的推广宣传，认为关键在于能否让顾客了解产品，并打消顾客的抗衡心理，核心在于促销至上。	
4	市场营销观念	注重顾客的需求，关注目标市场，核心在于市场导向（推销与营销的比较：推销是由内向外，以卖方的需要为出发点；营销是由外向内，以买方的需要为归宿）。	以市场为导向的经营观
5	社会营销观念	消费者主义、环保主义的兴起和蓬勃发展，使企业在注重了解并满足顾客需要的同时，服务于广大消费者和社会的长期利益，核心在于平衡公司利益、消费者利益、公共利益三者的关系。	

（备注说明：前三种是以生产者为导向的经营观，后两种是以市场为导向的经营观；它们都是针对有形产品市场而言的。无形产品市场的营销理论在1980年以前还是一片空白。）

3. 服务营销学与市场营销学研究角度差异

服务不仅是产品，更是一种过程，这使得服务营销从一种营销方式或营销思想逐步演变成一种利用营销知识获取竞争优势的管理理念，通过对服务营销的概念及开展服务营销的策略进行阐述，揭示服务在现代市场营销过程中的重要地位及影响。

服务营销学与市场营销学研究角度的差异在于：

（1）研究对象的差别：市场营销学是以产品生产企业的整体行为作为研究对象，服务营销学则以现代服务企业的整体营销行为作为研究对象；

（2）与市场营销学相比，服务营销学加强了关于对顾客生产过程参与状况的研究；

（3）服务营销学强调人是服务产品的构成因素，故而强调内部营销管理；

（4）服务营销学要突出解决服务的有形展示问题；

（5）在对待质量问题上也有不同的着眼点：市场营销学着眼于产品的标准化、全面质量管理，服务营销则很难标准化。

首先，服务是最有效的营销武器，它是企业在市场上取得差异性优势的唯一途径。其次，服务营销是全面深入推行现代市场营销观念的有效方式之一。现代营销观念是从以生产产品为中心的生产观念到以推销产品为中心的销售观念，最后发展到以满足消费者需求为中心的市场营销观念。再次，通过提供良好的服务，企业可以及时得到反馈的信息。最后，服务营销的提出给企业带来了剧烈的组织变革，企业内部应建立起与生产销售等并列的部门，同时，服务的内容要超出以往狭义的服务范畴，服务观念应贯彻到企业的所有经营活动中，也应运用到产品的生命周期策略中。

二、服务与高尔夫营销特征

1. 服务的含义与特征

对于作为服务市场营销学基石的“服务”概念，营销学者一般是从有别于有形的实物产品的角度来进行研究和界定的。如菲利普·科特勒把“服务”定义为“一方提供给另一方的不可感知且不导致任何所有权转移的活动或利益”。因此“服务”被认为是一种涉及某些无形因素的活动、过程和结果，包括与顾客或他们拥有的财产间的互动过程和结果并且不会造成所有权的转移。服务不仅是一种活动、一个过程，还是某种结果。

2. 高尔夫营销作用

高尔夫营销主要是服务营销，即根据市场环境的变化，使高尔夫企业将营销重点放在如何挽留客户、如何让他们购买相关产品、如何让他们向亲友推荐企业的产品，所有的一切最终落实到如何培养忠诚的客户上。通过提高客户的满意度与忠诚度，使消费者成为企业最有利可图的客户群，实现客户保留和客户推荐，最终实现客户对企业的终身价值。

相较于传统制造业的产品营销来说，高尔夫产品营销具备无形性、异质性、不可分性及易逝性四大特征，它们使之与传统制造业产生了很大的不同，也是高尔夫企业进行营销策划时必须注重的问题。

（1）从思想上把服务意识贯穿到高尔夫营销策划全过程。营销实践证明，大家都充分认识到市场竞争已经从企业经营末端移到前端，即从产品销售的竞争前移到企业产品定位之初的竞争。高尔夫球场的设计建造、接待管理流程、服务质量标准的确定等，无不存在着争夺消费者的竞争。

（2）从行动上真正做到“用户至上”。在市场经济社会，高尔夫企业组织之间的竞争说到底就是争顾客、抢用户，谁把握了顾客，谁就把握了市场；谁赢得了用户，谁就占领了市场；谁占领了市场，谁就获得了利润。要得到顾客的青睐，除了高尔夫球会经营中各个环节要提高服务质量外，还应有真诚挚爱顾客的心。提倡“顾客至上”、“顾客是上帝”，说到底是为了强调顾客在市场和销售中的地位。因此，情感效应或称情感式销售成了当今高尔夫市场营销中协调主顾关系的最重要的手段。

三、高尔夫营销策划管理内容

市场竞争归根到底是争夺消费者的竞争。目前，高尔夫企业经营设施都比较先进齐全，产品质量、价格都大致接近或差异性比较小，服务便成为顾客是否光顾企业、是否购买企业产品的最重要的决定力量。由于营销服务相对于产品、资金、经营设施等硬要素来讲可控性和可塑性极强，因此，在高尔夫球会经营过程中，需要关注的将是高尔夫营销策划管理的具体内容。

1. 高尔夫球会核心服务策略与追加服务策略

运用核心服务策略的主要观点是：在产品类似、竞争激烈的情况下，与其说消费者购买产品，还不如说消费者是来享受服务的。这时，服务本身为购买者提供了其所寻求的效用，也就是说服务本身成了消费者购买的对象。在这种情况下，营销服务成为物质商品交换的前提和基础，成了满足顾客需求的决定因素。由于经济的发展使得市场不断向外扩展，而服务能以非常低的成本提供许多关于企业与消费者的信息，并通过信息的有效利用推进市场经营制度的创新，因此，要把高尔夫球会的营销服务上升到企业形象的高度来看待，使优质的服务成为高尔夫企业经营的主要指导思想以及企业良好形象的最重要的组成部分，进而促进营销工作的顺利进行。

2. 一视同仁策略与区别对待策略

消费者对高尔夫球会及其产品的需求是多方面的，对服务质量的要求也是多方面和具体的。而顾客类型不同，服务的具体要求也不同。因此，高尔夫企业在强调一视同仁的同时，又强调区别对待地服务，并把它作为深化营销服务、提高营销效果的基本策略。

3. 硬服务策略与软服务策略

硬服务策略主要是充分利用现代化服务设施为顾客服务的营销服务策略。它认为，科学技术的不断发展，使人们对工作和生活有了更新更高的需求，而要满足这些高要求，还必须借助不断发展的科学技术本身，即实现服务设施的现代化。企业经营者应看清趋势，不断改进和美化企业经营环境，尽可能增添各种现代化设备和提供多功能服务，以适应现代人的需要。软服务策略是现代化服务的中心环节，但它必须与热情周到的服务态度、服务方式相匹配。对于许多基本具备现代化服务设施以及服务设施大体雷同的高尔夫球场来说，主要应靠富有特色的软服务取胜。

4. 高尔夫营销组合战略

（1）服务产品策略。社会经济的发展和人们生活水平的提高，使消费者的需求日益多样化、个性化，这必然要求高尔夫球会经营者在服务方面不断创新，以满足消费者的需求。

（2）促销策略。针对目标市场对服务的特殊需求和偏好，高尔夫球会往往需要采用不同的分销与促销策略。出奇制胜的促销策略除了一般的会员制销售、举办大型赛事、赞助全国性活动以及广告的宣传外，还需要公共关系促销。许多富有创意的公关促销活动，在极大地促进销售的同时，也使高尔夫球会的形象获得了良好、适当的诠释。

（3）沟通策略。越来越多的企业意识到“沟通”的重要意义。沟通是无时无刻的，沟通也是一种全方位的价值创造过程。高尔夫球会的员工在每天的工作中，应努力塑造自己的特点，给顾客留下深刻的印象。做好服务沟通工作，不仅是语言和行为上的沟通，更重要的是达到价值观的有效沟通，为高尔夫企业赢得巨大的消费群体。

（4）价格策略。价格是市场营销组合中十分敏感而又难以控制的因素，直接关系到市场对产品的接受程度，影响着市场的需求和企业的利润。定价策略是市场营销组合策略中极其重要的组成部分。定价方面出现问题可能会导致整个产品的销售出现严重问题，更有可能使得企业出现危机。在高尔夫营销策划管理中，各种有形产品定价的概念和方法均适用于球会服务产品定价。但是，由于受产品特征的影响，而且企业和顾客之间的关系比较复杂，所以高尔夫球会营销产品定价不单单是给产品定一个价格这么简单，而是必须综合考虑众多因素，并结合球会自身的特点和情况来定价。

（5）人员管理策略。一个高尔夫球会要有良好的形象，就需要有一个良好的团队，并且需要进行有效的人员管理。

第三节　高尔夫营销策划管理发展趋势

随着全球经济一体化进程的加快，高尔夫行业的发展面临着新的机遇与挑战，高尔夫企业的经营管理形态与方式将发生重大变化。高尔夫企业要想在未来的全球竞争中处于优势地位，就必须顺应时代发展的潮流，了解并把握市场上新的消费需求，不断进行经营管理的创新，提高综合竞争能力。因此，需要密切关注高尔夫经营管理发展的新趋向。

一、高尔夫市场细分与专业化经营

目前中国高尔夫经营管理存在着“大而全、小而全”的现象。就像一个小社会，许多应该由社会提供的服务功能也都由高尔夫企业来负责提供，这固然与国内过去科技应用水平较低及服务的社会化程度低有关，但也与长期在此环境中形成的经营观念有关。高尔夫企业总想使自己的经营与服务适应所有的市场，以便能够招徕和接待更多的客源，结果却导致各高尔夫企业经营管理雷同，缺乏特色与个性。

科技的发展与社会的进步给人们带来新的消费需求，市场需求不再仅仅局限于高尔夫球娱乐，而是呈现出多样化、个性化的特征。高尔夫企业为适应市场需求的细分化，开始实行专业化经营，针对不同的市场，分化出不同类型的有着明确市场定位和特色的专业化服务。

高尔夫企业进行专业化经营，首先需要选择某一特定的细分市场，根据这一细分市场的要求，通过提供个性化特色产品和服务来争取特定的目标顾客。

专业化经营，一方面可以从以价格大战为主的对抗竞争转向以产品差异化战略为主的宽容竞争，通过突出产品与服务特色来吸引目标顾客，从而避免因产品雷同造成的直接替代性所引起的恶性削价竞争；另一方面，专业化经营能够使高尔夫企业在设施设备、服务与管理方面建立独特的管理模式、服务特点与营销网络，形成特色，使顾客的个性化需求得到充分满足，从而使高尔夫的市场规模扩大。因此，专业化经营是高尔夫企业回避恶性竞争、赢得细分目标市场较大份额的有效途径。

二、高尔夫企业集团化发展

21 世纪的高尔夫经营管理面临的是经济运行全球化、市场和资源跨国化的格局。高尔夫企业实现集团化以后，才能有效适应市场的激烈竞争，提升竞争力；才能通过规模经营，降低经营成本，提高经营效益；才能充分利用高度先进发达的信息技术实现企业无国界管理，实现资源共享、信息共享，建立统一的预订网络；才能统一对外宣传，统一促销，树立企业的良好形象。因此，高尔夫经营管理走集团化发展道路已成为一种发展趋势。

当今，高尔夫企业之间的联盟和合并不断进行，更大规模的高尔夫集团不断形成。许多国外著名的高尔夫集团也纷纷进入中国的高尔夫行业，带来了明显的规模经济效应。因此，中国国内的高尔夫企业有必要组建高尔夫集团，改善以前多、杂、散、乱的现象，进行资产重组和联合经营，实现强强合作、优势互补，以提高竞争力。

三、高尔夫要营造品牌优势和良好形象

品牌是企业品质的重要标志，是企业无形资产的重要组成部分，是决定客源的重要因素。品牌可以使高尔夫企业获得较高的声誉，大大提高知名度和美誉度，带来一大批忠诚的顾客，形成垄断性的客源市场，从而为高尔夫企业带来大量的客源，也就是财源。

在拓展市场时，一个为公众所熟悉的高尔夫集团的知名品牌，往往更容易使顾客对高尔夫产品产生依赖感，更能吸引顾客。利用品牌效应为企业带来经营管理、技术、财务、市场营销等多方面的优势，可使企业在现代营销中获得极大的收益。

在网络信息时代，品牌对于高尔夫企业的生存与发展显得更为重要，品牌竞争将成为高尔夫企业竞争的发展趋势。只有那些拥有知名品牌、经营管理特色鲜明的高尔夫企业，才能在竞争中保持优势和垄断地位，才能在现代营销中获得较好的经济效益。因此，中国高尔夫企业如果想在竞争中处于优势地位，必须致力于品牌建设，创造品牌，在消费者中树立起品牌形象，以提高经营管理的质量，建立特色鲜明的、一流的高尔夫管理模式为依托，营造品牌优势，提高综合形象，从而战胜竞争对手，巩固和扩大市场。

四、高尔夫经营以人为本的管理模式

企业之间的竞争，最根本的是人才的竞争。有了高素质的、具有主人翁意识的员工，高尔夫行业的发展就有了强大的动力。因此，在未来的经营管理中，高尔夫企业将会把员工放在更加重要的位置上。一方面关心员工，为员工的工作、生活、晋升、福利等方面创造较好的条件，使员工感到满意，

只有满意的员工才能提供满意的服务；另一方面，把员工作为一种具有建设性潜力的资源来开发、培养，营造一个有利于人才脱颖而出的环境，把更大的权力和责任赋予员工，让员工更多地参与对工作效率及质量有影响的日常工作决策。通过这种方式，使员工认识到自己也是管理者的一员，进而更好地发挥其自觉性、能动性和创造性。同时，由于员工在工作一线，与顾客接触最多，对高尔夫企业产品与服务的优缺点最为了解，因而员工参与决策，可使高尔夫企业对需求的变化作出更加快速、正确的反应。

五、高尔夫经营管理模式现代化

高尔夫管理信息系统使企业内部管理模式发生了极大的变化，通过该系统进行信息的收集、综合、分析、提炼、创新和传递，可以使决策者根据需要迅速作出正确的决策，及时调整高尔夫企业产品与服务的组合，提高服务质量和服务效益，降低管理成本，提高管理效率。同时，高尔夫企业内部的信息资源管理系统要与互联网有机结合，通过网络向全球范围内的公众不断推出自己的特色服务和特色产品，为顾客与同业之间架起一座畅通方便的桥梁，使更多的人了解企业，从而创造更好的销售机会和获得更多的效益。

高尔夫企业传统的组织结构设置强调专业化分工、规范化管理，因而传统的高尔夫企业组织体系层次分明，中间层次过多，通过严格的分工形成纵向的金字塔式等级制结构。决策信息从金字塔顶端向底部沿纵向一层一层传递，一线员工的信息也是沿纵向由底层一层一层向上传递。这种管理组织结构在提高劳动生产率上曾发挥了很大作用，但也存在着分工过于细化和专业化、管理层次多、信息传递速度慢、管理费用高和管理效率低等弊端。进入网络信息时代后，信息化使高尔夫企业的管理组织结构发生了根本的变化。尖顶的金字塔形结构变为扁平化的矩形网络组织结构模式，其管理信息的下达和获取均不需要通过中间层，使得原来起上传下达作用的中层组织被削弱或走向消亡。高尔夫企业的组织结构职能化分工向一体化、综合化方向发展，形成以顾客为中心和导向的新的组织结构体系，其信息的传输是全方位、立体式的，任何一个部门都可以及时、便捷地接收和发送信息。企业的高层管理者可以通过网络直接了解下情、把握动态，而一线员工也可以将服务情况、顾客最新的需求信息等及时向上反映。同时，网络为高尔夫企业的各部门提供了快速便捷的交流方式，使部门之间更加注重沟通，更加协调、有效地开展工作。因此，网络信息时代的高尔夫企业内部管理组织结构更加灵活高效，更加强调信息的交流、共享和时效性，使管理更加科学化、民主化。

六、高尔夫经营智能化管理

高尔夫行业一直被认为是一种劳动密集型服务产业，主要靠员工的手工操作。但随着科学技术的发展，这种状况正在逐渐改变。以电子信息技术为代表的高新技术逐步进入高尔夫行业。计算机已经不仅仅用于前台的经营业务，而是逐渐向后勤保障系统和场地养护管理系统扩展。如今，现代化的高尔夫企业拥有许多先进的设施设备，为全面实现电脑化的智能管理提供了可能。

高尔夫的智能化管理系统包括通信设施、信息处理、设备运行、后勤物资和人事管理、财务处理、状态控制、安全监视、场地养护管理等。在中国的高尔夫企业管理中，计算机应用程度还不高，目前主要用于客人登记、预订、账务审核、经营报表等方面。随着高尔夫智能化管理程度的不断提高，高尔夫的设施设备和前后台将全部实现计算机自动化控制，特别是场地养护方面的供水、供电、施肥、除草、防治养护实现自动化控制后，能源消耗、水电气、场地养护的费用将会大幅度下降，高尔夫企业也将处于最佳的运营状态。同时，网络化技术在国外高尔夫同业中已开始普遍运用，网上预订正在逐渐取代传统的电话、传真预订，网上宣传促销正在逐步取代宣传手册、图片、广告等传统促销方式。客人可以在互联网上查询、查阅有关标准、价格等服务资料，可以了解任何地区的任何一家高尔夫企业的设施水平、价格、优惠幅度、季节差价等信息，还可在网上完成预订业务。客人办理消费手续完全实行电脑化操作，利用先进的电脑扫描技术，将客人的身份资料录入电脑，而不必进行烦琐的人工登记和确认，既方便又快捷。

中国高尔夫企业只有尽快打破封闭状态，将内部网络与互联网联网，普及网络化管理，才能使管理提高到全面智能化管理的高级阶段。

七、高尔夫经营管理模式以网络营销为核心

经营管理网络信息技术的应用和普及对高尔夫行业经营环境产生了重大的影响，市场将发生变化，高尔夫企业的营销方式也必须随之发生变化。

高尔夫经营管理使用互联网进行网络营销，为高尔夫企业按照新的营销观念进行营销活动提供了可靠的物质技术基础和条件。一方面，打球者可以在网上预览丰富的信息，并通过互联网进行网上预订，事先安排好自己的活动。因此，打球者的个性化需求能得到最大化的满足。另一方面，高尔夫企业运用互联网进行销售，不仅把销售范围扩大到全球，而且通过快捷、准确的信息沟通，使企业的信息处理和传输能力大大增强。高尔夫企业的网络销售可以不必通过中间商，而是建立直接面向每一位潜在顾客的直销服务体系，因为在电脑普及率高的地区，每一个终端都有可能成为客人。

随着全球经济一体化的发展，高尔夫企业对待市场竞争的态度也发生了明显的变化。因为在网络信息社会，任何企业都不可能拥有竞争胜利所需要的全部资源，大家势均力敌，谁也不可能完全吃掉谁。为了企业的生存和持久发展，对抗竞争开始向协作竞争发展。市场共享、信息共享、突出个性特点的网络化销售将成为常规的销售方式。这样可以促进高尔夫同业之间的公平竞争，同时也可以使销售和推广费用大幅度降低，可以有效降低技术开发费用和风险，有利于开发出更加符合顾客需求的新产品，从而更加有效地开展市场营销活动。因此，高尔夫企业将自己的专业网络与全国性的信息网络及国际互联网结合起来，会形成一个覆盖范围广泛、信息资源丰富、信息传递方便快捷的服务体系。该体系将使高尔夫行业获得更大的市场空间，并具有更多更强的竞争优势，把营销活动提升到一个更高的水平。

索菲特东莞峰景高尔夫酒店
中国广东省东莞市东城区迎宾路
电话 +86(0)769 2269 9999 传真 +86(0)769 2269 7888
电邮 RESERVATION@RLAGOON-DG.COM
WWW.SOFITEL.COM/6586
高尔夫球场
MY MAGNIFIQUE VOYAGE
Life is Magnifique in Dongguan!
客房
SOFITEL
LUXURY HOTELS
发掘东莞之魅
坐落在峰景高尔球场中，一面是波光潋滟的湖水，一面是连绵起伏的绿茵，酒店拥有133间宽敞明亮的客房和套房，
配备4个豪华会议场所及2间充满法式风情的主题餐厅供应中西美食，更设有环境优雅的室外游泳池和让人活力焕发的皇家水疗。
登入WWW.SOFITEL.COM 发现更多

第四节　高尔夫球会营销策划工作年度安排表

	1月份	2月份	3月份	4月份	5月份	6月份	7月份	8月份	9月份	10月份	11月份	12月份
日常管理	球会营销产品研发与销售。	球会营销产品研发与销售。	球会营销产品研发与销售。	球会营销产品研发与销售。	球会营销产品研发与销售。	球会营销产品研发与销售。	球会营销产品研发与销售。	球会营销产品研发与销售。	球会营销产品研发与销售。	球会营销产品研发与销售。	球会营销产品研发与销售。	球会营销产品研发与销售。
	制定与执行营销策划年度预算。	执行营销策划制度及工作程序。	更新球会会籍与营运产品的销售资料。	产品销售方案调整与确立。	检查销售流程的操作规范。	更新球会会籍与营运产品的销售资料。	举办专题性公共活动,以提高球会对外知名度。	市场调查,了解市场客源。	产品销售方案调整与确立。	市场调研;计划资源管控与制作产品说明会。	市场调查,了解市场客源。	客户档案抽查与核对。
	编制营销人员的培训课程。	销售人员分工调整和补充。	客户档案抽查与核对。	市场调研;计划资源管控与制作产品说明会。	销售人员分工调整补充。	客户档案抽查与核对。	市场调研;计划资源管控与制作产品说明会。	销售人员分工调整补充。	客户档案抽查与核对。	作业效率与流程设置检讨。	销售人员分工调整补充。	举办专题性活动,提高球会对外知名度。
	实施销售及推广宣传技巧培训。	领取营销策划部门所需的物品,做好记录,妥善存放。	完善球会服务设施简介、价目表及宣传小册子等。	销售技能培训。	总结与确定市场定位、客源结构、经营方针、经营目标,确定主要竞争对手等。	完善球会服务设施简介、价目表及宣传小册子等。	分析主要竞争对手的营销策略。	实施销售及推广宣传技巧培训。	检查销售流程的操作规范。	分析主要竞争对手的营销策略。	销售技能培训。	总结市场定位、客源结构、经营方针、经营目标,确定主要竞争对手等。
	拜访各大商社、旅行社、团体及个人客户,广泛派发宣传资料,全面展开球会推广工作。	拜访各大商社、旅行社、团体及个人客户,广泛派发宣传资料,全面展开球会推广工作。	拜访各大商社、旅行社、团体及个人客户,广泛派发宣传资料,全面展开球会推广工作。	拜访各大商社、旅行社、团体及个人客户,广泛派发宣传资料,全面展开球会推广工作。	拜访各大商社、旅行社、团体及个人客户,广泛派发宣传资料,全面展开球会推广工作。	拜访各大商社、旅行社、团体及个人客户,广泛派发宣传资料,全面展开球会推广工作。	拜访各大商社、旅行社、团体及个人客户,广泛派发宣传资料,全面展开球会推广工作。	拜访各大商社、旅行社、团体及个人客户,广泛派发宣传资料,全面展开球会推广工作。	拜访各大商社、旅行社、团体及个人客户,广泛派发宣传资料,全面展开球会推广工作。	拜访各大商社、旅行社、团体及个人客户,广泛派发宣传资料,全面展开球会推广工作。	拜访各大商社、旅行社、团体及个人客户,广泛派发宣传资料,全面展开球会推广工作。	拜访各大商社、旅行社、团体及个人客户,广泛派发宣传资料,全面展开球会推广工作。
	办公场地环境卫生清洁。	办公场地环境卫生清洁。	办公场地环境卫生清洁。	办公场地环境卫生清洁。	办公场地环境卫生清洁。	办公场地环境卫生清洁。	办公场地环境卫生清洁。	办公场地环境卫生清洁。	办公场地环境卫生清洁。	办公场地环境卫生清洁。	办公场地环境卫生清洁。	办公场地环境卫生清洁。
	办公器材保养维修。	办公器材保养维修。	办公器材保养维修。	办公器材保养维修。	办公器材保养维修。	办公器材保养维修。	办公器材保养维修。	办公器材保养维修。	办公器材保养维修。	办公器材保养维修。	办公器材保养维修。	办公器材保养维修。
	工作修正检讨。	工作修正检讨。	工作修正检讨。	工作修正检讨。	工作修正检讨。	工作修正检讨。	工作修正检讨。	工作修正检讨。	工作修正检讨。	工作修正检讨。	工作修正检讨。	工作修正检讨。
特别事项	制订会籍管理与会员发展新计划。	重点推广会议与宴会方案。	季度计划实施与检讨。	检查销售流程的操作规范。	仓储资源补充。	季度计划实施与检讨。	销售人员分工调整补充。	重点推广会议与宴会方案。	计划资源管控。	销售人员分工调整补充。	编制下年度预算及工作计划。	年度报告总结。
	制订市场营销计划。	邀请社会各行业参与球会活动。	检查办公场所各设施安全状况。	重点推广赛事活动方案。	市场调查,了解市场客源。	分析主要竞争对手的营销策略。	销售技能培训。	邀请社会各行业参与球会活动。	重点推广会籍管理与会员发展新计划。	重点推广旅行团营销方案。	重点推广赛事活动方案。	办公场地设施修正与完善。
	制订球会营运计划。	完善球会CIS的设计与推广工作。	重点推广旅行团营销方案。	举办专题性公共活动,以提高球会对外知名度。	重点推广会籍管理与会员发展新计划。	客户档案抽查与核对。	检查办公场所各设施安全状况。	作业效率与流程设置检讨。	市场调查,了解市场客源。	客户档案抽查与核对。	作业效率与流程设置检讨。	管理评估分析与检讨。
	销售技能培训。	组织及举办宣传活动,广泛派发球会宣传资料。	计划资源管控。	销售技能培训。	组织及举办宣传活动,广泛派发球会宣传资料。	办公场地垃圾死角清洁与办公器材保养维修。	计划资源管控。	组织及举办宣传活动,广泛派发球会宣传资料。	办公场地垃圾死角清洁与办公器材保养维修。	销售技能培训。	组织及举办宣传活动,广泛派发球会宣传资料。	工作绩效评估。
注意事项	仓储资源补充。	公关宣传的新年政策与实施。	季度工作总结申报。	仓储资源补充。	销售技能培训。	季度工作总结申报。	仓储资源补充。	作业效率与流程设置检讨。	季度工作总结申报。	销售人员分工调整补充。	作业效率与流程设置检讨。	仓储盘点清理。
	确定营销策划部门所需物品,制订采购计划,送采购部汇总。	领取营销策划部门所需的物品,做好记录,妥善存放。	季度的宣传推广效果检讨。	检查办公场地与各项设施。	优惠项目推广要适时掌握。	季度的宣传推广效果检讨。	销售人员分工调整补充。	优惠项目推广要适时掌握。	季度的宣传推广效果检讨。	检查办公场地与各项设施。	办公场地垃圾死角清洁。	年度的宣传推广效果检讨。
	配合营运(会员月例赛)。	配合营运(会员月例赛)。	配合营运(会员月例赛)。	配合营运(会员月例赛)。	配合营运(会员月例赛)。	配合营运(会员月例赛)。	配合营运(会员月例赛)。	配合营运(会员月例赛)。	配合营运(会员月例赛)。	配合营运(会员月例赛)。	配合营运(会员月例赛)。	配合营运(会员月例赛)。

第二章　高尔夫球会营销策划部门岗位设置与工作内容

第一节　高尔夫球会营销策划部门岗位设置图

峰景
Hillview

都市翡翠 Green Treasure in the City

东莞峰景高尔夫球会位于东莞市中心，毗邻虎英湖渡假区，依傍旗峰山麓，四处林木苍翠，36洞高尔夫球场环绕于群山之中，总面积3500余亩，湖光山色，美不胜收。

Dongguan Hillview Golf Club located in the Dongguan downtown is next to the Huying Park and Qifeng Mountain. The 36-hole golf course is surrounded by the lush forest and occupies 3500 acres of land in total, which provides the picturesque scenery in the city.

"连环杀手"——东莞峰景高尔夫球会名人赛场13号洞

"Serial Killer" - Dongguan Hillview Golf Club Master Course Hole No.13

第二节　高尔夫球会营销策划部门高层管理岗位设置与责任权限

001－01－01　营销策划总监工作岗位说明书
001－01－02　营销策划副总监工作岗位说明书
001－01－03　营销部经理工作岗位说明书
001－01－04　策划部经理工作岗位说明书
001－01－05　信息资源管理部经理工作岗位说明书
001－01－06　公关宣传部经理工作岗位说明书

001 - 01 - 01　营销策划总监工作岗位说明书

<table>
<tr><td>岗位名称</td><td>营销策划总监</td><td>所属工序</td><td>营销策划</td><td>部门编号</td><td>001 - 01 - 01</td></tr>
<tr><td>直接上级</td><td>总经理</td><td>直接下级</td><td>营销策划副总监、营销部经理、策划部经理、信息资源管理部经理、公关宣传部经理、秘书文员</td><td>所辖人数</td><td>10 ~ 30 人</td></tr>
<tr><td>职务性质</td><td colspan="3">管理人员</td><td>岗位编制</td><td>1 人</td></tr>
<tr><td>岗位职责</td><td colspan="5">1. 制订球会销售市场发展的方向、目标和计划；了解目前乃至将来同行业竞争对手的产品，并作出相应的反应。
2. 制定本部门收入及年度预算；制定市场活动的前景和目标，并进行相应的监督和调整；编制周、月销售业绩报告。
3. 制定并执行本部门的市场制度与程序；制定各岗位职责、工作范围、表现标准、应达到的业绩标准、工作指标以及评估效果，并遵守执行；在顾客的心目中建立一个良好的形象，积极促进球会的服务理念。
4. 拓展并准确地维持所有客户的来源，以促进行动计划的实施；为临时性的广告、宣传、推广活动制定目标和方针；确定并且发展潜在的客户和新的客户。
5. 制定部门每两周和每月会议的时间安排以及回顾阶段性的业绩。
6. 审核每位员工的工作表现、季度的目标，根据最低的年度预测加以修正。
7. 确定季度高、中、低阶段，并且作出相应的计划和策略。
8. 注意并贯彻球会卫生、防火及安全方面的管理规定、制度及程序。
9. 承担总经理随时分配的任务和职责。</td></tr>
<tr><td>主要权限</td><td colspan="5">1. 对本职的日常管理工作的执行权。
2. 对所管辖员工人事调动建议权和工作指挥权。
3. 纠正下属不当行为及对违反企业制度行为的处置权。
4. 对本职工作中存在问题的反映权和提出改进的建议权。
5. 有权要求各部门配合与本岗位职责相关的工作。
6. 对本部门各项报表、文件的审核签发权。
7. 对上级不合理处罚的申诉权。</td></tr>
<tr><td>编制</td><td></td><td>审核</td><td></td><td>批准</td><td></td></tr>
</table>

001－01－02　营销策划副总监工作岗位说明书

岗位名称	营销策划副总监	所属工序	营销策划	部门编号	001－01－02
直接上级	营销策划总监	直接下级	营销部经理、策划部经理、信息资源管理部经理、公关宣传部经理、秘书文员	所辖人数	10～30 人
职务性质	管理人员			岗位编制	1 人
岗位职责	1. 协助营销策划总监开发市场信息资源和制订球会市场计划。 2. 协助更新信息，准备营销计划。 3. 拓展并准确地维持所有客户的来源，以促进行动计划的实施；确定并且发展潜在的客户和新的客户。 4. 制定部门每两周和每月会议的时间安排以及回顾阶段性的业绩。 5. 与公关宣传部协调，起到推进新闻传媒宣传的作用。 6. 参与评估每位员工的表现、季度的目标，根据最低的年度预测加以修正。 7. 为市场营销活动制定优先次序及目标，监管营销活动的过程并适时调整资源以取得最理想的销售业绩；确定季度旺、中、淡季节，并且作出相应的计划和策略以提高营业额。 8. 注意并贯彻球会卫生、防火及安全方面的管理规定、制度及程序。 9. 承担上级主管随时分配的任务和职责。				
主要权限	1. 对本职的日常管理工作的执行权。 2. 对所管辖员工的人事调动建议权和工作指挥权。 3. 纠正下属不当行为及对违反企业制度行为的处置权。 4. 对本职工作中存在问题的反映权和提出改进的建议权。 5. 有权要求各部门配合与本岗位职责相关的工作。 6. 对本部门各项报表、文件的审核签发权。 7. 对上级不合理处罚的申诉权。				
编制		审核		批准	

001－01－03　营销部经理工作岗位说明书

岗位名称	营销部经理	所属工序	营销策划	部门编号	001－01－03
直接上级	营销策划总监	直接下级	客户服务主管、市场销售主管、会籍管理与会员发展主管、销售技能培训主管、预订部主管	所辖人数	10～20 人
职务性质	管理人员			岗位编制	1 人
岗位职责	1. 在营销策划总监的直接领导下，全面负责球会产品的市场营销工作，加强与客人之间的联系。 2. 组织制定和完善市场营销部的岗位工作说明书、工作程序与标准以及各项规定。 3. 组织制订市场营销部工作计划；组织召开部门工作会议；审批部门报表、请示和报告等。 4. 根据部门工作需要任命、授权和调派部门内人员；与各营销人员签订目标责任书，确定市场营销计划指标；对营销人员的工作进行监督、指导和评估。 5. 定期与部门员工沟通，关心员工生活；根据实际要求，组织部门内人员进行业务和企业文化培训。 6. 控制部门成本；管理部门物资。 7. 完成球会制订的营销计划；定期分析和总结部门工作中取得的成绩和出现的问题。 8. 整理、上报和落实部门整改措施。 9. 与策划部沟通，协助营销策划总监制定和实施市场营销策略。 10. 处理外部门对市场营销部提出的其他工作要求。 11. 处理客人对本部门的投诉。				
主要权限	1. 对本职的日常管理工作的执行权。 2. 对所管辖员工的人事调动建议权和工作指挥权。 3. 纠正下属不当行为及对违反企业制度行为的处置权。 4. 对本职工作中存在问题的反映权和提出改进的建议权。 5. 有权要求各部门配合与本岗位职责相关的工作。 6. 对本部门各项报表、文件的审核签发权。 7. 对上级不合理处罚的申诉权。				
编制		审核		批准	

001－01－04　策划部经理工作岗位说明书

岗位名称	策划部经理	所属工序	营销策划	部门编号	001－01－04
直接上级	营销策划总监	直接下级	策划主管、设计主管、声像与工艺制作主管	所辖人数	5～10人
职务性质	管理人员			岗位编制	1人
岗位职责	1. 协助营销策划总监制定球会市场营销策略。 2. 组织制定和完善策划部的岗位工作说明书、工作程序与标准以及各项规定。 3. 完成球会制定的市场策划任务；控制市场策划预算；完成球会装饰任务；督导工艺制作工作进程；组织召开部门工作会议。 4. 审批部门报表、请示和报告等。 5. 根据部门工作需要任命、授权和调派部门内人员；与相关策划人员签订目标责任书，加强对策划人员的管理；对策划人员的工作进行监督、指导和评估。 6. 定期与部门员工沟通；组织部门内人员进行业务和企业文化培训。 7. 管理部门物资；控制部门成本；定期总结和分析部门工作中取得的成绩和出现的问题；整理、上报和落实部门整改措施。 8. 处理突发事件与实施危机处理。 9. 与市场营销部沟通，协助营销策划总监实施和调整市场营销策略。 10. 配合球会完成重大活动的组织工作及VIP客人的接待工作。 11. 完成外部门对策划部提出的其他工作要求。 12. 检查督导策划人员的市场调查情况；定期拜访同业球会；定期外出拜访重要客户；及时答复客人提出的意见及建议。 13. 处理客人对本部门的投诉。					
主要权限	1. 本职的日常管理工作的执行权。 2. 对所管辖员工的人事调动建议权和工作指挥权。 3. 纠正下属不当行为及对违反企业制度行为的处置权。 4. 对本职工作中存在问题的反映权和提出改进方法的建议权。 5. 有权要求各部门配合与本岗位职责相关的工作。 6. 本部门各项报表、文件的审核签发权。 7. 对上级不合理处罚的申诉权。					
编制		审核		批准	

001－01－05　信息资源管理部经理工作岗位说明书

岗位名称	信息资源管理部经理	所属工序	营销策划	部门编号	001－01－05
直接上级	营销策划总监	直接下级	信息技术主管	所辖人数	4～8人
职务性质	管理人员			岗位编制	1人
岗位职责	1. 确保球会信息资源与客户信息的规范使用；确保球会电脑系统的安全运行；确保球会互联网宣传信息的更新。 2. 组织制定和完善本部门的岗位工作说明书、工作程序与标准以及各项规定。 3. 组织制订部门工作计划；组织召开部门工作会议；审批部门报表、请示和报告等。 4. 根据部门工作需要任命、授权和调派部门内部人员。 5. 督导部门员工的操作规程、服务态度及工作质量，并作出评估。 6. 为所有下属提供技术支持；为公司选择最佳的系统及硬件设备；评估所有电脑、相关的设备及系统的采购。 7. 控制部门成本；管理部门物资；促进部门内部沟通，关心员工生活。 8. 分析和总结部门取得的成绩和存在的问题。 9. 指导各部门做好球会信息的收集、使用工作；随时对球会各部门客人信息的收集、使用情况进行检查。 10. 检查各部门信息的电脑录入工作；配合培训部做好电脑操作人员的上岗培训工作。 11. 处理外部门对信息资源部提出的其他工作要求。				
主要权限	1. 对本职的日常管理工作的执行权。 2. 对所管辖员工的人事调动建议权和工作指挥权。 3. 纠正下属不当行为及对违反企业制度行为的处置权。 4. 对本职工作中存在问题的反映权和提出改进方法的建议权。 5. 有权要求各部门配合与本岗位职责相关的工作。 6. 对本部门各项报表、文件的审核签发权。 7. 对上级不合理处罚的申诉权。				
编制		审核		批准	

001－01－06　公关宣传部经理工作岗位说明书

<table>
<tr><td>岗位名称</td><td>公关宣传部经理</td><td>所属工序</td><td>营销策划</td><td>部门编号</td><td>001－01－06</td></tr>
<tr><td>直接上级</td><td>营销策划总监</td><td>直接下级</td><td>宣传推广主管、球会公共关系主管</td><td>所辖人数</td><td>3～5人</td></tr>
<tr><td>职务性质</td><td colspan="3">管理人员</td><td>岗位编制</td><td>1人</td></tr>
<tr><td>岗位职责</td><td colspan="5">1. 全面负责公关部工作，确保本部门职能的正常发挥。
2. 作为高尔夫球会的发言人向外界发布消息和信息。
3. 策划并统筹高尔夫球会的公关宣传活动。
4. 协助总经理和营销策划总监做好重要客人的接待工作。
5. 制订本部门工作计划、公关计划及各项工作制度，并监督计划的执行。
6. 负责安排接待有关来访人员和处理有关来信、投诉。
7. 管理本部门员工的表现，协调本部门员工的关系。
8. 培训教育员工，评估员工的表现，实施奖惩。
9. 打通本部门与其他业务部门之间的联系渠道，保持良好的工作关系，以便更好地开展工作。
10. 组织一些大型的公关活动，提高企业整体形象；有针对性地进行宣传活动，联络新闻媒介和社会宣传渠道。
11. 负责收集与本部门业务有关的文件、资料，处理好各种文件、资料，处理好各种文件的上报、呈批等工作。
12. 督导本部门员工的各项工作按计划高质量完成；参与广告策划，测定广告效果。</td></tr>
<tr><td>主要权限</td><td colspan="5">1. 对本职的日常管理工作的执行权。
2. 对所管辖员工的人事调动建议权和工作指挥权。
3. 纠正下属不当行为及对违反企业制度行为的处置权。
4. 对本职工作中存在问题的反映权和提出改进方法的建议权。
5. 有权要求各部门配合与本岗位职责相关的工作。
6. 对本部门各项报表、文件的审核签发权。
7. 对上级不合理处罚的申诉权。</td></tr>
<tr><td>编制</td><td></td><td>审核</td><td></td><td>批准</td><td></td></tr>
</table>

第三节　高尔夫球会营销策划部门中层管理岗位设置与责任权限

002－02－01　客户服务主管工作岗位说明书
002－02－02　市场销售主管工作岗位说明书
002－02－03　会籍管理与会员发展主管工作岗位说明书
002－02－04　销售技能培训主管工作岗位说明书
002－02－05　预订部主管工作岗位说明书
002－02－06　信息技术主管工作岗位说明书
002－02－07　策划主管工作岗位说明书
002－02－08　设计主管工作岗位说明书
002－02－09　声像与工艺制作主管工作岗位说明书
002－02－10　宣传推广主管工作岗位说明书
002－02－11　球会公共关系主管工作岗位说明书

002－02－01　客户服务主管工作岗位说明书

岗位名称	客户服务主管	所属工序	营销策划	部门编号	002－02－01
直接上级	营销部经理	直接下级	客户管理员	所辖人数	2～4人
职务性质	管理人员			岗位编制	1人
岗位职责	1. 负责客户档案管理；执行营销策划部运作程序，建立工作档案；建立、储存必要的客户档案资料。 2. 负责订单合同管理：审核合同填写是否规范、是否有漏项、是否清晰恰当，审核合同的有效期等。 3. 做好合同的保存工作；每月底对合同进行整理，检查合同是否到期、是否需要进行更改，将需续签及更改的合同立即通知责任人；在合同签订一个月后，对所签的合同进行评审。 4. 负责客户关系维护管理；拜访会员与老客户，对反馈信息作跟进处理；发放生日卡给会员及客户；组织会员、意向客人的电话回访工作；协调各类会员活动的协助跟进总结工作。 5. 了解客户的消费需求、对球会的意见和建议；汇总征求意见，做好信息反馈。 6. 制定部门内部管理制度、流程；监督准会员资讯的公平分配；上报会员/准会员服务信息报表和统计分析报告。 7. 完成上级领导交办的其他任务。					
主要权限	1. 对本职的日常管理工作的执行权。 2. 对所管辖员工的人事调动建议权和工作指挥权。 3. 纠正下属不当行为及对违反企业制度行为的处置权。 4. 对本职工作中存在问题的反映权和提出改进方法的建议权。 5. 有权要求各部门配合与本岗位职责相关的工作。 6. 对本部门各项报表、文件的审核签发权。 7. 对上级不合理处罚的申诉权。					
编制		审核		批准	

002 - 02 - 02 市场销售主管工作岗位说明书

岗位名称	市场销售主管	所属工序	营销策划	部门编号	002 - 02 - 02
直接上级	营销部经理	直接下级	营销员、市场调研员、销售协调员、客户管理员、预订登记员	所辖人数	5 ~ 10 人
职务性质	管理人员			岗位编制	1 人
岗位职责	1. 主要负责对球会高球运作、会所宴会与餐饮、会员之家、康体娱乐部的相关项目进行促销。 2. 按照市场营销计划贯彻执行相关的销售活动；进行每天的销售拜访，发展新的客户，挖掘潜在客户，签订合同以增加业务量。 3. 跟进所有电话、书面要求和预订。 4. 安排客人现场参观球会。 5. 适当地向其他部门宣传有关的信息。 6. 参加每两周一次的销售会议。 7. 处理客人的投诉，尽可能地调解矛盾。 8. 按照球会确定的政策，以及时和有效的方式履行所有的职责。 9. 对所有球会的客人、员工、临时雇员保持高标准的专业精神、职业道德和态度。 10. 保持专业的业务自信心。 11. 按指示履行相关的职责和执行特殊的项目。 12. 与所有销售人员、相关部门紧密地联系，跟进并且确认已按要求进行有序安排。 13. 对客户、意向客户、推荐客户的资讯作出反应；确定季度旺、中、淡季节，并且提出相应的计划和策略以提高营业额。 14. 完成上级领导交办的其他任务。					
主要权限	1. 对本职的日常管理工作的执行权。 2. 对所管辖员工的人事调动建议权和工作指挥权。 3. 纠正下属不当行为及对违反企业制度行为的处置权。 4. 对本职工作中存在问题的反映权和提出改进方法的建议权。 5. 有权要求各部门配合与本岗位职责相关的工作。 6. 对本部门各项报表、文件的审核签发权。 7. 对上级不合理处罚的申诉权。					
编制		审核		批准	

002－02－03　会籍管理与会员发展主管工作岗位说明书

岗位名称	会籍管理与会员发展主管	所属工序	营销策划	部门编号	002－02－03
直接上级	营销部经理	直接下级	营销员、市场调研员、销售协调员、客户管理员、预订登记员	所辖人数	5～10人
职务性质	管理人员			岗位编制	1人
岗位职责	1. 负责会籍销售的整体工作；对所属人员实施管理；抓好岗前、岗后培训工作；协调内部各部门间的关系；贯彻、执行总部的所有管理制度；完成总部下达的销售业绩任务及各项日常工作指标。 2. 制定并细化会籍、信息管理制度，将制度表格化；量化每日、每周、每月工作指标到部门与业务个人。 3. 制订详细的工作计划、招募会员计划。 4. 组织培训所有员工，严格按岗前培训合格上岗制度挑选和任用专职业务销售人员，要求所有员工深入领会、全面掌握总部下发的《会籍销售手册》。 5. 严格按奖惩制度实施绩效、目标管理。 6. 定期向上级主管报告会籍销售进展情况，协商解决在招募会员的过程中出现的一些特殊情况。 7. 管理整个部门的运作，推广公司各期推出的会籍。 8. 与会员建立并保持良好的关系；接收及呈报会员投诉。 9. 维护球会形象；主持入会介绍仪式；积极宣传有关会员政策的最新消息。 10. 带领属下营销员积极开拓市场。 11. 参与公司销售及市场策划工作。 12. 完成上级领导交办的其他任务。				
主要权限	1. 对本职的日常管理工作的执行权。 2. 对所管辖员工的人事调动建议权和工作指挥权。 3. 纠正下属不当行为及对违反企业制度行为的处置权。 4. 对本职工作中存在问题的反映权和提出改进方法的建议权。 5. 有权要求各部门配合与本岗位职责相关的工作。 6. 对本部门各项报表、文件的审核签发权。 7. 对上级不合理处罚的申诉权。				
编制		审核		批准	

002－02－04 销售技能培训主管工作岗位说明书

岗位名称	销售技能培训主管	所属工序	营销策划	部门编号	002－02－04
直接上级	营销部经理	直接下级	营销员	所辖人数	10～30 人
职务性质	管理人员			岗位编制	1 人
岗位职责	1. 负责营销策划部门的人员培训工作；了解球场发展规划与目标及对营销人员工序与效率的要求；研究培训内容与培训方案；确定培训目标及培训内容。 2. 根据培训拟达到的效果设计培训教材；根据上级领导的意见及实际的培训效果对教材进行修订。 3. 将编好的培训教材打印装订成册，以便于使用和保存；将培训教材统一编号；在实际培训中注意听取员工对培训内容和培训形式的意见；时刻注意相关资料的更新；每半年对培训教材进行一次全面更新。 4. 根据人事部提供的新入职员工的资料，参照岗前培训课程安排制订新员工培训计划；组织新员工熟悉球会及销售部门各项工序与管理环节，结合培训内容向新员工提问，考核其掌握程度。 5. 根据人事部提供的转岗（晋级）人员的有关情况，了解其原所在岗位与转岗后岗位的操作程序标准与职责；按培训计划进行培训；培训课程结束后，进行考试、测评，考核形式为笔试与实际操作相结合，凡不达标者，不允许上岗。 6. 按照培训计划，每月对部门的各个班组的实际培训情况进行抽查，每周对部门各个岗位的持证上岗情况进行抽查，对于检查中的不合格问题要及时指出，并加以记录。 7. 对所辖区域营销人员进行招聘、培训、督导、激励、评估，每月须完成 4 次培训课程。 8. 完成上级交办的其他工作。				
主要权限	1. 对本职的日常管理工作的执行权。 2. 对所管辖员工的人事调动建议权和工作指挥权。 3. 纠正下属不当行为及对违反企业制度行为的处置权。 4. 对本职工作中存在问题的反映权和提出改进方法的建议权。 5. 有权要求各部门配合与本岗位职责相关的工作。 6. 对本部门各项报表、文件的审核签发权。 7. 对上级不合理处罚的申诉权。				
编制		审核		批准	

002-02-05 预订部主管工作岗位说明书

岗位名称	预订部主管	所属工序	营销策划	部门编号	002-02-05
直接上级	营销部经理	直接下级	预订登记员	所辖人数	3~5人
职务性质	管理人员			岗位编制	1人
岗位职责	1. 熟悉预订部所有的工作程序及操作流程；按照上级主管的指示负责预订的全部工作，包括高尔夫球消费、康体娱乐消费、会员之家住宿消费、餐饮消费、健身课程培训消费、交通等项目的预订情况、文件处理及预订流程执行控制；规范档案的整体存放。 2. 确保电话通信的畅通；及时准确地更新公司内部电话表并分发给各部门。 3. 熟悉和促进球会的营运产品推广销售（如会籍、康体娱乐设施、培训课程设置、地产的销售）以及各部门的运作程序。 4. 收集汇总各项目预订记录，定期提交周报表、月报表、年报表并及时反映特殊的预订及部门运作情况。 5. 制订不同时期、不同阶段的工作、培训计划；检查、督导部门员工的考勤、服务态度、服务质量、工作程序及纪律情况，负责招募员工及对违纪员工提出处理与改善意见。 6. 正确指引部门员工执行预订工作的内容，将内部新增设的服务项目、有变动的服务时间、其他预订的程序和政策及时通知给每班组的员工，并敦促其落实执行。 7. 有VIP客户和会员预订时，提醒当班员工加以重视，知会相关部门及人员并做好检查工作；协助相关部门做好贵宾（VIP客户）到达前的各项准备工作。 8. 完成上级交办的其他工作。					
主要权限	1. 对本职的日常管理工作的执行权。 2. 对所管辖员工的人事调动建议权和工作指挥权。 3. 纠正下属不当行为及对违反企业制度行为的处置权。 4. 对本职工作中存在问题的反映权和提出改进方法的建议权。 5. 有权要求各部门配合与本岗位职责相关的工作。 6. 对本部门各项报表、文件的审核签发权。 7. 对上级不合理处罚的申诉权。					
编制		审核		批准	

002－02－06 信息技术主管工作岗位说明书

岗位名称	信息技术主管	所属工序	营销策划	部门编号	002－02－06
直接上级	信息资源管理部经理	直接下级	信息管理员、电脑与网络维修员	所辖人数	3～5人
职务性质	管理人员			岗位编制	1人
岗位职责	1. 协助集团信息资源部经理的工作。 2. 监督信息资源部系统的管理、网络、设备维护工作。 3. 不断完善和实现办公自动化；负责资源分配：电脑、打印机、IP地址、互联网接入、电子邮件等必要的用户技术支持。 4. 为所有的下属提供技术支持；为员工提供新系统培训。 5. 整理相关的系统档案、用户手册、培训文档。 6. 检查每日的工作记录、系统记录，处理特别的事件；按要求完成信息资源部经理安排的所有工作。 7. 监督检查每日、每月的备份工作，为用户提供系统保障。				
主要权限	1. 对本职的日常管理工作的执行权。 2. 对所管辖员工的人事调动建议权和工作指挥权。 3. 纠正下属不当行为及对违反企业制度行为的处置权。 4. 对本职工作中存在问题的反映权和提出改进方法的建议权。 5. 有权要求各部门配合与本岗位职责相关的工作。 6. 对本部门各项报表、文件的审核签发权。 7. 对上级不合理处罚的申诉权。				
编制		审核		批准	

002－02－07　策划主管工作岗位说明书

岗位名称	策划主管	所属工序	营销策划	部门编号	002－02－07
直接上级	策划部经理	直接下级	市场调研员、策划专员	所辖人数	2～4人
职务性质	管理人员			岗位编制	1人
岗位职责	1. 负责高尔夫球会整体形象的策划工作。 2. 协助营销策划部门制定球会市场营销策略；与其他相关部门联系、协调；征集活动创意。 3. 掌握球会客源市场的动态；预测市场变化，为上级主管进行市场决策提供依据。 4. 完成球会制定的市场策划任务；控制市场策划预算；参与广告策划，测定广告效果。 5. 策划球会公关活动；策划贵宾、团体接待；策划市场营销方案；策划促销活动；策划广告宣传。 6. 策划并协助相关部门完成 VIP 客户及重要营销活动的接待工作。 7. 检查督导市场策划人员的市场调查情况；监督下属员工的工作情况以及人力的调度。 8. 定期拜访同业球会；考察业内动态。 9 定期外出拜访重要客户；分析、预测市场。 10. 及时答复客人提出的意见及建议；调研客户信息。 11. 处理客人对本部门的投诉，分析客源结构。 12. 整理、上报和落实部门整改措施；与销售部沟通，协助实施和调整市场营销策略。 13. 处理突发事件，协助上级完成相应的工作。					
主要权限	1. 对本职的日常管理工作的执行权。 2. 对所管辖员工的人事调动建议权和工作指挥权。 3. 纠正下属不当行为及对违反企业制度行为的处置权。 4. 对本职工作中存在问题的反映权和提出改进方法的建议权。 5. 有权要求各部门配合与本岗位职责相关的工作。 6. 对本部门各项报表、文件的审核签发权。 7. 对上级不合理处罚的申诉权。					
编制		审核		批准	

002－02－08　设计主管工作岗位说明书

岗位名称	设计主管	所属工序	营销策划	部门编号	002－02－08
直接上级	策划部经理	直接下级	广告设计员	所辖人数	3～5人
职务性质	管理人员			岗位编制	1人
岗位职责	1. 负责高尔夫球会内部宣传手册的印刷设计和一些宣传品的设计订购。 2. 审核设计制作预约单，检查制作单内容与计划预算的要求是否一致。 3. 确定设计风格，知会设计人员。 4. 与相关部门联系、沟通，并确认对方所需之设计样式、数量及尺寸。 5. 根据各设计人员的工作情况分配设计单。 6. 监督并审核设计人员的设计工作和效果。 7. 每周定期向部门经理汇报工作，提交每周、月总结及下月计划报告。 8. 对设计部及工艺制作部的员工进行专业技能培训，提高员工素质和工作效率。 9. 收集图样，组织文案，配合策划部对设计制作的工作进行审核。 10. 完成上级交办的其他工作。				
主要权限	1. 对本职的日常管理工作的执行权。 2. 对所管辖员工的人事调动建议权和工作指挥权。 3. 纠正下属不当行为及对违反企业制度行为的处置权。 4. 对本职工作中存在问题的反映权和提出改进方法的建议权。 5. 有权要求各部门配合与本岗位职责相关的工作。 6. 对本部门各项报表、文件的审核签发权。 7. 对上级不合理处罚的申诉权。				
编制		审核		批准	

002－02－09 声像与工艺制作主管工作岗位说明书

<table>
<tr><td>岗位名称</td><td>声像与工艺制作主管</td><td>所属工序</td><td>营销策划</td><td>部门编号</td><td>002－02－09</td></tr>
<tr><td>直接上级</td><td>策划部经理</td><td>直接下级</td><td>工艺制作员、声像摄影师</td><td>所辖人数</td><td>3～5人</td></tr>
<tr><td>职务性质</td><td colspan="3">管理人员</td><td>岗位编制</td><td>1人</td></tr>
<tr><td>岗位职责</td><td colspan="5">1. 根据工作需要，宏观调控整个部门的工作范畴，制订相应的工作计划。
2. 每月对设计部及工艺制作部的所有设备进行清点检查；负责高尔夫球会内各类告示或标语、横幅的设计和制作。
3. 设计制作高尔夫球会宣传用品；印刷高尔夫球会宣传品、文件和表格；做好各项声像制作工作；安排日常工作，并且监督每项工作进度。
4. 检查每件制作成品。
5. 监督属下员工的工作情况以及人力的调度。
6. 与其他相关部门联系、协调。
7. 审核每项工作并每周提交工作报告。
8. 做好对物料的监控、美工资料管理、设施设备管理、易耗材料管理、设备检查维修等工作。
9. 协助上级完成相应的工作。</td></tr>
<tr><td>主要权限</td><td colspan="5">1. 对本职的日常管理工作的执行权。
2. 对所管辖员工的人事调动建议权和工作指挥权。
3. 纠正下属不当行为及对违反企业制度行为的处置权。
4. 对本职工作中存在问题的反映权和提出改进方法的建议权。
5. 有权要求各部门配合与本岗位职责相关的工作。
6. 对本部门各项报表、文件的审核签发权。
7. 对上级不合理处罚的申诉权。</td></tr>
<tr><td>编制</td><td></td><td>审核</td><td></td><td>批准</td><td></td></tr>
</table>

002－02－10　宣传推广主管工作岗位说明书

岗位名称	宣传推广主管	所属工序	营销策划	部门编号	002－02－10
直接上级	公关宣传部经理	直接下级	公关协调员	所辖人数	2～4 人
职务性质	管理人员			岗位编制	1 人
岗位职责	1. 协助制订球会品牌建立及广告推广策略和计划。 2. 制订各项产品、服务、活动的广告推广计划。 3. 负责媒体投放、广告媒介选择，控制广告传播效果及预算。 4. 计划并管理电视、平面、户外、互联网及球会内部等各个媒体的广告投放及所需物料。 5. 合理调配媒体资源组合，为各部门提供专业推广建议及计划。 6. 管理广告、媒体代理、网页设计等方面的合作公司。 7. 负责协助做好大型活动和日常礼品的选购工作。 8. 负责高尔夫球会宣传材料的编写，并与新闻界建立良好关系，取得他们的支持和帮助。 9. 负责编辑球会内部刊物，建立质量效率至上的服务精神和团队文化。 10. 编写各类新闻稿件，于相应时间内发送至相关媒体单位，并及时收集已发布的新闻信息，剪辑并存档。 11. 协助部门经理安排所有大型活动、新闻发布会、各类赛事以及相关的布置、准备工作。					
主要权限	1. 对本职的日常管理工作的执行权。 2. 对所管辖员工的人事调动建议权和工作指挥权。 3. 纠正下属不当行为及对违反企业制度行为的处置权。 4. 对本职工作中存在问题的反映权和提出改进方法的建议权。 5. 有权要求各部门配合与本岗位职责相关的工作。 6. 对本部门各项报表、文件的审核签发权。 7. 对上级不合理处罚的申诉权。					
编制		审核		批准	

002－02－11　球会公共关系主管工作岗位说明书

岗位名称	球会公共关系主管	所属工序	营销策划	部门编号	002－02－11
直接上级	公关宣传部经理	直接下级	公关协调员	所辖人数	2～4人
职务性质	管理人员			岗位编制	1人
岗位职责	1. 配合公关宣传部经理工作，并依据分工负责具体工作，主力运作公共关系业务。 2. 协助并尽力与社会各团体、组织、新闻界保持良好的关系。 3. 具体落实国内外VIP客户的接待工作。 4. 负责收集信息资料，定期查看各报刊及网站发布的相关信息；负责收集竞争同业的信息资料，并通过资料分析提出建议。 5. 协助公关部经理与各部门协调，具体落实各项公关活动的工作。 6. 负责公关部日常文件及资料的抄写、打印及复印工作，并撰写有关文件。 7. 处理公关部来往公文与信件，收集客人意见及公众对宣传资料的反馈和建议，向主管汇报有关信息。 8. 做好广告及宣传促销活动的策划工作；负责组织实施高尔夫球会的业务推广和商品营销策划活动；利用一切机会和场所进行公关活动。 9. 制订传媒接待和预算计划，核算每次活动费用，总结好每次活动的历史记录。 10. 协助对外活动的宣传、联络及接待工作，并准备活动所需物品；处理日常传媒来电、来访，每周汇总，报部门经理审核。				
主要权限	1. 对本职的日常管理工作的执行权。 2. 对所管辖员工的人事调动建议权和工作指挥权。 3. 纠正下属不当行为及对违反企业制度行为的处置权。 4. 对本职工作中存在问题的反映权和提出改进方法的建议权。 5. 有权要求各部门配合与本岗位职责相关的工作。 6. 对本部门各项报表、文件的审核签发权。 7. 对上级不合理处罚的申诉权。				
编制		审核		批准	

第四节　高尔夫球会营销策划部门基层管理岗位设置与责任权限

003－03－01　客户管理员工作岗位说明书
003－03－02　营销员工作岗位说明书
003－03－03　销售协调员工作岗位说明书
003－03－04　预订登记员工作岗位说明书
003－03－05　市场调研员工作岗位说明书
003－03－06　策划专员工作岗位说明书
003－03－07　公关协调员工作岗位说明书
003－03－08　广告设计员工作岗位说明书
003－03－09　工艺制作员工作岗位说明书
003－03－10　声像摄影师工作岗位说明书
003－03－11　信息管理员工作岗位说明书
003－03－12　电脑与网络维修员工作岗位说明书
003－03－13　秘书文员工作岗位说明书

003－03－01　客户管理员工作岗位说明书

<table>
<tr><td>岗位名称</td><td>客户管理员</td><td>所属工序</td><td>营销策划</td><td>部门编号</td><td>003－03－01</td></tr>
<tr><td>直接上级</td><td>客户服务主管/
市场销售主管</td><td>直接下级</td><td>无</td><td>所辖人数</td><td>无</td></tr>
<tr><td>职务性质</td><td colspan="3">管理人员</td><td>岗位编制</td><td>1～2 人</td></tr>
<tr><td>岗位职责</td><td colspan="5">1. 负责球会客户档案的建立及管理。
2. 维护、促进球会与客户的相互联系。
3. 按照规定处理客户资源方面的工作。
4. 在销售人员外出时处理所有联系电话和咨询电话。
5. 及时准备销售合同。
6. 更新、管理、维护销售资料库。
7. 根据球会的政策，及时有效地履行职责；与所有员工保持良好关系；发放生日卡。
8. 对所有球会的客人、员工、雇主保持高标准的职业道德；保守商业机密。
9. 完成上级领导交办的其他任务。</td></tr>
<tr><td>主要权限</td><td colspan="5">1. 对本职日常管理工作的执行权。
2. 有权要求各部门配合与本岗位职责相关的工作。
3. 对本职工作中存在问题的反映权和提出改进方法的建议权。
4. 对上级不合理处罚的申诉权。
5. 上级特别授予的有关权限。</td></tr>
<tr><td>编制</td><td></td><td>审核</td><td></td><td>批准</td><td></td></tr>
</table>

003－03－02　营销员工作岗位说明书

岗位名称	营销员	所属工序	营销策划	部门编号	003－03－02
直接上级	市场销售主管/会籍管理与会员发展主管/销售技能培训主管	直接下级	无	所辖人数	无
职务性质	管理人员			岗位编制	10～30人
岗位职责	1. 负责球会产品潜在市场的挖掘。 2. 拓展球会稳定发展的客户关系网。 3. 加强客户关系管理，提高产品知名度及顾客忠诚度。 4. 定期定量拜访客户。 5. 严格按照规定签署合同。 6. 按时参加公司召开的各类会议和培训。 7. 完成上级领导交办的其他任务。				
主要权限	1. 对本职日常管理工作的执行权。 2. 有权要求各部门配合与本岗位职责相关的工作。 3. 对本职工作中存在问题的反映权和提出改进方法的建议权。 4. 对上级不合理处罚的申诉权。 5. 上级特别授予的有关权限。				
编制		审核		批准	

003－03－03　销售协调员工作岗位说明书

岗位名称	销售协调员	所属工序	营销策划	部门编号	003－03－03
直接上级	市场销售主管/会籍管理与会员发展主管	直接下级	无	所辖人数	无
职务性质	管理人员			岗位编制	2～4人
岗位职责	1. 负责每月销售业绩的统计及职位晋升的申报，每月销售达标奖、带队奖的申请及发放，每月带队主管管理工资、管理奖励及浮动工资的计算，每月未开单同事的统计，并通知销售行政办发出相应提示信。 2. 销售会籍佣金的申请及初步审核申报；会籍资料的初步审核申报及档案管理监控。 3. 各项优惠折扣的申请及奖品、赠品发放的监控；各期收费表计算及更新。 4. 协助营销员接待其邀请来参加周末贵宾活动日的客户并进行谈判。 5. 协调营销员内部业务和售后服务工作，及时处理客户问题。 6. 协调展览会、展示会等促销活动，于事后递交报告并跟进成效。 7. 处理各种各样的日常沟通工作；准备团体摘要叙述；准备月度销售报告；负责宴会与活动文件的归档。 8. 建立和整理团体业务文件，保存销售文件并根据销售和程序跟进；了解团体预订程序和随后的分析。 9. 完成上级领导交办的其他任务。					
主要权限	1. 对本职日常管理工作的执行权。 2. 有权要求各部门配合与本岗位职责相关的工作。 3. 对本职工作中存在问题的反映权和提出改进的建议权。 4. 对上级不合理处罚的申诉权。 5. 上级特别授予的有关权限。					
编制		审核		批准	

003－03－04　预订登记员工作岗位说明书

岗位名称	预订登记员	所属工序	营销策划	部门编号	003－03－04
直接上级	预订部主管/市场销售主管/会籍管理与会员发展主管	直接下级	无	所辖人数	无
职务性质	管理人员			岗位编制	2～4人
岗位职责	1. 熟悉预订部所有的工作程序及操作流程；按照上级主管的指示负责预订的全面工作，包括高尔夫球消费、康体娱乐消费、会员之家住宿消费、餐饮消费、健身课程培训消费、交通等项目的预订情况、文件处理及预订流程执行控制。 2. 规范档案的整理存放。 3. 在电话预订工作中使用礼貌用语，声音清晰，态度和蔼，言语准确，反应迅速。 4. 熟悉和促进球会的营运产品推广销售（如会籍、康体娱乐设施、培训课程设置、地产的销售）以及各部门的运作程序。 5. 每天上岗前了解清楚球会新增设的服务项目、有变动的服务时间、其他预订的程序和政策，及时落实执行。 6. 有VIP宾客和会员预订时，及时知会相关部门及人员。 7. 做好每一预定项目的记录，每天汇总，及时提交给报告主管。 8. 完成上级交办的其他工作。				
主要权限	1. 对本职日常管理工作的执行权。 2. 有权要求各部门配合与本岗位职责相关的工作。 3. 对本职工作中存在问题的反映权和提出改进方法的建议权。 4. 对上级不合理处罚的申诉权。 5. 上级特别授予的有关权限。				
编制		审核		批准	

003－03－05　市场调研员工作岗位说明书

<table>
<tr><td>岗位名称</td><td>市场调研员</td><td>所属工序</td><td>营销策划</td><td>部门编号</td><td>003－03－05</td></tr>
<tr><td>直接上级</td><td>策划主管/市场销售主管/会籍管理与会员发展主管</td><td>直接下级</td><td>无</td><td>所辖人数</td><td>无</td></tr>
<tr><td>职务性质</td><td colspan="3">管理人员</td><td>岗位编制</td><td>2～4 人</td></tr>
<tr><td>岗位职责</td><td colspan="5">1. 掌握球会客源市场的动态。
2. 预测市场变化，为营销策划部门进行市场决策提供依据。
3. 协助营销策划部门制定球会市场营销策略；与其他相关部门联系、协调。
4. 完成球会制定的市场策划任务；控制市场策划预算；参与广告策划，测定广告效果。
5. 定期拜访同业球会；考察业内动态。
6. 定期外出拜访重要客户；分析、预测市场。
7. 及时答复客人提出的意见及建议；调研客户信息。
8. 处理客人对本部门的投诉，分析客源结构。
9. 整理、上报和落实部门整改措施；与销售部沟通，协助其实施和调整市场营销策略。
10. 完成上级交办的其他任务。</td></tr>
<tr><td>主要权限</td><td colspan="5">1. 对本职日常管理工作的执行权。
2. 有权要求各部门配合与本岗位职责相关的工作。
3. 对本职工作中存在问题的反映权和提出改进方法的建议权。
4. 对上级不合理处罚的申诉权。
5. 上级特别授予的有关权限。</td></tr>
<tr><td>编制</td><td></td><td>审核</td><td></td><td>批准</td><td></td></tr>
</table>

003－03－06　策划专员工作岗位说明书

岗位名称	策划专员	所属工序	营销策划	部门编号	003－03－06
直接上级	策划主管	直接下级	无	所辖人数	无
职务性质	管理人员			岗位编制	2～4人
岗位职责	1. 负责球会公关及各项重大活动的策划。 2. 负责高尔夫球会整体形象的策划工作。 3. 协助营销策划部门制定球会市场营销策略；与其他相关部门联系、协调；征集活动创意。 4. 完成球会制定的市场策划任务；控制市场策划预算；参与广告策划，测定广告效果。 5. 策划球会公关活动；策划贵宾、团体接待工作；策划市场营销方案；策划促销活动；策划广告宣传。 6. 策划并协助相关部门完成 VIP 客户及重要营销活动的接待工作。 7. 整理、上报和落实部门整改措施；与销售部沟通，协助其实施和调整市场营销策略。 8. 完成上级领导交办的其他任务。				
主要权限	1. 对本职日常管理工作的执行权。 2. 有权要求各部门配合与本岗位职责相关的工作。 3. 对本职工作中存在问题的反映权和提出改进方法的建议权。 4. 对上级不合理处罚的申诉权。 5. 上级特别授予的有关权限。				
编制		审核		批准	

003－03－07　公关协调员工作岗位说明书

<table>
<tr><td>岗位名称</td><td>公关协调员</td><td>所属工序</td><td>营销策划</td><td>部门编号</td><td>003－03－07</td></tr>
<tr><td>直接上级</td><td>宣传推广主管/球会公共关系主管</td><td>直接下级</td><td>无</td><td>所辖人数</td><td>无</td></tr>
<tr><td>职务性质</td><td colspan="3">管理人员</td><td>岗位编制</td><td>2～4人</td></tr>
<tr><td>岗位职责</td><td colspan="5">1. 负责高尔夫球会资料的收集、积累，以及文件、资料的整理工作。
2. 收集及查阅当日的报纸信息，做剪报并分类整理。
3. 负责各部门及各种活动、赛事的照片管理工作，必须编排有序、保密、有条理，不得违反企业要求私自借阅或遗失，所有借阅之资料、相片必须按规定时间追回。
4. 负责日常的传媒接待工作，向媒体介绍球会概况，提供相关资料和图片信息。
5. 主动将企业信息发送出去，及时收集外界信息并传达给球会各部门，收集各类报纸、杂志等媒体的信息。
6. 编写各类新闻稿件，于相应时间内发送至相关媒体单位，并及时收集已发布的新闻信息，剪辑并存档。
7. 协助上级主管安排所有大型活动、新闻发布会、各类赛事以及相关的布置、准备工作。
8. 制订传媒接待和预算计划，核算每次活动费用，总结好每次活动的历史记录。
9. 协助对外活动的宣传、联络及接待工作，并准备活动所需之物品 。
10. 处理日常传媒来电、来访，每周汇总，报部门主管审核。</td></tr>
<tr><td>主要权限</td><td colspan="5">1. 对本职日常管理工作的执行权。
2. 有权要求各部门配合与本岗位职责相关的工作。
3. 对本职工作中存在问题的反映权和提出改进方法的建议权。
4. 对上级不合理处罚的申诉权。
5. 上级特别授予的有关权限。</td></tr>
<tr><td>编制</td><td></td><td>审核</td><td></td><td>批准</td><td></td></tr>
</table>

003－03－08　广告设计员工作岗位说明书

岗位名称	广告设计员	所属工序	营销策划	部门编号	003－03－08
直接上级	设计主管	直接下级	无	所辖人数	无
职务性质	管理人员			岗位编制	2～4人
岗位职责	1. 服从设计师的日常工作安排。 2. 进行设计工作之前，所设计之图案及风格必须得到设计师的认可。 3. 负责各类单据、大型活动及宣传海报的日常设计工作。 4. 负责大型活动的各类宣传册、海报、喷画、标识及票券的设计。 5. 负责大型宴会的布置及舞台背景板的设计制作工作；对大型节日、室外各景点的布置图案进行设计，制作效果图，提交设计师审核。 6. 对设计稿件方案进行文字输入。 7. 根据设计师的要求进行相关图案的收集工作；负责图片的扫描及调整；按照规定的数量、规格打印已经定稿的设计图案。 8. 负责球会所属范围内各个指定地点的各类海报、宣传画的粘贴工作。 9. 每周整理设计部资料及图片；每周提交设计汇总表给设计师审核。					
主要权限	1. 对本职日常管理工作的执行权。 2. 有权要求各部门配合与本岗位职责相关的工作。 3. 对本职工作中存在问题的反映权和提出改进方法的建议权。 4. 对上级不合理处罚的申诉权。 5. 上级特别授予的有关权限。					
编制		审核		批准	

003－03－09　工艺制作员工作岗位说明书

岗位名称	工艺制作员	所属工序	营销策划	部门编号	003－03－09
直接上级	声像与工艺制作主管	直接下级	无	所辖人数	无
职务性质	管理人员			岗位编制	2～4人
岗位职责	1. 按规定内容及指定尺寸，依比例进行电脑排版及输出。 2. 根据内容要求，细挑出既定的图案及文字。 3. 按工单要求裁剪相应材料。 4. 按工单要求准确划定位点，对内容进行粘贴。 5. 在制作主体和特殊材质图案及文字时，操作刻字机。 6. 精加工，如砂布、磨边、过塑、裱泡沫板及装裱喷画。 7. 张贴海报、告示。 8. 根据工作单做好指定的立体造型的工艺制作工作。 9. 质量检查，按工单要求及工艺制作要求，对每一工序作全面检查。 10. 运送、摆放、布置及回收相关物品。				
主要权限	1. 对本职日常管理工作的执行权。 2. 有权要求各部门配合与本岗位职责相关的工作。 3. 对本职工作中存在问题的反映权和提出改进方法的建议权。 4. 对上级不合理处罚的申诉权。 5. 上级特别授予的有关权限。				
编制		审核		批准	

003－03－10 声像摄影师工作岗位说明书

岗位名称	声像摄影师	所属工序	营销策划	部门编号	003－03－10
直接上级	声像与工艺制作主管	直接下级	无	所辖人数	无
职务性质	管理人员			岗位编制	1～2 人
岗位职责	1. 协助部门进行球会各项活动的声像照片拍摄及跟进工作。 2. 负责重大宴会的会场布置、大型广告及重要客人用品的设计制作等；按照会议组织者的要求，为一般会议拍摄声像照片。 3. 为有特定主题的会议进行声像照片拍摄，如新闻发布会、会员活动、球会年会等。 4. 保证所有底片或电子图片按需要制作，并作相关的文字说明。 5. 对所有声像照片的底片或电子图片进行分类归档，以便随时查找。 6. 为到访球会的 VIP 客户拍照。 7. 根据客人的要求，提供摄像服务。 8. 认真做好上级交办的其他工作。				
主要权限	1. 对本职日常管理工作的执行权。 2. 有权要求各部门配合与本岗位职责相关的工作。 3. 对本职工作中存在问题的反映权和提出改进方法的建议权。 4. 对上级不合理处罚的申诉权。 5. 上级特别授予的有关权限。				
编制		审核		批准	

003－03－11　信息管理员工作岗位说明书

岗位名称	信息管理员	所属工序	营销策划	部门编号	003－03－11
直接上级	信息技术主管	直接下级	无	所辖人数	无
职务性质	管理人员			岗位编制	2～4 人
岗位职责	1. 负责程序编写工作，系统设计、测试以及系统的实现。 2. 维护当前的系统，解决用户硬件和软件问题并提供必要的技术支持。 3. 不断完善和实现办公自动化。 4. 整理相关的系统档案、用户手册和培训文档。 5. 按要求完成上级主管安排的所有工作。 6. 保持办公室的整洁。				
主要权限	1. 对本职日常管理工作的执行权。 2. 有权要求各部门配合与本岗位职责相关的工作。 3. 对本职工作中存在问题的反映权和提出改进方法的建议权。 4. 对上级不合理处罚的申诉权。 5. 上级特别授予的有关权限。				
编制		审核		批准	

003－03－12 电脑与网络维修员工作岗位说明书

岗位名称	电脑与网络维修员	所属工序	营销策划	部门编号	003－03－12
直接上级	信息技术主管	直接下级	无	所辖人数	无
职务性质	管理人员			岗位编制	2～4 人
岗位职责	1. 解决用户的硬件和软件故障，并为用户提供技术支持。 2. 确保球会电脑系统的正常运行。 3. 负责电脑软、硬件维修，电脑软、硬件盘点，电脑设备外修，电脑设备档案管理。 4. 处理日常电脑故障和简单的问题；记录每天处理的工作和遇到的问题。 5. 负责电脑房的卫生清洁。 6. 完成上级交办的其他任务。				
主要权限	1. 对本职日常管理工作的执行权。 2. 有权要求各部门配合与本岗位职责相关的工作。 3. 对本职工作中存在问题的反映权和提出改进方法的建议权。 4. 对上级不合理处罚的申诉权。 5. 上级特别授予的有关权限。				
编制		审核		批准	

003－03－13　秘书文员工作岗位说明书

岗位名称	秘书文员	所属工序	营销策划	部门编号	003－03－13
直接上级	营销策划总监	直接下级	无	所辖人数	无
职务性质	管理人员			岗位编制	1～2人
岗位职责	1. 确保部门内文件及表格的有效使用；管理文件；管理表格；管理物资。 2. 确保部门物资的合理使用；统计部门内部自查与会所检查对比分析日报表；做部门质检记录。 3. 确保部门内信息沟通顺畅；协助部门主管做好部门内部的管理工作；管理宣传栏；统计出勤；编制值日表；保持办公室清洁卫生；管理办公区域的卫生。 4. 严格执行球会的财务及库存管理制度，保证物资存取的准确性。 5. 负责内务库管的安全和卫生工作，阻止无关人员进入仓库重地，人离开要锁门窗。 6. 密切与各部门联系，随时了解和掌握部门物资的使用情况，及时准确地登记。 7. 负责本部门运营物资、办公用品等的统计、保管、申领和发放工作。 8. 领、发物品要登记，保证领、发的准确性。 9. 每月上交统计数据，作为部门成本费用分析的依据。 10. 完成上级交办的其他工作。				
主要权限	1. 对本职日常管理工作的执行权。 2. 有权要求各部门配合与本岗位职责相关的工作。 3. 对本职工作中存在问题的反映权和提出改进方法的建议权。 4. 对上级不合理处罚的申诉权。 5. 上级特别授予的有关权限。				
编制		审核		批准	

第二篇

高尔夫营销活动管理流程

阅读重点

高尔夫市场消费特征

高尔夫市场营销特征

高尔夫球会营销计划制订流程

高尔夫市场营销战略制定流程

市场预测工作流程

高尔夫目标市场拓展流程

高尔夫球会营销活动控制管理

营销预算制定流程

中介公司与旅行社销售渠道营销流程

高尔夫专题活动营销流程

高尔夫赛事活动营销工作

高尔夫专题研讨会议营销操作流程

高尔夫产权式球会营销操作流程

营销队伍建设重点

营销团队目标确定

营销人员招募工作

营销团队培训实施

新的营销团队激励

营销团队内部矛盾化解

营销人员培训目的与作用

营销人员培训需求与学习准则

营销人员培训内容

营销人员培训操作流程

营销人员培训途径和方法

营销人员培训效果评价

营销团队绩效计划制订

营销业绩评估工作

营销业绩考评执行

会籍营销奖惩与佣金管理

第三章　高尔夫市场营销与消费特征

第一节　高尔夫市场消费特征

一、不可感知性特征

高尔夫经营者提供给消费者的实际上是一个打球的运动过程，消费者在这一过程中得到满足。服务是无形的，看不见摸不着，因此，消费者不可能在购买服务之前去品尝、感触、看或听这一服务过程。但正如一些专家指出的，真正具有完全不可感知特点的服务极少。高尔夫服务产品需要利用球场设施和球具等有形的物资才能正式生产服务产品，从而提供和完成服务程序。

不可感知性是高尔夫服务产品最显著的特征之一。经营者提供的各种高尔夫服务不像有形的、看得见的消费品和其他工业产品，其服务的特质及组成元素往往是无形的。

二、不可分离性特征

物化产品从生产到消费，在过程中和时空上是可以分离的，即生产归生产，消费归消费，中间存在很多环节。而高尔夫服务产品不同，具有不可分离性的特征，即服务产品的生产过程与消费过程同时进行，在企业提供给消费者打球服务的同时，消费者开始享受消费，当消费停止，服务也就终止。二者在时间上一致，不可分离。这一特点说明消费者只有而且必须加入高尔夫运动服务的生产过程才能享受到服务。

三、服务水平差异性特征

高尔夫运动是以人为中心的产业，不像物化产品可以通过生产线生产，产品整齐划一。尽管有服务承诺，但是由于人的个性具有差异性，服务水平也就有高有低。差异性使得消费者对高尔夫经营企业提供的服务产生“形象混淆”，从而影响消费者对于是否再次消费的决断。

四、不可贮存性特征

高尔夫服务消费的另一个特征就是不可贮存性。物化产品可以贮存，卖不出去可以贮存起来择时再卖。既然高尔夫的服务与消费是同时发生的，具有不可分离性，那么高尔夫的服务产品就不可贮存。一天无人消费，一天的获利机会就丧失了，不可重复。因此，高尔夫经营者必须解决产品供求不平衡的问题，灵活地处理被动的服务需求。

五、所有权无转移性特征

高尔夫消费服务是无形的、不可贮存的，服务在交易结束后便消失了。高尔夫服务的销售实质是一种操作活动的销售。物化产品的买卖就是产品所有权的转移，而提供高尔夫消费服务不涉及任何所有权的转移问题。

第二节　高尔夫市场营销特征

高尔夫的消费特征表明，从市场营销的角度来看，其产品的非物化性质带来了更多的营销困难。它不能像物化产品那样随意展示在目标诉求群体面前，而是以服务的形式为消费者提供特殊的使用价值，从而满足消费者的身心健康需求和精神需求。

因此，在市场营销时，高尔夫经营者要从长远的利益出发，将企业内部和外部环境所有的主要行为进行全盘考虑，调动一切有利因素，进行全方位市场营销，来达到企业的目标。

高尔夫的消费特征和服务性质给高尔夫的经营者提出了新的课题：要想在经营上有所建树，必须突破传统意义的市场营销观念，用全新的营销观念和手段来适应并驾驭高尔夫这一新型的产业市场。高尔夫全方位市场营销的内容主要有：文化市场营销、公共关系市场营销、赛事市场营销、同盟者市场营销、绿色市场营销、竞争者市场营销、政府市场营销、职员市场营销等。

一、文化市场营销形式

高尔夫最大的特点就是文化品位高。文化市场营销就是高尔夫经营者打文化牌，使高尔夫营销活动形成一种文化氛围，强调高尔夫文化、文明的特质和高尔夫消费与文化的不可分离性。因此，营销过程要包含文化因素，并结合民族的或地方的各种文化要素，将文化渗透到营销的始终，体现高尔夫的知识价值、社会价值、审美价值等文化特质，提升其附加值，运用文化来实现市场制胜。

二、公共关系市场营销形式

公共关系对于高尔夫的经营者非常重要。公共关系良好与否，直接影响高尔夫企业的公众形象和市场营销。因此，高尔夫经营者应与有关业务职能部门、有影响力的单位、社会各界名流等建立起各种形式的关系，树立企业的良好口碑。特别要与大众传媒建立相当稳定的关系，鼓励和促成媒体进行对企业有利的宣传。

高尔夫企业经营者应及时了解公众对企业形象的反应和对社会问题的关注，以便及时地、有针对性地进行市场营销策略的调整。同时，企业也要积极参与一些有影响力的、社会普遍关注的公益事业，以获取公众对企业的好感，以利于市场营销。

三、赛事市场营销形式

赛事市场营销是高尔夫市场营销中最常见的一种。组织赛事的目的，不是通过实施来直接获取利益，而是通过赛事来达到扩大影响力的目的，以促进营销的顺利进行。

高尔夫赛事种类很多，可以从比赛的形式和性质来划分。形式上分为比杆赛、比洞赛、个人赛、一对二比赛、二对二比赛、四球比洞赛、四球比杆赛等；性质上分为公开赛、邀请赛、成人赛、青少年赛、男子赛、女子赛、职业赛、业余赛等。也可组织一些常规赛、纪念赛、会员赛、企业赛等。

组织何种形式的赛事，高尔夫企业应根据企业的营销策略和诉求目的以及企业自身的能力来选择，一切以促进市场营销为目的。因此，组织赛事可以视为营销成本的一部分。

四、同盟者市场营销形式

同盟者市场营销就是高尔夫企业的经营者充分发挥其他行业（如房地产、旅游、球会、学校等）的优势，利用各行业中的某种联系和利益的互补性，使各自的营销行为相结合，组成营销同盟，建立互利互惠的合作关系，在各自的领域中互为利用，以达到共同获利的目的。因此，同盟者市场营销是高尔夫经营者不可忽视的一种营销方式。

五、绿色市场营销形式

高尔夫是以绿色为主调的运动，又是以健康为目的的休闲项目，因此，市场营销应以绿色观念贯穿全过程。高尔夫消费者多为社会上较有影响力的人士，他们比较注重环保，绿色意识很强，因此企业经营者应顺应形势，大力推行绿色营销。俱乐部的一切经营尤其是球场的边际消费都应以绿色为主调，树立绿色营销观念，使高尔夫成为公众心目中最洁净的运动。

六、竞争者市场营销形式

通常的看法认为，竞争者只是与自己争夺市场和利润的对手。事实上，竞争者特别是高尔夫行业的竞争者在市场营销方面存在着许多共同利益。竞争各方可在共同利益的基础上进行沟通，达成某种合作，共同培养市场，以形成最佳的、良性的竞争格局，发挥各自优势，取得最大的竞争效益，这就是竞争者市场营销。与此同时，高尔夫经营者要及时了解竞争者所需和所想，以便利用各种资源来影响其行为和反应模式，使竞争的态势朝有利于自己的方向发展。

七、政府市场营销形式

所有企业的经济行为都必然受制于国家和各级政府颁布的一系列相关法律法规和政策。国家的法律法规考虑的是国家的整体利益，如税务、国土资源、工商、投资、环保甚至消费者权益等。但随着社会的进步和经济的发展，有些政策规定已与高尔夫运动的发展不相适应。

因此，面对一系列的制约，高尔夫经营者应从行业的整体利益出发，通过多种手段、多种形式与政府相关部门沟通，对高尔夫的经济效益和社会效益作出解释与说明，并阐明观点；同时通过经济论坛、理论分析报告和媒体报道等形式，积极宣传，正面报道，争取政府决策部门的理解、认同及支持。有些方面甚至还可以通过不懈的努力来促成一些优惠政策的出台，以利于高尔夫事业的健康发展。

八、职员市场营销形式

高尔夫产品的服务性质决定着企业中人的因素的重要性，即人能对产品的质量产生直接影响。因此，企业的职员心情舒畅，工作积极，服务周到，就能令消费者满意。满意的结果是再次消费，给企业带来利润。

作为企业形象代表和高尔夫消费服务的直接提供者，职员也应该成为市场营销活动的一个重要内容。由于面对的是内部职员，因而职员市场营销也称为“内部市场营销”。一方面，它要求通过培训来提高职员的服务水平，增强对业务的敏感性和与消费者融洽相处的技巧；另一方面，它要求经营者强化与职员的沟通和相互理解，并满足他们的合理要求，激励他们在工作中发挥最大的潜能。

九、网络市场营销形式

高尔夫的消费特征及社会特征决定了网络市场营销将成为高尔夫的重要营销形式。网络营销是互联网时代的产物，是基于网络而衍生出来的不同于传统营销模式的新的营销方式。它以前所未有的速度和广泛度极大地促进了信息传播与交流，使人与人之间信息的流通不再受到时空的限制。

高尔夫企业可充分利用网络平台，根据需求利用综合性门户网络媒体或专业化垂直性网络媒体，通过官方网站、博客、微博、微信、维基百科、论坛、社交网络、播客、内容社区、视频分享等不同类型的营销形式实现营销目标。如2011年推出的微信，零资费、跨平台，支持单人、多人参与，可在朋友圈通过手机网络发送语音、图片、视频和文字等进行沟通，用户体验度极高，是非常精准的营销方式。

高尔夫企业开展网络营销，可以大大降低营销成本，处理业务更加快捷方便，同时能够更好地满足顾客需求，提升市场竞争力，增加产品的市场占有率。网络营销在产品发布、营销渠道的开拓方面具有传统营销模式无法比拟的优势和特点。在信息的调查与发布、品牌意识营销及品牌价值拓展、为市场及客户提供特色营销服务、融洽和协调客户关系以及高尔夫文化的快速传播等方面，网络营销模式都可以发挥巨大作用。

第四章　高尔夫市场营销战略制定

营销战略是企业为实现各种特定的营销目标，实现自身的生存与发展而选择和制订的行动纲领或方案，它通常包括企业发展中具有全局性、长远性、根本性的问题，企业根据当前和未来的市场环境变化所提供的市场机会和所出现的局限因素，考虑如何更有效地利用自身现有以及潜在的资源，去满足目标市场的需求，从而实现企业业务跟单既定的营销目标。

高尔夫具有服务市场营销的特征。市场营销从本质上来看是一种交换关系，其理论和原则也适用于服务行业的市场营销。高尔夫所提供的产品是服务性质的非物化产品，这一特质决定了它与物化产品市场营销的差异性，因此，高尔夫经营者必须根据高尔夫的特点来审视所面临的市场营销环境，以便制订正确的市场营销方案。

第一节　高尔夫的社会特征与服务属性

一、高尔夫的社会特征

高尔夫不仅是一项运动、一种文化现象，也是一种经济行为。高尔夫是一个投资巨大而社会回报高的项目。建一个标准的18洞球场虽然需几千万美元，但给社会带来的直接和间接的效益却是非常明显的，比如成百上千的就业机会，相关产业的经济繁荣，城市品位的提升，社会休闲文化的丰富，文化素质的提高。高尔夫是社会经济发展的重要推进器之一，是社会发展和进步的一个标志，具有独特而鲜明的社会特征。

1. 促进经济发展

高尔夫的发展能促进当地的经济发展，带动相关产业的繁荣，如房地产业、度假旅游业、球会业、商业、教育事业等，为这些行业带来极大的经济效益，因此高尔夫将会成为经济发展的新增长点。高尔夫的发展与各地的经济发展、GDP和实际利用外资情况高度相关，球场数量的分布与各地经济发达程度一致：从区域来看，沿海、中部、西部依次递减；从同一区域城市来看，大城市、中等城市、小城市依次递减。研究表明，球场数量与当地的GDP值的相关度为55%，与实际利用外资状况的相关度为89%。目前高尔夫运动开展比较好、发展比较快的地区以沿海开放城市为主。

2. 社会休闲文化的丰富和文化素养的提升

由于物质生活的满足，对精神和心理健康的追求越来越受到当今社会的重视。高尔夫文明健康、高雅时尚的运动文化特点促进了休闲文化的多元化发展。

随着高尔夫运动的发展，高尔夫经济也表现为一种文化现象。它不断普及与提高，必将取代一些低品位的娱乐活动，提高城市的文化素养和形象。

3. 提高就业率

高尔夫的发展将会对体育产业的发展起到带动作用，极大地促进当地劳动者的就业，增加就业机会，提供就业岗位。

4. 改善投资环境

高尔夫的发展对于改善投资环境、积极引进外资起到了明显的促进作用。通过高尔夫这一高品位的媒介，海外的企业家、投资商及其他人士能了解当地的人文、政治、历史、经济等情况，这有利于促成投资。高尔夫是一个城市、一个地区的“名片”，对当地的对外宣传工作能产生积极的意义，起到较大的促进作用，具有极大的社会效益。

5. 改善城市基础设施

高尔夫球场一般建在城市郊区，而城市郊区是基础设施建设的薄弱地带。高尔夫的发展可以加快城市基础设施建设，提高城市化水平，在城市提质的过程中扮演重要角色，对美化城市环境具有特别重要的意义。

二、高尔夫的服务属性

高尔夫的服务属性和特征决定了高尔夫市场的营销与物化的有形产品市场营销有着质的区别。

1. 产品特点不同

物化的有形产品是一个物体，具有“形”的特征，而高尔夫服务产品则表现为一种行为、一种绩效和努力。

2. 消费者参与生产过程对营销产生影响

高尔夫服务和产品不可分离的特征体现在，高尔夫虽然提供多种类型、多种形式的服务产品，但这些产品只有在消费者进行消费的时候才会产生，否则只能出现在产品目录上。从这个意义上说，消费者参与了高尔夫产品的生产过程。由于消费者参与了生产，经营者应如何对其进行管理，才能有效地推广高尔夫服务，就成为高尔夫服务市场营销的一个重要内容。

3. 服务人员作为产品的组成部分，其差异性对营销产生影响

既然高尔夫产品生产与消费同时进行，那么在这个过程中为消费者服务的人员就始终是产品的一个组成部分，其表现与产品的优质与否直接挂钩。因此，高尔夫市场营销成功的前提是能否为市场提供质量优等的产品。

4. 产品质量控制难度大

与物化产品的质量控制相比较，高尔夫产品的质量控制更难。其主要原因，一是服务的动态性大，二是消费者的差异性也很大。如用统一的标准来衡量质量，太细太严，就会给人不够人性化的感觉；太随意，又可能会导致一些消费者不满意。

5. 产品的不可贮存性要求提高营销决策的准确性

由于高尔夫服务产品的生产与消费同时进行，它就具有了不可贮存的特性。在营销过程中，高尔夫服务产品难以像物化产品那样进行二次营销，这就提高了对营销决策准确性的要求。

6. 时间因素的重要性

高尔夫消费享受的是一个过程、一段时间，因此，时间因素特别重要，在此段时间内，必须让消费者得到一种满足的享受，而这一满足能促使其再次消费。另外，服务的推广必须及时、快捷，安排必须妥当，时间的损失就意味着利润的损失。

7. 消费地点固定决定营销商圈

物化产品可以天南地北地销售，而高尔夫产品销售地点一般就在球场，相对比较固定。高尔夫产品的这一特性决定了高尔夫营销所触及的范围、影响促销策略的决策、广告宣传的定位、广告媒体的选择等。

第二节　高尔夫球会营销计划制订流程

在不同的企业里，营销计划的叫法不一，有的称为“业务计划”，有的称为“营业计划”，有的称为“市场计划”，也有的称为“执行计划”。此外，把“计划”描述为“方案”，或者把它等同于“战略”的也不少。大多数的营销计划为期一年，是在营销战略指导下，对营销活动的一种规划。高尔夫球会营销计划的制订一般有以下的流程步骤：

程序一：进行 SWOT 分析

（1）SWOT 即市场调查与分析，是对企业的优势、劣势、机会和问题的全面评价。

（2）市场营销部门应分析外部环境和内部环境中的优劣势和机会点、问题点。

（3）高尔夫球会不应去纠正它的所有劣势，也不必对其优势全部加以利用。关键是应明确它究竟是只能局限在已拥有优势的机会中，还是应获取和扩展某些优势，以找到更好的机会。

程序二：制定营销目标

（1）在完成了 SWOT 分析后，就可以为该计划在一段时间内设立特定的目标，这在企业的战略计划制订的过程中被称为目标确定。目标可以衡量并转化为具体的计划、管理、执行和控制。

（2）高尔夫球会不只追求一个目标，而是几个目标的组合，包括利润率、销售增长额、市场份额提高、风险分散、创新和声誉等。

（3）市场营销部门确立这些目标，然后进行目标管理。如，经营的目标是 50 万元利润总量和 10% 的利润率，这就需要销售收入达到 500 万元；如果产品单价 10 元，需卖出 50 万个产品，如果预测行业销售额为 1 000 万元，则 50% 的市场份额一定要实现。为维持这一市场份额，企业必须在消费者了解程度、分销广度等方面确立营销目标，这能使品牌知晓度从 10% 上升到 25%，分销网点扩充 30%，达到 10 元单价。

程序三：选择营销战略

（1）目标说明企业欲向何处发展，战略则说明如何达到目标。每个高尔夫球会都必须制定达到目标的恰当战略，包括技术战略和资源战略。

（2）战略一般归纳为三种类型：全面成本领先、差别化或集中化。

程序四：制订营销计划

（1）一旦形成了主要战略思想，就必须制订执行这些战略的支持计划。

（2）如果高尔夫球会决定培育球场设计与地域优势，就必须通过相应的计划来支持其运作与策划，收集可能影响本球会的有关最新信息；开发创新产品；进行业务人员培训，使他们了解资源优势；制订广告计划，宣传球会的球场设计与地域优势和领先地位等。

（3）在计划的形成阶段，销售人员必须估算计划成本。

（4）必须考虑下列问题：会籍展示会值得办吗？销售竞赛自身成本是多少？新招的销售人员的最低费用是多少？测算每项营销活动的实际成本，以判断实际成本与产生的效果是否相匹配。

第三节　高尔夫市场营销战略制定流程

程序一：确定销售任务和目标

销售任务和目标是指在一定时期内，营销工作的服务对象和预期目的，它是营销战略的基础和出发点。要制定高尔夫的市场营销战略，必须首先确定其任务和目标，只有在任务和目标明确的前提下，一切营销决策和策略才具有明确的方向和现实意义。

程序二：分析经营状况和实力

这一步主要是分析企业内部情况。经营状况分析包括对产品销售额、产销率、成本和利润水平、市场占有率、产品特点、价格水平、销售前景等的分析。企业实力分析包括对企业财务、原材料供应、工厂设施、技术力量、商誉和管理人员素质的分析。这两种分析的目的是发现与评定企业的优势和劣势以及经营业绩不佳的原因所在，以便在寻找机会和制定新战略时能够扬长避短。

程序三：分析环境和形势

市场环境和形势分析，即市场调查与分析，是制定市场战略的客观依据。对经济环境进行研究分析，主要从以下几个方面进行：

（1）一般社会环境（包括社会政治形势、经济形势和社会文化等）的研究。

（2）相关科学技术发展情况（主要包括与本企业产品有关或与材料、工艺、设备等有关的科技学科的发展水平、发展方向、发展趋势和速度等）的分析研究。

（3）资源供应情况（如有关人力、财力和物力的供应来源及渠道等）的调查研究。

（4）市场需求（包括市场需求的总量、潜在市场容量、市场占有率、消费者购买行为特点、产品生命周期规律等）的研究。

（5）竞争因素的研究。

（6）企业经营媒介环境的分析。通过对外部环境的分析，可发现对企业有利的机会或不利的威胁。

程序四：选择目标市场

根据以上分析，业务人员可以发现适合高尔夫企业条件的新机会，进一步确定或选择目标市场。

程序五：设计市场营销组合

目标市场确定之后，销售人员就可根据目标市场的特点和需求来设计市场营销组合。

第四节　市场预测工作流程

市场预测工作是高尔夫企业对整个市场的把握，是在进行营销活动之前进行市场预测工作，通过对市场的基本了解和对销售前景的预测，为之后销售人员在后面的业务跟单活动提供战略上的指导。

程序一：选择预测目标

（1）进行市场预测，首先要明确预测的目标是什么（所谓目标就是指预测的具体对象的项目和指标），为什么要进行这次预测活动，这次预测要达到什么样的目的等。

（2）分析预测的时间性、准确性要求，划分预测的商品、地区范围等具体问题。

（3）对市场经济活动可以从不同的目的出发进行预测，预测目标不同，需要的材料、采取的预测方法也就都有一些区别。有了明确的预测目标，才能根据目标需要收集资料，才能确定预测进程和范围。

（4）每次预测活动，目标可能不止一个，这时要分清主次关系，从实际出发，解决那些最迫切、最主要、最关键的问题。

程序二：收集资料

（1）进行预测，必须有充分的市场信息资料。在选择、确定市场预测目标以后，首要的工作就是广泛系统地收集与本次预测对象有关的各方面的数据和资料。

（2）凡是关于影响市场供求发展的因素的资料都应尽可能地收集。

（3）资料收集得越广泛、越全面，预测的准确程度越能相应提高。

（4）历史资料包括历年的社会经济统计资料、营销活动资料和市场研究信息资料。

（5）现实资料主要包括目前的社会经济和市场发展动态、生产、流通形势、消费者需求变化等。

（6）收集到的信息资料应力求系统、完整、准确，这就需要对资料进行必要的核实与审查。

（7）收集到的资料要进行归纳、分类、整理，最好分门别类地编号保存。

程序三：选择预测方法

（1）将资料列出表格，制成图形，以便直观地进行对比分析，观察市场活动规律。

（2）寻找影响因素与市场预测对象之间的相互关系，分析预测期市场供求关系，分析判断当前的消费需求及其变化以及消费心理的变化趋势等。

（3）市场预测有很多方法，选用哪种方法，要根据预测的目的和所掌握的资料来决定。

（4）如果掌握的资料少，时间紧，预测的准确程度要求低，可选用定性预测方法；如果掌握的资料丰富，时间充裕，可选用定量预测方法。

程序四：建立模型

（1）市场预测是运用定性分析和定量预算的方法进行市场研究活动，在预测过程中，这两方面皆不可偏重。

（2）一些定性预测方法经过简单的运算，可以直接得到预测的结果。

（3）预测中要建立数学模型，即用数学方程式构成市场经济变量之间的函数关系，抽象地描述经济活动中各种经济过程、经济现象的相互联系，然后输入已掌握的信息资料，运用数学求解的方法，得出初步的预测结果。

程序五：评价结果

（1）通过计算产生的预测结果是初步的结果，这一结果还要经过多方面的评价和检验，才能最终使用。

（2）初步结果的检验，通常有理论检验、资料检验和专家检验。理论检验是运用经济学、市场学理论和知识，采用逻辑分析方法，检验预测结果的可靠程度。资料检验是重新验证、核对预测所依赖的数据，将新补充的数据和预测初步结果与历史数据进行对比分析，检查初步结果是否合乎事物发展逻辑及是否符合市场发展情况。专家检验是邀请有关方面专家对预测初步结果作出检验、评价，综合专家意见，对预测结果进行充分论证。

（3）对预测结果进行检验之后，准备编写预测报告。

程序六：对预测结果进行鉴别

完成预测报告，并不是预测活动的终结，下一步还要对预测结果进行追踪调查，考察预测结果的准确性和误差，分析总结原因，以便取得预测经验，不断提高预测水平。

第五章　高尔夫球会市场营销流程控制

第一节　高尔夫目标市场拓展流程

随着高尔夫球会经营范围的扩大，越来越多的产品将进入新的市场，球会也将制订越来越多的方案来拓展其市场份额。销售人员应根据市场销售方案来确定进入市场的时机、区域、对象、方式、份额等，以便顺利地执行市场销售方案。

程序一：选择进入时机

在产品正式上市或开展营销活动时，由于对手可能也会作同样的选择，因此进入市场时机的选择是个关键问题。营销实施可有三种选择：

（1）首先进入。高尔夫球会通常可得到“先行者优势”，包括掌握主要的销售渠道和客户以及得到较高声望的领先地位。然而，如果产品未经过彻底的审查就匆匆上市，可能会对高尔夫球会产生不良影响。

（2）平行进入。与竞争对手同时进入市场。当有两个竞争对手同时为新产品做广告时，会引起市场更多的注意。

（3）后期进入。有意推迟进入市场，等竞争对手进入后再进入。竞争对手将先为开拓市场付出代价，其产品可能暴露出缺陷，而后期进入者却能避免该缺陷。

程序二：确定进入市场区域

（1）确定新产品是否推向单一的地区、多个区域、全国市场或国际市场。大多数高尔夫球会将在一段时间内有计划地推出产品。

（2）在进入市场拓展市场份额时，高尔夫球会可以把候选的市场排成横列，而把市场吸引力条件排成纵列。主要的评价条件有市场潜力、高尔夫球会的当地信誉、通道铺设成本、该地区传播媒体的成本、该地区对其他地区的影响和竞争渗透。

程序三：确定市场拓展对象

（1）在市场拓展过程中，销售人员必须把销售渠道和促销目标对准最有希望的购买群体。

（2）理想的新消费品种主要潜在购买者应该具有下列特点：早期采用、大用户、意见舆论领袖和接触成本不高。销售人员可根据这些特点对各种预期的群体作出评价，然后把目标对准最有前途的客户群体。

（3）注意，同时具有这些特点的群体是很少的。

程序四：选择进入市场方式

（1）在确定了市场进入的时机、区域和对象后，还必须选择市场进入的方式。高尔夫球会可采取独立式、合作式、科研开发式和工商联合式等方式进入。

（2）可以从另外的角度采取进入目标市场的方式方法，比如高尔夫球会可以采用单面策略，以一种产品从一个市场面的一角进入市场，避免遇到激烈的竞争；也可以采取多面策略，同时以几个产品从几个市场面进入市场。

（3）可以采用一种方式和一种营销手段进入市场，也可以采用多种方式和手段协同并用进入市场。

程序五：提升市场份额

对市场份额的提升主要是通过分析高尔夫球会现状，找出问题与机会点，制定提升目标和策略，再制订市场份额的提升计划，并指导监督营销策划部门实施提升计划。

（1）研究高尔夫球会现状。销售人员首先必须对高尔夫球会的原始资料加以分析，对现况加以了解，才能从中发现问题、找出机会，为提升计划制定相应的策略。

（2）找出问题和机会点。销售人员对市场状况有所了解之后，可以从中整理出哪些是对高尔夫球会不利，需要加以修正、调整的问题点，哪些是对高尔夫球会有利，应该加以掌握、运用的机会点。

（3）确定提升目标和策略。确定市场目标之后，就要考虑如何达到这个目标，其中涉及谁做什么事、如何做、何时做、按什么顺序、通过什么方法以及要花多少费用等，这些都属于策略与行动方案的范畴。

（4）提升策略包含三大要素，即目标市场、定位以及营销组合。应参考种种资料与分析，选定高尔夫球会的目标市场，提出具有竞争力的定位，配合营销组合的动作，达到市场提升的目的。

（5）市场提升的策略有两种，即抢占对手份额与提升总体份额。抢占对手份额是一种积极的主动攻击的作战策略，高尔夫球会通过攻击其他竞争者以获取更大的市场占有率，在现有市场份额这块蛋糕上切下更大的一块。提升总体份额则是高尔夫球会在现有市场趋向饱和、市场占有率比较固定的情况下致力于扩展整体市场，以期在市场扩大的趋势下使总体份额实现提升。

第二节　高尔夫球会营销活动控制管理

高尔夫球会营销活动控制管理其实是一种执行活动。实行营销活动控制管理的最根本原因在于，计划通常是建立在对众多不确定因素的某种事先假定的基础上的，而在计划实施过程中遇到的现实情况并不总与事先的假定相一致，即难免会遇到各种意料之外的事，或者现实发展超出事先假定，或者计划并不能保证目标实现。这时就需要通过营销活动控制管理，及时发现问题，并对计划或计划的实施方式作出必要的调整，监督和激励销售人员。

程序一：确定控制对象

（1）营销活动控制的内容多、范围广，可获得较多信息，但任何控制活动本身都会引起费用的增加。

（2）在确定控制内容、范围、额度时，市场营销部经理应确定对哪些市场营销活动进行控制，使控制成本小于控制活动所能带来的效益或可避免的损失。

（3）控制对象是销售收入、销售成本和销售利润；对于市场调查、销售代表工作、消费者服务、产品策划、广告等营销活动，应通过控制加以评价。

程序二：设置控制目标

（1）设置控制目标是将控制与计划联结起来的主要环节。

（2）如果在计划中已经认真地设立了目标，可以根据计划设置控制目标。

程序三：建立衡量尺度

（1）建立一套能测定销售结果的衡量尺度。高尔夫球会的销售目标决定了它的控制衡量尺度，如目标销售收入、利润率、市场占有率、销售增长率等。

（2）销售人员的工作效率可用一年内新增加的客户数目及平均访问频率来衡量。

（3）广告效果可以用记住广告内容的读者（观众）占全部读者（观众）的百分比数来衡量。

（4）由于高尔夫球会有若干管理目标，所以销售控制的衡量尺度可设置多种。

程序四：确立控制标准

（1）控制标准是指以某种衡量尺度来表示控制对象的预期活动范围或可接受的活动范围，即对衡量尺度加以量化，如规定每个销售人员全年应增加 50 个新客户，某项新品种在投入市场 6 个月之后应使市场占有率达到 5%，市场调查访问每个用户的费用每次不得超过 10 元，等等。

（2）控制标准一般应允许有一个浮动范围。

（3）确立标准可参考其他高尔夫球会的标准，并尽可能吸引高尔夫球会内部多方面的管理者和被管理者参与，以使各方面承认其更切合实际。

（4）为使标准具有激励作用，可采用两种标准：一种是按现在可接受的水平设立；另一种是用以激励销售人员，使其营销工作达到更高水平。

程序五：比较绩效与标准

（1）在将控制标准与实际执行结果进行比较时，需要决定比较的频率，即多长时间进行一次比较，取决于控制对象是否经常变动。

（2）如果比较的结果是绩效与控制标准一致，则控制过程到此结束。

程序六：分析偏差原因

（1）偏差可能有两种情况：一是实施过程中的问题，这种偏差比较容易分析；二是计划本身的问题，确认这种偏差比较困难。两种情况往往交织在一起，使分析偏差的工作成为控制过程中的一大难点。

（2）要避免因缺乏对背景情况的了解或未加适当分析而造成的错误。如某部门的业绩不佳，可能只是因为一种产品的亏损影响了整个部门的获利水平；某销售人员达不到访问次数的标准，可能是由于在旅途中花费时间过多，需要改进访问路线，也可能是由于定额过高，这时则应降低定额，保证每次访问的质量。

程序七：采取改进措施

（1）应制订应急计划，并改进和完善。例如，计划中规定的“某部门一季度的利润如果降低 5%，就要削减该部门预算费用的 5%”的条款，届时就可以自动启用。

（2）在没有这类预定措施时，应根据实际情况，迅速制定补救措施，或适当调整某些销售计划的目标。

第三节　营销预算制定流程

营销预算是指高尔夫球会在计划期内有关营销费用的预算。营销预算可将营销计划以具体化方式（如用数字、金额）明确显示出来，这样不仅可确保计划的顺利执行，还可提供控制的基准。

程序一：召开预备会议

（1）在年初以预备会议的形式开始本年度的预算工作。

（2）预备会议应总结上一年度进行的营销活动的结果，展望本年度将要进行的营销活动，确定营销的品种、工具、营销区域等各种营销事项。

程序二：明确各个成员的分工

（1）明确从预算、实施到控制等各个营销阶段的成员分工，让有关人员清楚自己的职责范围。

（2）确定广告营销人员、市场开拓、销售及财务等人员的职责范围。

程序三：设立预算控制制度

预算控制制度是指一种按照既定计划检查开支情况以及衡量其产生的实际作用的制度。良好的预算控制制度可不断提醒有关人员去了解既定计划的执行状况，从而不断加强管理：还可以随情况变化而调整，并提醒人们注意随之出现的问题。只有制定合理的营销预算，才能保证营销活动的顺利进行，且不会造成人力、物力、财力等方面的浪费。

第四节　中介公司与旅行社销售渠道营销流程

高尔夫球会除了自身建立市场营销部门，主要负责会籍销售、会员赛事与活动服务、会所设施服务营销外，还将发展相应的销售渠道成员（如高尔夫中介公司与旅行社等）；在设计建立了销售网络与渠道后，还必须对这些渠道进行管理与维护，即对它们进行选择、培训、激励和评价，并对销售渠道冲突进行调解。

程序一：选择与培训渠道成员

（1）任何一家高尔夫球会在选择渠道成员（如高尔夫中介公司与旅行社等）之前，都应该明确选择条件或标准。这些条件包括开业年限的长短、声誉的好坏、过去经营成效的记录、偿付能力、人员素质、协作精神和发展潜力等，还要考虑其门店地点、客户类型等。

（2）高尔夫球会需要制订培训渠道成员（如高尔夫中介公司与旅行社等）计划，并执行这一计划，因为渠道成员可以被看成高尔夫球会的最终用户。

程序二：激励渠道成员

（1）高尔夫球会应该用与看待其最终用户一样的方式来看待它的渠道成员。

（2）高尔夫球会应该确定其渠道成员的需要和结构，研究渠道定位，使它的渠道提供物能根据这些渠道成员的需要提供优质的价值。

（3）高尔夫球会应该安排一些培训课题、市场调研课程以及其他的能力培养课程，以改进渠道成员的工作业绩。

（4）高尔夫球会应该连续不断地传达这样一个观点：它是把渠道成员当作合伙人来看待的，它们一起努力，以取悦最终的消费者。

程序三：评价并调整渠道成员

（1）高尔夫球会必须定期按一定标准衡量渠道成员的表现，例如销售配额完成情况、平均销售水平、对客户的承诺与投诉的处理、与高尔夫球会销售和培训计划的合作情况等。要对为其工作的渠道成员作出评议、培训或激励，他们不能胜任时，应中止其业务。

（2）由于在产品生命周期整个过程始终都保持竞争优势的销售渠道是不存在的，因此，高尔夫球会必须定期检查和改进它的渠道安排。当渠道成员不能按计划工作、消费者购买方式发生变化、市场扩大、新的竞争者进入和新的销售战略出现以及产品生命周期进入下一阶段时，便有必要对销售渠道进行改进。

程序四：协调渠道冲突

变化着的环境可能会产生更多的动力，某些渠道冲突能产生建设性的作用。当然，更多的冲突是失调的。问题不在于是否消除这种冲突，而在于如何更好地管理它。

（1）采用超级目标。渠道成员有时会以某种方式签订一个关于他们共同追求的基本目标的协议，内容包括生存、市场份额、高品质或客户满意。这种事情经常发生在渠道面临外部威胁，如更有效的竞争渠道、法律的不利规定或消费者要求改变时，这时渠道成员就会联合起来排除威胁。

（2）在两个或两个以上的渠道层次上互换人员。可以推测，这样做的话，一方就能接触并更加理解另一方的观点。

（3）当冲突具有长期性或尖锐性的时候，冲突双方必须通过协商、调解或仲裁来解决。协商是一方派人或与对方面对面地解决冲突；调解意味着由经验丰富的中立第三方根据双方的利益进行调停；仲裁是双方同意把纠纷交给第三方（一个或更多的仲裁员处理）并接受他们的仲裁决定。

第五节　高尔夫专题活动营销流程

一、专题活动客户拜访

程序一：准备工作

（1）每日下班前列出次日计划拜访客户名单，填写《拜访客户明细表》，放于部门指定文件栏处。

（2）次日上班后，根据《拜访客户明细表》，联系计划拜访的客户，约定见面时间、地点。

（3）准备个人应备物品：球会各种宣传资料、空白合同、征求客户意见表、名片、文具用品等。

程序二：拜访客户

（1）外出前，到部门填写《营销人员外出时间表》，注明外出拜访时间。

（2）如果是新客户，要交换名片，结合宣传资料介绍球会。

（3）如果是老客户，要赠送宣传资料，介绍球会近况，了解客户近期消费趋势，推销球会产品。

（4）在预约的时间范围内结束谈话，与客户礼貌地道别。

（5）回球会后填写《营销人员外出时间表》，注明回来时间。

（6）注意不与客户抢话，尊重客户；注意观察客户的表情和神态；态度要大方、亲切、自然、热情；着装大方得体，精神状态良好；用标准普通话；认真做好谈话记录。

程序三：总结拜访情况

（1）填写《市场营销部实际拜访客户明细表》，注明拜访每位客户的大约时间段，以便抽查。

（2）每次外出拜访客户时，征求客户对球会的意见和建议，填写《征求客户意见表》。

（3）及时了解客户的意见和建议。

（4）及时将球会的处理情况反馈给相关客户。

程序四：汇报情况

在市场营销部例会上，汇报外出拜访客户情况，包括客户名称、数量、客户意见与建议，以及会议、团体活动等信息。

二、拜访客户业务流程图

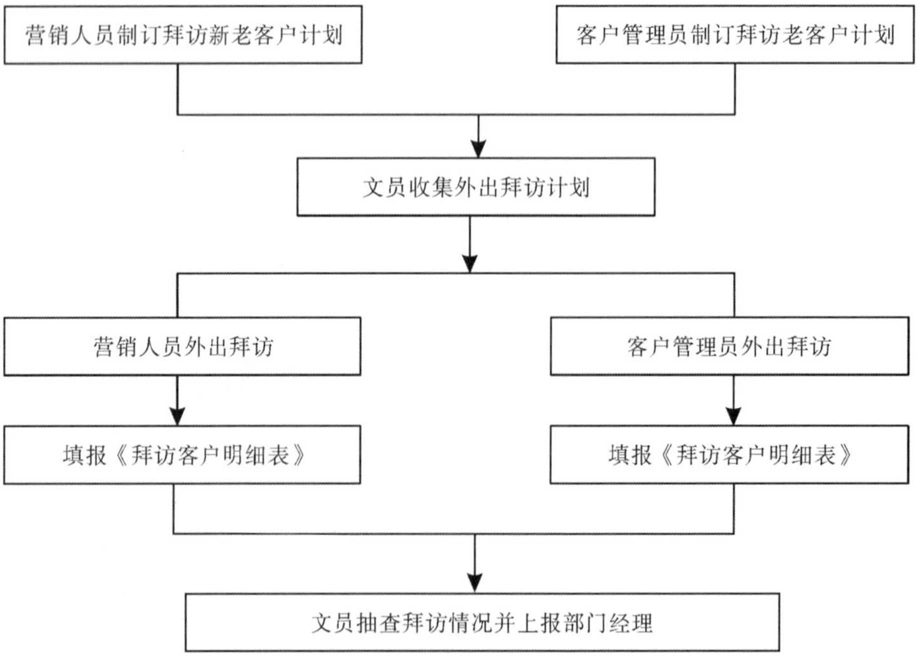

三、专题活动合同签署

程序一：确认合同

（1）了解客户的协议要求。

（2）确定合同条款。

（3）上报部门经理，审批合同。

（4）从客户管理员处获取合同编号。

程序二：签署合同

（1）与客户约定签署合同时间、地点。

（2）提前 10 分钟到达约定地点等候。

（3）签署合同，由双方单位盖章。

①仔细阅读合同内容，确认无误后方可签署；

②合同一式两份，双方各执一份；

③合同要求用蓝色或蓝黑色钢笔填写；

③字迹工整无误，易于识别。

（4）合同签完后，向客户表示谢意，并礼貌地与客户道别。

程序三：保存合同

（1）将签好的合同统一交客户管理员进行审核、管理。

（2）提醒客户管理员将签好的合同复印一份，并按编号在市场营销部合同记录表上登记后，将复印件存档备查。

（3）合同原件交财务部统一保存，并由接收人（主管级以上）在部门的市场营销部合同记录表上签字认可。

程序四：评审合同

（1）配合客户管理员在合同签好一个月后对所签的合同进行评审。

（2）提醒客户管理员填写合同评审记录，并将其附于合同复印件之后。

四、专题活动项目营销客户款待

程序一：确定宴请对象

（1）确定宴请对象的标准。

①对球会有重要贡献的单位负责人；

②有业务来往的中介公司与旅行社负责人；

③专题活动及大型会议策划主办企业负责人；

④向球会投诉的客户；

（2）具有开发潜力单位的关键人物。

程序二：填写《款待通知单》

（1）填写一式两份的《款待通知单》，一份交财务部，一份由部门保存备查。
（2）写明款待人数及标准。

程序三：上报经理审批

（1）上报部门经理审批，说明所款待客户的重要性和必要性。
（2）请部门经理在《款待通知单》上签字认可。

程序四：宴请客户

（1）选择适当的宴请时间、地点，并通知客户。
（2）提前 10 分钟到宴请地点迎接客户。
（3）宴请过程中，必须征求客户对球会的意见或建议，同时感谢客户对球会工作的大力支持。
（4）宴请完毕，礼貌地与客户道别。
（5）在消费账单上签字确认宴请费用。

程序五：总结宴请情况

（1）整理交谈过程中获得的有效信息。
（2）根据客户反馈情况，填写《征求客户意见表》。
（3）确认宴请费用是否超过审批标准。
（4）下班前将《征求客户意见表》放于部门指定文件栏处。

五、专题活动营销业务流程图

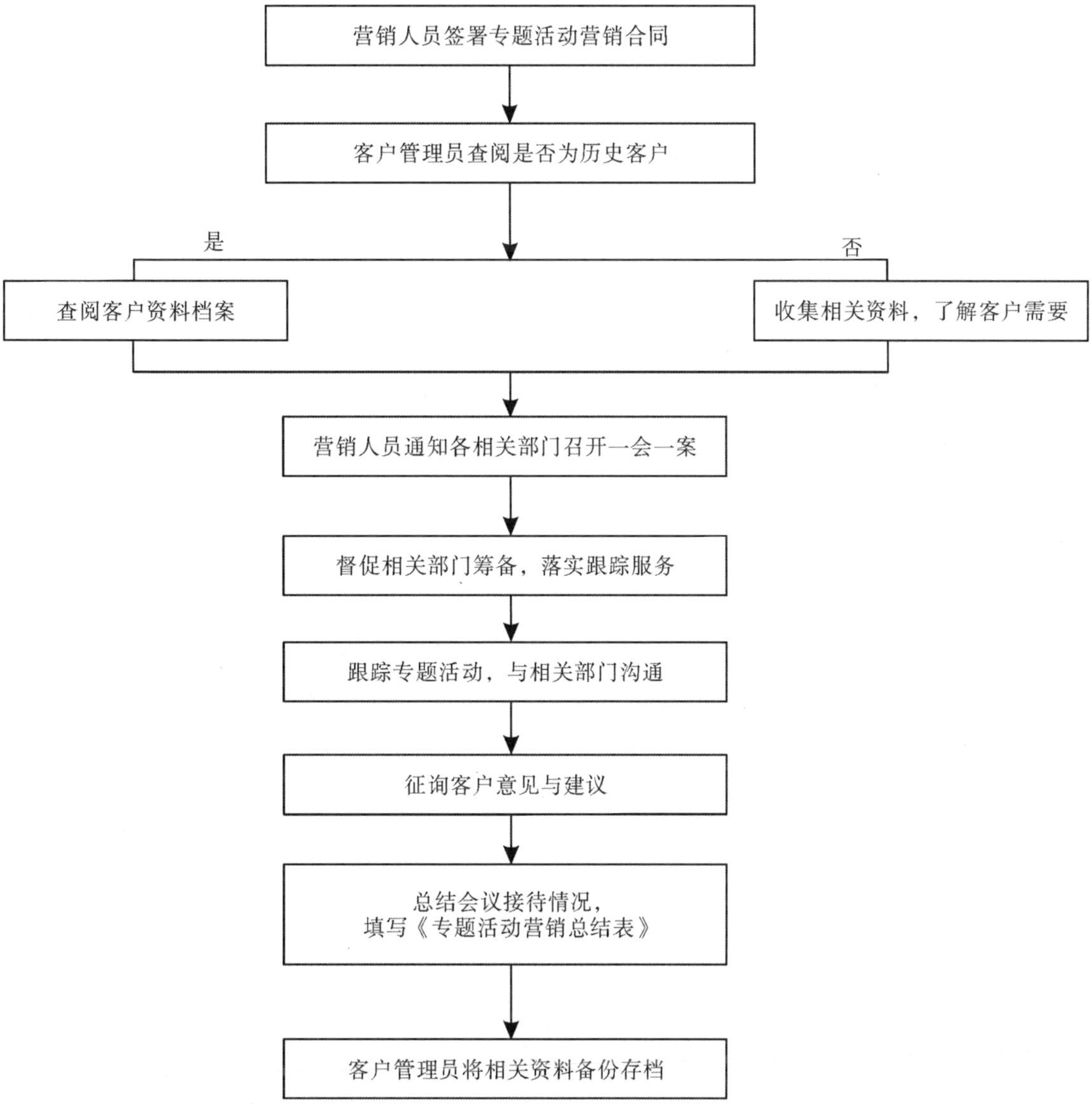

六、专题活动营销操作流程

程序一：获取信息

（1）从报纸、电视、网络、客户方面获取会议信息，并在《专题活动信息表》上登记。

（2）对信息进行整理、分析、选择，确定适合球会承接的专题活动。

程序二：洽谈会议

（1）高尔夫球会营销人员结合球会的设施设备及营业项目同客户交谈，内容包括专题活动的举办场地的价格、人员住宿的房价、餐饮及会议室价格等。

（2）根据客户的要求，结合球会实际情况与客户达成协议。

（3）在与客户交谈时，应注意观察客户的表情，及时调整自己的推销技巧；洽谈《专题活动合同》之前，应准备好记录本、合同、笔等必备物品。

（4）达成口头协议后，迅速签署《专题活动合同》，将谈好的专题活动项目以书面形式进行确认。

程序三：召开一会一案

（1）根据客户的要求，填写并下发《专题活动承接服务计划单》。

（2）确定时间、地点并于活动开始前24小时通知各部门人员参加一会一案。

（3）提前10分钟在会议地点设《一会一案签到表》。

（4）认真填写《一会一案会议纪要》，一式两份，原件于次日9：00前交总经理办公室，另一份留部门保存。

（5）签发计划单和参加一会一案人员均要求是相关部门主管级以上管理人员。

（6）重大活动要求于开始前48小时召开一会一案。

（7）一会一案结束后，迅速将《一会一案签到表》及《一会一案会议纪要》交本部门。

程序四：跟进专题活动

（1）专题活动开始前半小时，根据计划单内容代表客户对专题活动有关项目进行检查。

（2）填写《专题活动跟踪检查表》，记录所出现的问题及整改措施。

（3）督促相关部门立即进行整改。

（4）与联系人保持密切联系，便于及时更改专题活动有关项目，保证专题活动的正常进行。

（5）专题活动开始后，随时检查进行情况，及时、妥善解决突发事件。

（6）补充《专题活动跟踪检查表》。

（7）专题活动结束后，检查场地情况，完成《专题活动跟踪检查表》。

程序五：征求客户意见

（1）专题活动结束后，主动上门拜访客户，征求客户意见与建议。

（2）在不打搅客户的情况下，请客户填写《专题活动征询客户意见表》。

程序六：总结专题活动实施情况

（1）总结计划单执行情况，根据专题活动前、中、后的情况，总结专题活动营销与实施情况。

（2）填写《专题活动实施总结表》。

（3）在一会一案上，总结各部门的专题活动实施情况。

程序七：存档

（1）统一整理会议所涉及的所有资料，如《专题活动计划单》、《专题活动跟踪检查表》、《专题活动征询客户意见表》、《专题活动实施总结表》、《一会一案会议纪要》及《一会一案签到表》等。

（2）将专题活动资料进行编号，并在市场营销部《专题活动登记本》上登记，转交客户管理员统一保存管理。

第六节　高尔夫赛事活动营销工作

一、高尔夫赛事活动营销方案制订

程序一：明确营销目标

在执行高尔夫赛事活动营销时，只有目标明确，才能使活动有的放矢，因此在制订营销活动方案时，应明确以下问题：

（1）市场现状如何？

（2）开展营销活动的目的是什么？

（3）是发展会员还是提升打球人数？

（4）是否打击竞争对手？

（5）是否提升品牌认知度及美誉度？

程序二：确定营销对象

高尔夫赛事活动营销对象正确与否，会直接影响营销的最终效果，因此，在选择营销对象时应确定：

（1）营销活动针对的是消费者、高尔夫中介公司与旅行社等，还是销售人员？

（2）营销活动控制在多大范围内？

（3）哪些人是营销的主要目标？

（4）哪些人是营销的次要目标？

程序三：进行营销预算

（1）制订高尔夫赛事活动营销方案时应对营销活动的费用投入和产出做好预算。

（2）编列营销预算的方法有：销售额百分比法、量入为出法、目标任务法、竞争平衡法和销售单位法等。

①销售额百分比法：销售额百分比法是一种运用范围最广泛的营销预算方法，是以一定期限内销售额的一定比例计算营销费用总额。由于执行的内容与形式不同，又可以分为计划销售额百分比法、上年度销售额百分比法等。

②量入为出法：量入为出法是根据高尔夫球会的财政状况来确定可能支出多少营销费用而设定预算的方法，此法适合一般财力的球会。

③目标任务法：目标任务法是以预算目标为导向，先决定预算目标，再规划要达成目标的行动方案。在行动方案内，要先单独编列各种营销工具的预算，再累加成为高尔夫球会的营销总预算。

④竞争平衡法：竞争平衡法是根据产品的竞争对手的营销费用开支来确定本球会的营销预算，具体形式有市场份额法、竞争平位法等。

⑤销售单位法：销售单位法是依照未来销售数量预期的每一个单位，提列一个固定比率的金额作为预算营销，此法最适合薄利多销的产品。

程序四：选择营销工具

（1）营销工具是高尔夫赛事活动营销方案的核心部分。

（2）选择时要考虑到活动的目标和高尔夫球会自身因素，应该力求创新，使活动具有震撼力和排他性。

程序五：确定活动时间和地点

（1）在时间选择上尽量让消费者有空闲参与，若持续时间过短，会导致在这一时间内无法实现重复购买，很多应获得的利益不能实现；若持续时间过长，又会造成费用过高而且市场形成不了热度，降低品牌在客户心目中的身价。

（2）在地点选择上要注意消费群体的分布性和集中性。

程序六：制订执行方案

（1）前期准备包括人员安排、物质准备、方案试验。

（2）中期操作主要是活动调整和现场控制。

（3）后期延续主要是媒体宣传的问题，即采取何种方式在哪些媒体进行后续宣传。

程序七：评估营销效果

（1）效果评估按时间分为：事前、事中、事后。

（2）对高尔夫赛事活动营销进行效果评估，主要包括：营销前后市场占有率的比较、消费者调查、获利率比较等。

（3）制订一份有说服力和操作性强的营销活动方案，才能获得高尔夫球会管理层支持，确保方案的执行。

二、高尔夫赛事活动营销控制管理

程序一：准备阶段的控制

（1）高尔夫赛事活动营销计划的审核。营销计划是指营销策略的具体文案及实施措施和行动指导，其审核包括：

①审核计划是否严密、可行：主要有营销活动的执行方式、人员组织安排、执行时间、执行场所、活动设备等。

②审核计划是否有针对性：审核营销计划的定位、目标消费者、活动执行时间是否合乎营销目标。

③审核计划是否有一定的适应、协调能力：营销活动对竞争者是否有竞争力，是否适应市场前景。

（2）高尔夫赛事活动营销手册的制定。营销手册是在高尔夫球会执行特定的营销活动之前制定的手册，其目的在于协助销售人员更好地完成营销任务。营销手册的内容要详细、具体，不同的营销方式对营销手册的格式有不同的要求。

（3）高尔夫赛事活动营销制度的制定。高尔夫球会内部的营销制度是根据球会的实际情况、市场环境以及相关制度确定的，它主要包括与高尔夫赛事活动营销项目经理、销售人员、监控人员、营销财务、宣传及信息管理相关的各种制度。

程序二：执行期间的监督

（1）高尔夫赛事活动营销过程中的调查。

①消费者的反应：目标消费者对营销活动的看法、意见、倾向和态度；目标消费者的相应行为、参与情况和其他表现；目标消费者对潜在市场的影响趋势。

②公众的反应：公众的意见、行为和态度；消费者社团的反应。

③竞争者的反应：竞争者可能将要或已经开展的对抗措施和活动，以及这些活动对未来市场发展的直接和间接的影响。

（2）高尔夫赛事活动营销过程的监督。

营销过程中的监督工作目的在于组织保障沟通，了解营销进程，及时发现和解决问题，确保营销活动的顺利进行。具体而言，监督的内容一般有：计划执行的情况；人员执行的情况；物资控制的情况；实施中的不良倾向。

程序三：结束阶段的分析总结

（1）高尔夫赛事活动营销收益的核算分析。营销活动的根本目的是给高尔夫球会带来更高的经济效益。所以，在营销活动终了时，进行营销收益的核算分析是营销管理工作的首要任务。

（2）高尔夫赛事活动营销人员的绩效评估与奖惩。根据每个营销人员在营销活动期间的工作绩效，实施一定的奖惩措施。

（3）高尔夫赛事活动营销总结。归纳营销活动成功或失败两方面的经验和教训，提出改进措施，为以后的营销工作积累宝贵的经验。只有严格控制营销中各个阶段的工作任务执行情况，才能确保高尔夫球会营销的效果。

第七节　高尔夫专题研讨会议营销操作流程

一、专题研讨会议营销模式

高尔夫专题研讨会议营销是高尔夫教育式营销模式中的一种，它是运用新的高尔夫消费理念、新的生活方式等观念与思想，通过专题研讨会议营销（含讲座、座谈、聚会及观摩高尔夫球发展史的展览展示、演示会）来教育与引导消费者和潜在消费者，使消费者和潜在消费者接受高尔夫的消费理念与生活方式，改变原有的思维习惯、消费习惯、生活方式，使消费者的生活品位提升一个档次，使营销水平提升到一个新的层次，形成新的营销理念和营销模式。

随着高尔夫市场越来越成熟，市场竞争变得日益激烈。用高尔夫会籍产品概念与服务力度来彰显品牌日渐困难，高尔夫产品同质化程度越来越高，通过价格的方式实现高尔夫球会会籍营销很难奏效。同时，会籍销售进行了大量的广告宣传和终端促销乃至强力的人员推销，却收效甚微。

很多时候，销售人员已经与潜在消费者建立和保持了良好的关系。他们了解目标消费人群，明白其消费的现实需求和潜在需求。但是，成交需要良好的契机。很多销售人员往往在一段时间努力工作之后缺少有力的方法促使潜在消费者决定购买，这时，很多人便会在业绩压力下急功近利、逼迫成交，事实证明，多数情况下会适得其反。也就是说，平时销售人员已经将水烧到99°C时，球会要有提高最后关键1°C的高效办法来促成成交，而这种高效方法就是专题研讨会议营销。

二、专题研讨会议营销目的

1. 回馈会员

将专题研讨会议作为一项增值服务提供给球会现有的会员，满足其多元化的需求。在现有球场运作条件下，以额外的手段来提高会员满意度。给予伴随着高尔夫球会一起成长的老会员额外的名誉，体现高尔夫球会对会员的尊重。

2. 推广高尔夫球会品牌

以活动为平台，以增值服务为主导，向会员及嘉宾大力推广高尔夫球会的新价值（增值服务）、新形象（服务导向）；提升形象；通过会议营销的推广，提升高尔夫球会形象和附加值。

3. 促进销售

以高尔夫球会活动为桥梁，增加销售人员与潜在消费者沟通的机会，利用活动的环节安排，为销售人员谈单创造有利条件。销售不再只依赖销售人员的力量，而是利用高尔夫球会全体工作人员贯穿于整个活动的服务，利用专题研讨活动主讲嘉宾高调的、生动的推广来吸引潜在消费者。专题研讨会议可吸引目标消费者到来，利于销售部掌握潜在消费者资源，展开下一步的营销工作。专题研讨会议作为集客销售的六大销售拉力的重要组成部分，可和其他销售手段进行配合，提高成交率。

4. 奠定基础

加强与行业协会之间的合作，为以后的球友会建设奠定基础。制定的目标将促使销售的短期目标、下一步营销工作的中期目标以及公关、传播的长期目标很好地融合起来，为活动的成功打下坚实的基础。

三、专题研讨会议营销操作流程

程序一：对消费者需求进行分析

（1）对高尔夫球会的会员和潜在消费者的需求进行分析。例如：通过一系列的访谈和问卷调查，发现高尔夫消费者大部分是企业高管和老板。随着中国经济的发展，经济环境发生了巨大变化，企业家们面临着许多的营销困惑，于是确定专题研讨会议研讨经济发展主题。

（2）高尔夫球会分阶段将软文投放在行业报刊、高档休闲杂志、金融证券杂志等对高端消费人群有吸引力的媒体上，传播专题研讨会议中的演讲主题，让潜在消费者了解到此次的演讲主题是针对他们的需求，能够切实地解决他们的难题。

（3）对销售人员进行培训，让他们梳理手中的潜在消费者的信息，按 ABC 进行分级后，向其派送专题研讨会议中的演讲主题宣传资料和具有相当价值的入场券。

程序二：对消费者的传播

（1）确定需要投放的媒体，应选择当地非常具有影响力的报刊，保证信息能够传播到潜在消费者那里。

（2）针对潜在消费者撰写具有震撼力、冲击力和吸引力的软文。

（3）选择最佳的投放媒体和最佳投放时间计划，分三个阶段进行软文和硬广告的同时投放，保证信息能够在潜在消费者那里保留住，而不是看了就忘。通过这一有规划的传播手段，很多潜在消费者将被吸引。

（4）销售人员带上专题研讨会议中的演讲主题宣传资料，直接到潜在的、有需求的消费者那里推广演讲嘉宾的营销传奇故事和成就。

（5）对消费者的传播需要有系统、有计划地进行，才能达到更好的效果。

程序三：会议营销的实施

（1）活动议程除有特色外，还要在推广上下功夫，有特色的议程和富有吸引力的推介才能吸引潜在消费者的好奇心，他们才会慕名而来。

（2）在活动的安排上精心设计。设计有吸引力的活动，比如参观活动、活动现场的抽奖活动，这些安排能够保证活动对潜在消费者的吸引力。

（3）编制一份专题研讨会议中的演讲主题宣传手册，专供销售人员参加营销会议、与演讲嘉宾交流、安排会议议程时使用，规范销售人员的言行，统一基调。

第八节　高尔夫产权式球会营销操作流程

一、产权式球会定义及发展状况

（1）产权式球会的定义。

产权球会兴起于20世纪70年代欧美国家的一些著名旅游城市和地区，英文全称是“TIME-SHARE”，中文译为“泰慕赛尔”，即“时空共享”，其共同特点是都建于景色优美的旅游业和经济比较活跃的地区，以保证球会有较高的出租率和物业升值空间。产权球会作为一种特殊投资和消费模式，符合经济资源共享的基本原则。它使业主闲置的空房和球会的大门向社会开放，对公众推出一种既是消费又是存储、既是服务又是家产、既可自用又可赠送的特殊商品，是房地产业和旅游业的有效结合，是经济发展到一定程度的必然产物。无论对发展商还是投资商来说，产权球会都孕育着丰富的商机。

（2）产权式球会的性质。

在欧美等旅游及经贸发达的国家和地区，产权球会通常被称为私人球会，它是以投资赚取回报，进行休闲、度假、娱乐为目的的新型物业形式，属于旅游房地产类，与旅游经济、贸易及房地产是有机结合、互动发展的关系。产权球会与别墅、普通商品住宅及商务写字楼等又有明显区别。购买产权式球会，在享受超值服务、彰显身份和地位的同时，更有不菲的投资回报，与住宅写字楼投资、股票投资、储蓄及国债投资等相比，投入轻松，风险小，回报更丰厚，同时还能获得一家真正属于自己的私家球会。

二、产权式球会呈现的产品形式

（1）时权球会。

时权球会是将球会的每个单位分为一定的时间份（如一年产值51周，共51个时间份），出售每一个时间份的使用权。消费者拥有一定年限内在该球会每年一定时间（如一周）的居住权。

（2）纯产权球会。

纯产权球会是指将球会的每一个单位分别出售给投资人，同时投资人委托球会管理公司管理或利用分时度假网络管理，获取一定的管理回报。纯产权球会又分为商务型和度假型两种。

（3）养老型球会。

养老型球会是指投资人（往往是最终消费者）购买用于退休后养老的物业，投资人在退休前委托管理公司经营管理，退休后自用。委托管理期间，投资人可获取一定的投资回报。一般情况下，该物业在产权人去世后由管理公司回购再出售，收益归其家人所有。

（4）高尔夫、登山、滑雪圣地的度假村。

指在高尔夫、登山、滑雪等运动圣地开发的度假别墅项目。

（5）时值度假型球会。

时值度假指消费者购买一定数量的“分数”，这些“分数”就成为他们选购产品的货币。他们可以使用这些“分数”在不同时间、地点、档次的度假村灵活选择其“分数”所能负担的住宿设施。消费者不拥有使用权或产权，只是为休闲消费提供便利、优惠和更多选择。“分数”消费可以获取更高的折扣和更多的免费居住时间。

三、高尔夫产权式球会营销方案策划

策划方案一：返租式产权球会（完全产权式）

1. 权益设置

（1）将球会划分成多个单位（标准间、套间、总统套间等），分别销售给投资者。

（2）投资者委托或聘请专业的球会管理公司来经营管理，投资者获得一定的投资回报，并拥有该投资房产相当年限的产权。

（3）投资者可享受每年免费入住固定天数（如15天或30天）的优惠待遇，超过期限则按球会收费标准收取球会住宿费。

2. 销售卖点

（1）产权球会相当年限的（如30年或50年）产权。

（2）购买球会公寓送高尔夫球会会籍。

（3）每年按固定比率回报。

（4）投资者可享受免费入住固定天数（如15天或30天）的优惠待遇。

3. 经济分析与风险评估

（1）本方案存在的风险是日后球会的入住率与投资者的回报问题。

（2）球会日后的经营状况还是个未知数，因此存在一定风险。

（3）这种方案较为普遍采用。

策划方案二：分时度假式球会

1. 权益设置

（1）分时度假式球会营销模式是指将球会的每一个单位划分为时段卖给前来度假和打高尔夫球的人群。

（2）以一年中的固定天数（如15天或30天）为一个时段，购买者拥有这固定天数（如15天或30天）的免费入住权，但不拥有房产权，也不享受球会经营带来的投资回报或分红。

（3）购买了本项目的高尔夫球会会籍和球会公寓的客户，每年可以到联盟的其他高尔夫俱乐部球会里免费入住固定天数（如15天或30天），但无论到哪里，每年只享受固定天数（如15天或30天）的“特权”；与此同时，还可享受高尔夫球场免果岭费的特殊待遇等。

2. 销售卖点

（1）拥有每年固定天数（如15天或30天）的球会入住权，球会可以划分成24个时段去销售，同一单位可以卖给24个人。

（2）享受高尔夫球场免果岭费。

（3）为了增加客户购买的兴趣，可以与联盟其他地方的高尔夫俱乐部球会合作，交换度假休闲权。

（4）以每年固定天数（如 15 天或 30 天）的球会入住权进行交换，即在联盟的其他高尔夫俱乐部球会享受同样的免费且每年不超出固定天数（如 15 天或 30 天）的球会入住权。

3. 经济分析与风险评估

（1）在价格定位上要注意优势显示，增加对目标消费群体的吸引力。

（2）本方案存在的风险是能否享受高尔夫球场免费优惠，能否在联盟的其他高尔夫俱乐部球会享受同样的优惠待遇。

（3）能否实现与联盟的其他高尔夫俱乐部球会交换每年固定天数（如 15 天或 30 天）的球会入住权，也是实际操作的问题。

四、高尔夫产权式球会营销实施

程序一：行销模式确定与人员组建

（1）采用“房产销售 + 高尔夫会籍”全新营销模式。

（2）高尔夫球会营销人员与球会销售专业人员两套人马联手组成销售班子，统一营销实施。

程序二：选择入市时机

（1）根据当地的旅游旺季的特征与营销方案策划特点，选择最佳入市时机。

（2）在各地城市做好宣传推广，吸引更多旅游受众关注高尔夫产权式球会，以利于销售。

程序三：销售渠道建立

（1）主要销售渠道：高尔夫球会市场营销部门。

（2）其他销售渠道：房地产营销机构。

（3）与中介公司、旅游机构合作，通过中介与旅游机构的平台促进销售。

第九节　案例分析：高尔夫球会营销策划与年度经营计划编制内容

一、案例介绍

一个在华南地区的高尔夫球会，2009 年 10 月开业。配套设施：18 洞高尔夫球场、练习场（拥有 36 个真草打位）、俱乐部会所（设置接待大堂、更衣室及餐饮接待位 250 个，设置中西餐厅及会议室）、球手用品专卖店（店面面积 500 平方米）。

该球会在华南地区，尤其是珠三角地区主要竞争球会中，会籍价格偏低。在试营业期间与开业一年里，欠缺长远的营销战略规划，持续运用降价促销手段，打球定价偏低，客源结构中会员占比较高，导致球会人均消费偏低，团体消费持续降低。由于配套设施、环境等不完善，球会餐饮、商品等二次消费比例明显偏低，从而直接影响人均消费水平。

二、案例分析

球会的核心硬件产品具备优势基础，但配套短板明显，主要是没有合理利用与发挥其可利用价值。

球会需要完善营销策划，完善每一年度经营计划的编制内容，进而监督执行，并及时做好总结与调整，配合市场的发展。

市场认知度和品牌美誉度不高，导致市场占有率偏低（包括会籍和打球消费市场），因此不断完善硬件产品和提高品牌美誉度（通过经营管理创新）是该球会长期良性发展的关键，也是其获取市场竞争优势的必由之路。

三、案例启示

球会开业将近两年，周边容易吸引的客户已被初步挖掘，下一步的会籍销售需要在吸引增量打球嘉宾的基础上不断深入开发。短期过度追求会籍销售量的成本和风险极高，建议在清晰球会市场定位的前提下，通过持续的产品营销、服务营销和品牌赛事营销，带动会籍市场实现平衡销售，避免拔苗助长。

案例附件：高尔夫球会年度经营计划编制内容

一、现状分析

（一）SWOT 分析

优势（Strength）	劣势（Weakness）
良好的核心产品（球道、果岭）竞争优势。	（1）比较明显的产品配套短板（包括接待规模的制约等）； （2）市场认知度和美誉度均有待提高； （3）缺乏独特的核心竞争力。
机会（Opportunity）	**威胁（Threats）**
（1）高尔夫行业市场需求的快速增长； （2）珠三角地区巨大的潜在市场； （3）投资方雄厚的资源优势支持。	（1）本区域市场部分强势品牌的竞争能力； （2）近年新竞争者还在陆续不断进入； （3）行业依然存在“政策歧视风险”。

（二）市场竞争状况

1. 区域市场概况

（1）目前广州周边（一小时车程内）有高尔夫球会 20 多家；

（2）其中 80% 的球会已开业两年以上；

（3）超过 50% 的球会具备 27 洞甚至 36 洞；

（4）30% 左右的球会拥有灯光球场；

（5）另有数家球会将于 1 年内开业（或重新开业）；

（6）珠三角地区市场知名度和美誉度较高的球会有：A 球会、B 球会、C 球会、D 球会等。

球会	开业	拥有洞数	灯光球场
A 球会	5 年	36 洞	18 洞
B 球会	12 年	18 洞	18 洞
C 球会	7 年	36 洞	0
D 球会	2 年	36 洞	0
本球会	2 年	18 洞	0

2. 华南、京、沪地区球场供给与消费需求状况分析

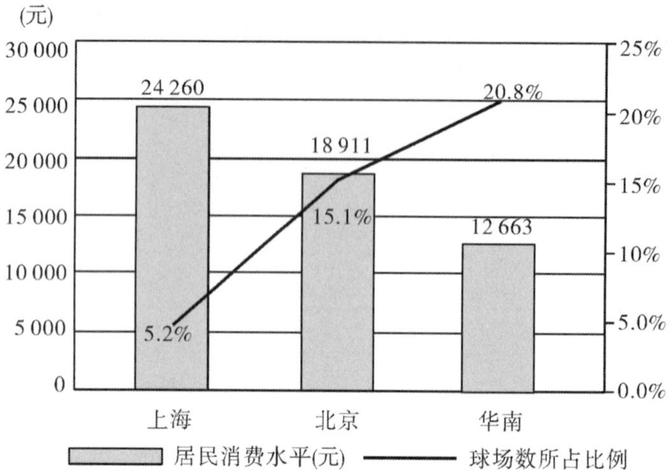

结论：

（1）本球会所在华南地区的高尔夫球会数量明显高于京、沪地区，但居民消费水平却相对偏低；

（2）华南地区消费者的消费行为特征（特别是在奢侈品消费方面）更趋于理性。

3. 主要竞争对手接待量对比分析

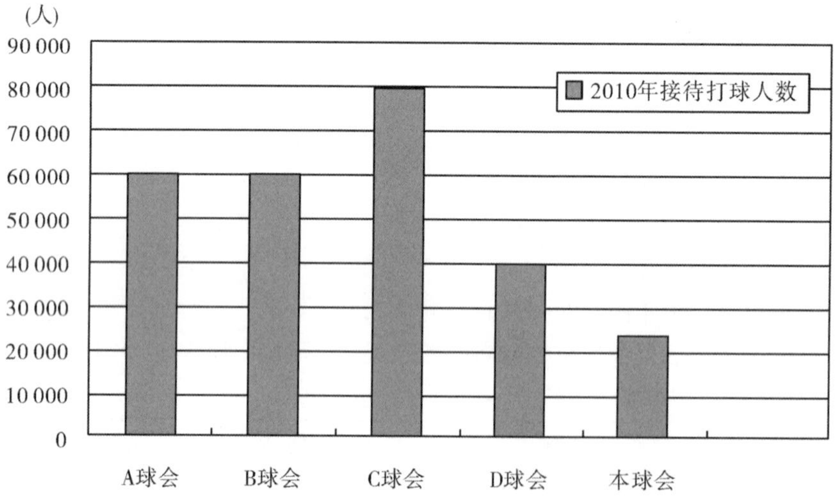

结论：

（1）本球会市场份额明显低于珠三角地区一线球会（全年日均接待 62 人）；

（2）其中 D 球会与本球会几乎同期开业，但由于其在球场容量和配套会所品质、交通便捷性等方面占优势，已获得明显的竞争有利位置。

4. 主要竞争对手会籍价格对比分析

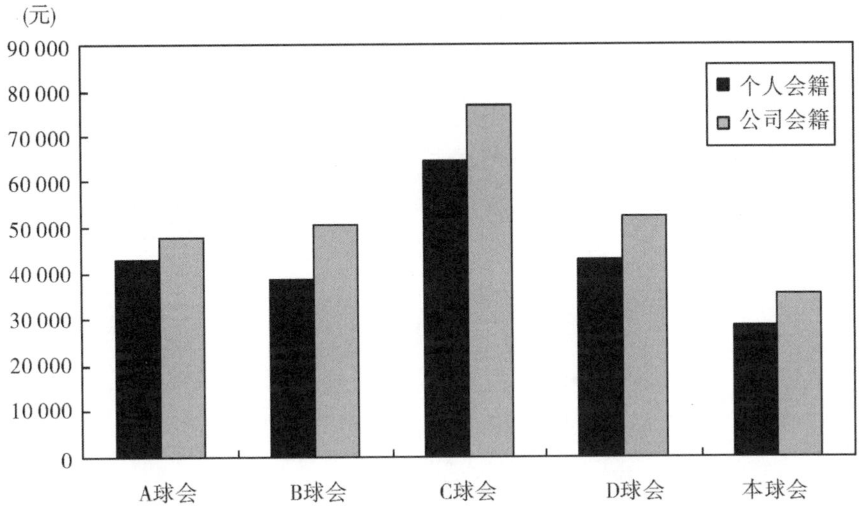

结论：本球会在珠三角地区主要竞争球会中，会籍价格偏低。

（三）经营状况

1. 2010 年本球会客源结构分析

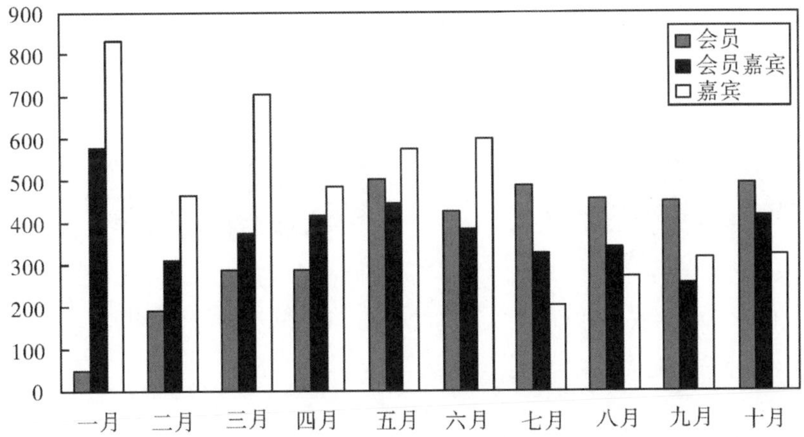

结论：

（1）2010 年 1—10 月份，本球会客源结构有以下特征：嘉宾占比呈明显下降趋势，而会员占比呈明显上升趋势，会员嘉宾占比则相对均衡，这说明上半年快速的会籍销售增长的原因主要是本球会的存量嘉宾客户转换成了会员；

（2）下一步如何提高增量嘉宾数量是增加销售收入的重点。

2. 2010 年本球会客户打球人均消费趋势

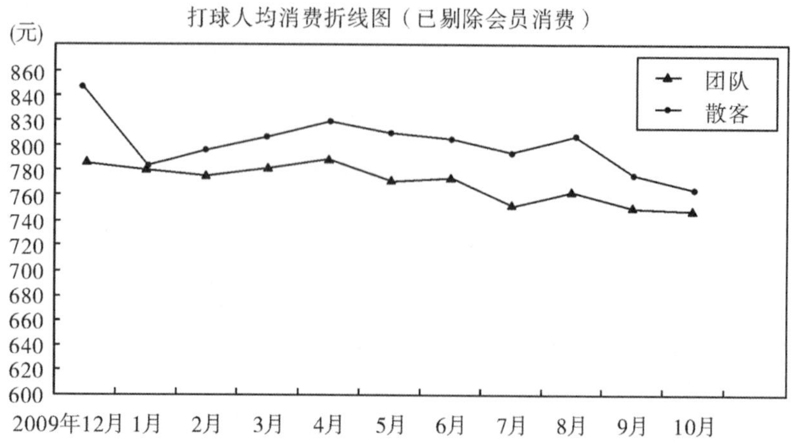

结论：

（1）2010 年 1—10 月份，本球会人均消费下降趋势明显，说明客源结构产生较大变化，较高收入嘉宾占比减少；

（2）本球会持续运用降价促销手段，导致团体消费持续降低。

3. 2010 年本球会客户消费结构分析

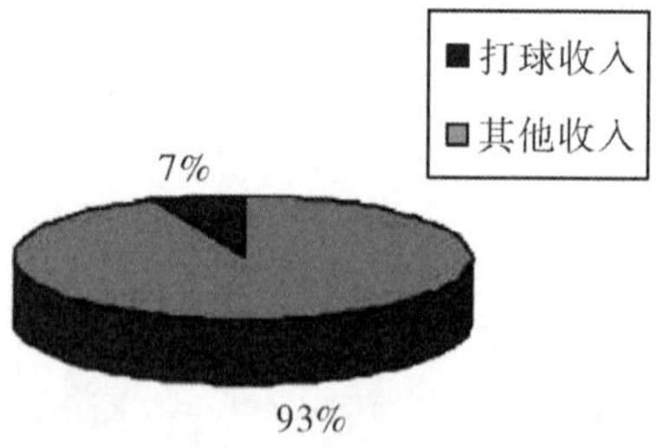

本球会平日收入比例图

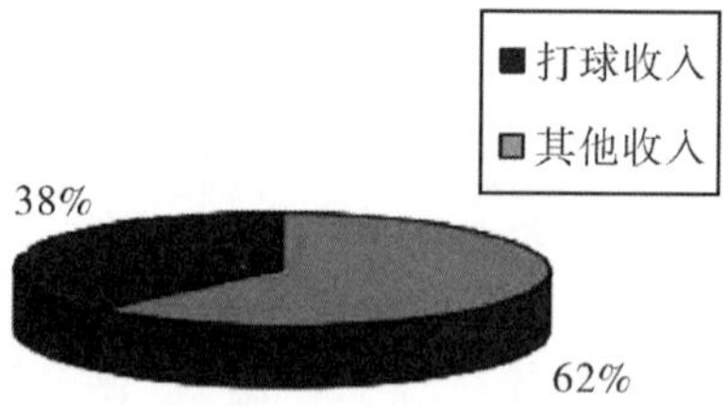

B球会平日收入比例图

结论：

（1）本球会人均消费偏低，打球定价偏低，客源结构中会员占比较高；

（2）由于配套设施、环境等不完善，球会餐饮、商品等二次消费比例明显偏低，从而直接影响了人均消费水平。

（四）现状分析结论

1. 竞争状况

核心硬件产品具备优势基础，但配套短板明显；市场认知度和品牌美誉度不高，导致市场占有率偏低（包括会籍和打球消费市场），因此不断完善硬件产品和提高品牌美誉度（通过经营管理创新）是本球会长期良性发展的关键，也是其获取市场竞争优势的必由之路。

2. 市场状况

本球会开业将近两年，周边容易吸引的客户已被初步挖掘，下一步会籍销售需要在吸引增量打球嘉宾的基础上不断深入开发。短期过度追求会籍销售量的成本和风险极高，建议在清晰球会市场定位的前提下，通过持续的产品营销、服务营销和品牌赛事营销，带动会籍市场实现平衡销售，避免拔苗助长。

二、定位和策略

1. 愿景

成为中国国内一流的特色高尔夫综合社区发展商和卓越的高端休闲运动、度假商旅服务运营商。

2. 产品定位

成为珠三角地区最负盛名的以高尔夫运动为纽带的社会精英俱乐部，配套齐全、独具特色的主题性精品球场、主题会所和酒店。

3. 市场定位

将都市混合会员制球会和纯会员制球会相结合，以不断满足高尔夫爱好者运动、休闲、社交等多层次需求为目标，打造一个聚集珠三角地区商业成功人士的快乐休闲场所和健康享乐之家。

4. 目标市场

目标客户	区域界定	目标地区
核心市场	一小时车程内	广州、佛山、顺德、花都
周边市场	一至三小时车程范围	珠三角地区
其他目标市场	三小时及以上车程地区	华南地区及其他

5. 经营策略

时期	策略
长期策略	市场高端化、产品主题化、服务特色化、管理专业化。
中期与短期策略	（1）保持和不断完善产品硬件（如果岭、球道、环境、配套设施等）； （2）提升球会营运与服务管理水平，逐渐形成自身特色； （3）通过不断实施以会员为核心的客户增值服务和组织品牌赛事等主要营销手段，渗透和覆盖核心市场； （4）提高品牌美誉度，以此推动新会员规模和质量的发展，改善运营绩效。

三、2011年经营目标和策略

（一）经营目标体系

1. 2011年总体目标

（1）完成专业化团队建设；

（2）保证球场核心产品短板状况明显改善；

（3）通过营运管理的制度化改造，提高服务绩效；

（4）以品牌赛事推广和客户增值服务为营销突破口，提升核心市场品牌美誉度，改善经营收入状况。

2. 市场目标

（1）会籍年销售50个；

（2）年接待打球人数28 000人次（增长20.7%）；

（3）团体接待人数比例由10%提高到25%以上；

（4）组织有全国性影响力的赛事1次以上，组织省内有影响力的赛事不少于3次；
（5）以会员为核心的客户满意度明显提高。

3. 财务目标

（1）年消费收入1 960万元；
（2）经营性净现金流35万元以上（或税前利润为78万元以内）；
（3）年度成本费用预算执行偏差率控制在+4%和-8%之间；
（4）季度偏差在+8%和-12%之间。

4. 硬件目标

（1）全年果岭覆盖速度平均保持在8.0以上且平整度和色泽正常；
（2）果岭覆盖度90%以上，无1平方厘米以上斑秃（球道无50平方厘米以上干斑）；
（3）全年保持球场草坪中杂草面积和分布低于上年（果岭无杂草）；
（4）月均设备与设施完好率100%；
（5）重点景观点明显改善。

5. 营业运作目标

（1）保持顾客服务高满意度，全年球童年评优率95%以上；
（2）年度服务有效投诉不超过8次（月平均不超过1次）；
（3）年度人员安全和顾客财物差错事故不超过2次；
（4）年度单日平均合格出场的球童数在100人以上；
（5）年度及月度B级以上球童比例不低于50%；
（6）年度有效服务创新事项不少于4项；
（7）全年完成非打球经营目标226万元以上；
（8）人均非打球消费80.70元以上；
（9）年均餐饮毛利率不低于55%，商品销售毛利率不低于40%。

6. 安全目标

（1）保证人身安全及财产安全重大事故率为零；
（2）全年各类一般性安全事故不超过4次。

7. 管理目标

（1）保证球会全年员工到岗和满编率达到80%以上，下半年达到90%以上；
（2）年内按ISO9001质量认证标准完成球会制度化建设。

（二）方针和策略

1. 经营方针

品牌优先、客户第一、科学管理、专业敬业。

2. 总体策略

（1）长期利益为主线，短期目标为辅助，长短结合，长先短后；
（2）强化和培育核心产品和服务优势，弥补产品和服务短板，扬长补短；
（3）建设专业化管理团队，制度化、标准化业务体系，人才制度两手抓。

3. 市场策略

以提升会员服务附加值和组织品牌赛事为主要营销手段。

4. 价格策略

通过品牌赛事的相对高折让，实现高散客价格和优惠团体价策略。

5. 产品策略

根据不同细分市场进行赛事定制化，营销本球会的品牌赛事。

6. 渠道和促销策略

专业化品牌中介机构和主流媒体合作策略。

7. 财务策略

继续强化财务监管和支持职能。

8. 场地完善策略

以规范和标准化确保质量目标和成本目标，降低事故率；短期、中期、长期目标手段相结合，以“保长补短”为主要策略。

9. 营业运作策略

以规范和标准保质量（减差错）、控成本；以制度和机制创新增加服务附加价值、树立本球会服务特色；提升配套服务品质，增加客单价及相关收入水平。

10. 行政策略

人才、制度和执行力。

四、2011 年球会经营计划

（一）第一季度计划要点

序号	工作重点	责任人
1	完成经营指标的 25%（如接待 7 000 人次、消费收入 490 万元等）及相应预算指标	全体部门负责人
2	以整合专业化人才资源为核心，完成组织机构调整和管理团队的建设	全体部门负责人
3	以组织机构梳理和岗位职责描述为核心的制度化建设	行政部经理
4	以降低投诉率和差错率为目标，进行系统性流程梳理和制度建设	球会营运总监
5	在完成越冬管理的同时，积极进行人、财、物的精细化筹划，奠定开春基础	场地养护总监
6	完成球会财务管理任务及支持球会各部门完成当季经营目标	财务总监
7	以完成专业品牌中介机构合作等系统性渠道建设为核心的市场工作计划	营销策划总监
8	完成会所创收导向和服务导向的制度化建设	会所经理
9	完成当季目标，完善和准备下一季度工作计划	全体部门负责人

（二）第二季度计划要点

序号	工作重点	责任人
1	完成经营指标的 27%（如接待 7 560 人次、消费收入 530 万元等）及相应预算指标	全体部门负责人
2	以保证完成计划目标为核心的制度建设、激励机制	全体部门负责人
3	以系统性、可操作性为基础，促进组织协同和责任为目标，完成公司制度化建设	行政部经理
4	以提高球童评优率和创新增值服务为目标，进行系统性流程创新和制度建设	球会营运总监
5	在保证球道、果岭等质量指标完成的基础上，实施和部分完成球场景观改造工程	场地养护总监
6	完成球会财务管理任务及支持球会各部门完成当季经营目标	财务总监
7	在保证经营目标任务完成的基础上，以完成客户增值服务为营销重点	营销策划总监
8	以提高客户非打球消费收入为重点，完成产品结构、经营策略和员工培训调整	会所经理
9	完成当季目标，总结上半年工作，对整个下半年目标体系和计划作出调整完善	全体部门负责人

（三）第三季度计划要点

序号	工作重点	责任人
1	完成收入指标的 24%（如接待 6 720 人次、消费收入 470 万元等）及相应预算指标	全体部门负责人
2	根据经过调整的下半年相关经营目标和工作计划完成相应的组织和制度整合	全体部门负责人
3	以客户导向为目标，进一步完善公司制度化建设和实施	行政部经理
4	以提高团体赛事服务质量和单日接待量为目标，进行流程创新和制度建设	球会营运总监
5	继续完成扬长补短工程策略，侧重于分步实施越冬准备工程和计划	场地养护总监
6	完成球会下半年财务管理任务及支持球会各部门完成当季经营目标	财务总监
7	在保证经营目标任务完成的基础上，重点策划和组织一系列品牌赛事活动	营销策划总监
8	以提高服务质量（如创新服务、特色服务）为重点	会所经理
9	完成当季目标，准备和完善下一季度工作计划	全体部门负责人

（四）第四季度计划要点

序号	工作重点	责任人
1	完成收入指标的 28%（如接待 7 840 人次、消费收入 549 万元等）及相应预算指标	全体部门负责人
2	侧重于各部门之间、各岗位之间的协同和服务意识并完善相关流程制度	全体部门负责人
3	以培训企业文化为目标，完善球会制度化建设和实施	行政部经理
4	以特色服务为目标，进行系统性流程完善和制度建设	球会营运总监
5	以质量和成本优化为目标，强化标准化管理	场地养护总监
6	完成球会财务管理任务及支持球会各部门完成当季经营目标	财务总监
7	以保证年度经营任务的完成和下一年度营销计划的编制为重点	营销策划总监
8	以提高商品库存周转率、降低食品浪费率为目标的制度化管理	会所经理
9	完成当季目标，总结本年度工作，制订下一年度目标体系和计划	全体部门负责人

五、2011 年各部门经营目标

（一）球会营运部门经营目标

经营目标	具体内容
成本目标	1. 部门年度成本费用预算执行偏差率控制在 +5% 和 －10% 之间； 2. 季度偏差在 +10% 和 －15% 之间；
质量目标	3. 保持顾客服务高满意度，全年球童评优率 95% 以上； 4. 年度服务有效投诉不超过 8 次（月平均不超过 1 次）； 5. 年度人员安全和顾客财物差错事故不超过 2 次；
其他管理目标	6. 年度单日平均合格出场球童数在 100 人以上； 7. 年度及月度 B 级以上球童比例不低于 50%； 8. 年度有效服务创新事项不少于 4 项； 9. 部门领班及以上管理人员到岗和在位率高于 90%； 10. 年内按 ISO9001 认证标准完成部门制度化建设。

（二）场地养护部门经营目标

经营目标	具体内容
成本目标	1. 部门年度成本费用预算执行偏差率控制在+5%和－10%之间； 2. 季度偏差在+10%和－15%之间；
质量目标	3. 全年果岭速度平均保持在8.0以上； 4. 覆盖度90%以上（无1平方厘米以上斑秃），平整度和色泽正常； 5. 年内球道、果岭、发球台草坪密度平均提高20%； 6. 年内球道、果岭、发球台草坪无50平方厘米以上干斑； 7. 全年保持球场草坪中杂草面积和分布不超过2010年（果岭无杂草）； 8. 年度内月均设备、设施完好率100%； 9. 球车每天可使用率95%以上； 10. 年内人员和设备重大安全事故和大面积草坪损毁率（死亡率）为零； 11. 球场重点景观点明显改善； 12. 球场管理区内无卫生死角；
其他管理目标	13. 部门领班以上管理人员到岗和在位率高于90%； 14. 年内按ISO9001认证标准完成部门制度化建设。

（三）会所服务部经营目标

经营目标	具体内容
成本目标	1. 全年完成非打球经营目标226万元以上（基于打球人数2.8万人次），其中餐饮收入169.5万元以上，专卖店、小凉亭收入56.5万元以上； 2. 人均非打球消费80.70元（餐饮60.7元，商品20元）以上（在2010年8—12月份人均非打球收入的基础上提升16.1%）； 3. 年均餐饮毛利率不低于55%，商品销售毛利率不低于40%；
质量目标	4. 顾客全年有效投诉不超过4件； 5. 顾客对服务满意率达99%； 6. 全年食品和人身安全事故为零； 7. 按ISO9001标准完成部门制度化建设； 8. 部门预算完成偏差率在+5%和－10%之间。

（四）行政部门经营目标

经营目标	具体内容
成本目标	1. 部门年度成本费用预算执行偏差率控制在+5%和－10%之间； 2. 季度偏差在+10%和－15%之间；
质量目标	3. 保证球会全年员工到岗和满编率80%以上，下半年达到90%以上； 4. 年内按ISO9001质量认证标准主持完成球会制度化建设； 5. 协助上级支持和监督考核各部门非财务经营目标完成情况； 6. 年内球会员工和财产重大安全事故率为零，一般性事故不超过4次； 7. 组织全员性员工业余文化活动不少于2次，全员性培训2次，保持员工较高满意度；
其他管理目标	8. 完成球会经营所需的各项外联协调工作； 9. 年度有效服务创新事项不少于4项。

（五）财务部门经营目标

经营目标	具体内容
成本目标	1. 部门年度成本费用预算执行偏差率控制在 +5% 和 −10% 之间； 2. 部门季度偏差在 +10% 和 −15% 之间； 3. 球会年度成本费用预算执行偏差率控制在 +4% 和 −8% 之间； 4. 球会季度偏差在 +8% 和 −12% 之间；
质量目标	5. 经营性净现金流 35 万元以上（或税前利润为 78 万元以内）； 6. 保证球会全年财、物管理差错率为零； 7. 年内按 ISO9001 质量认证标准主持完成球会预算和财务管理制度化建设； 8. 监督考核各部门财务性经营目标完成情况；
其他管理目标	9. 完成其他各项财务管理工作。

（六）营销策划部门经营目标

经营目标	具体内容
成本目标	1. 会籍：会籍年销售 50 个； 2. 打球：年接待打球人数 28 000 人次（增长 20. 7%）； 3. 年消费收入 1 960 万元（年增长 17. 3%）； 4. 年团体接待人数比例由 10% 提高到 25% 以上；
质量目标	5. 赛事：组织有全国性影响力的赛事 1 次以上，组织省内有影响力的赛事 3 次以上，策划组织营销主题性赛事 4 次以上； 6. 中介渠道：签约区域市场品牌和份额排名靠前的赛事和客源中介服务商不少于 3 家； 7. 宣传推广：全国性专业媒体报道 1 次以上，省市级媒体重点报道 4 次以上，完成公司网站的设计和上线管理； 8. 客户服务：有效服务创新 4 项以上，客户满意度达到 80% 以上（球会外调查）； 9. 人力管理：第一季度完成部门管理人员的招聘到岗，第二季度前满编率 90% 以上； 10. 制度管理：按 ISO9001 标准完成部门制度化建设。

第六章　高尔夫球会营销队伍建设管理

第一节　营销队伍建设重点

高尔夫球会营销队伍的建设与发展，需要培育统一的团队营销文化和共同的理念。高尔夫行业在营销队伍建设上普遍重视个人能力的发挥，无论是在奖励制度上还是在文化建设和组织设计上，都侧重个人业绩与能力的提升，而忽视了团队的建设，出现了抢单、互相埋怨、互相诋毁、资源不能共享、能力不能互补、形不成合力和凝聚力等现象，导致“人才流失，庸才窝里斗”，对营销业绩不能起到很好的作用，对高尔夫球会发展也十分不利。

因此，在营销团队中，必须建立一个共同的理念和理想。每个营销个体在向同一个目标迈进时，都要加强自身的学习，提升整体业绩，以球会企业文化为指导，建立和谐统一的营销文化与企业文化。

高尔夫是一项高尚的休闲运动，它的营销有其独特性，面对的是一个高素质、高收入的富人群体。高尔夫球会营销最大的魅力在于它所具有的挑战性，所以高尔夫球会营销也成就了许多人的梦想。对于一个球会而言，“无规矩不成方圆”，必须建立一套行之有效的营销管理制度。制度是营销团队建设的纲。营销管理制度包括三类制度：组织保障制度；奖励分配制度；行为约束制度。

由于种种利益的驱使及管理制度的缺乏，喜爱“要单帮”、不善于协作配合、团队一盘散沙的现象在高尔夫球会营销中表现得淋漓尽致。在许多高尔夫营销集体里，“个人英雄主义”盛行。虽然，许多球会很早就已经强调了“团队营销”这个概念，可得不到其他与营销部门无直接联系或交叉工作较少的部门的支持与关注。这些部门和人员同样各自为政，并不关心营销如何，球会是否赢利，没有把自己纳入一个较大的团队营销范畴之内。

要在营销的竞争中取胜，高尔夫球会从上到下都应具备全员营销、全员参与市场竞争的概念和意识，建立全员营销管理机制，形成一套行之有效的全员营销模式。

第二节　营销团队目标确定

程序一：列出目标

（1）采取表格的方式，把符合 SMART 原则的目标写下来。

①绩效指标必须具体（Specific）。

②绩效指标必须可以衡量（Measurable）。

③绩效指标必须可以达到（Attainable）。

④绩效指标要与其他目标具有一定的相关性（Relevant）。

⑤绩效指标必须具有明确的截止期限（Time-bound）。

（2）无论是制定团队的工作目标还是制定员工的绩效目标，都必须符合上述原则，五个原则缺一不可。制定的过程也是自身能力不断增长的过程，必须和员工一起在不断制定高绩效目标的过程中提高绩效能力。

程序二：激励团队

（1）列出上述目标带来的好处，以增大工作动力。这种好处可以从组织和团队的角度来思考。

（2）这些目标一旦实现，将会给企业带来哪些好处，个人会从中得到哪些提高。

（3）完成这个目标，会使团队的成员以一种更加肯定的目光来看待团队，从而提升成员的积极性和信心。

程序三：找出困难点

（1）列出完成任务会遇到的困难和障碍，以及相应的解决办法。

（2）如果目前团队成员不具备这方面的技能，如何解决？相应的办法是培训。

（3）如需要其他团队的介入，如何进行合作？相应的解决办法是跟团队成员沟通并找领导帮助协调。

程序四：估计达到目标所必需的协作条件

考虑完成这个目标需要哪些人配合，团队领导需要做哪些事情，团队之外的哪些人需要帮助团队做些什么。例如，举办一个会籍产品说明会，首先应赢得市场策划部、公关宣传部、会所接待部、客户服务部等部门的支持，还需要新闻媒体在这方面作一些软性报道，这些人都是协作的对象。

程序五：确定目标完成日期

为目标的完成确定明确的时限并进行时间进度的管理。

第三节　营销人员招募工作

程序一：制订计划方案

1. 召开营销人员招募计划工作会议

总召集人发时间、地点、人员、内容、会议记录表；

内容如下：

（1）职务分配。

（2）制定表格。

（3）确定招募时间表。

（4）讨论招募登报作业：文案议定、版幅大小、条件、格式等。

2. 准备工作事项

（1）登报工作。

（2）应征函的处理、归档截止日期。

（3）初试、复试各项表格的设计和准备。

（4）讲习、培训安排：时间安排、课程安排、资料准备、讲师确定与邀请、讲习手册。

3. 征员启事

（1）应征函的分类作业。

（2）新人面试评选标准。

程序二：初试与复试的安排

（1）准备好工作流程表格。
（2）准备好高尔夫球会会所、球场场地的路线图。
（3）确认面试官资料、人事资料表、评分表格。
（4）做好时间安排、人数安排。

程序三：入职前培训工作的准备

（1）教室座位安排。
（2）名册、名牌、用品。
（3）课程安排表。
（4）报到指示牌。
（5）讲习资料袋的准备和发放。
（6）休息时间、活动安排表。
（7）培训结束及准备报到通知函。

程序四：确认合格人选

（1）在确认合格人选后，发出报到通知函。
（2）在人力资源部办理入职手续。

第四节　营销团队培训实施

程序一：选拔受训成员

（1）事先评估营销团队成员的技能水平，通过询问或在工作过程中进行考察实现。
（2）提出问题，通过研究实施细节，讨论确定成员需要具备的技能，从而制定培训目标。
（3）营销培训主管一定要有敏锐的洞察力和一定的预见能力。

程序二：营造积极氛围

（1）在培训过程中，通过交流，使成员了解自己的目的，时刻关切成员的感受，让他们确信自己的潜力。

（2）营销培训主管应当对可能带有风险的行动提供安全保障，帮助成员适应陌生环境和应对困难。

程序三：描述预期成绩

（1）营销培训安排应由易到难、由浅入深。培训是打造高绩效团队不可或缺的一项内容。

（2）描述预期成绩及可能采取的矫正行动，举例说明什么样的工作成绩是可以接受或不可接受的。

（3）阐明实现目标过程中的一些关键步骤，并请受训成员复述。

程序四：进行培训

（1）为营销团队提供所需要的一切资源，提供支持和帮助以尽可能降低风险。

（2）在培训过程中，应当记录具体的实施情况，仔细检讨存在的所有问题并为后续培训做准备。

（3）避免任何可能影响实施效果的姿态和言辞，始终采取积极支持的态度。

（4）在团队试用新的技能及行为方式进行工作时，还应尽量采取低调的姿态。

程序五：征求意见及改进培训技巧

（1）营销培训刚结束时是成员们最有可能记得培训细节的时候，因此这是营销培训主管征求意见和建议的最佳时机。

（2）受训者可以利用这一时机，转换角色，成为教练，获得信心。

程序六：采取后续行动，强化培训效果

（1）提供即时、详尽的反馈信息，表扬成员的努力，祝贺他们取得的成绩，确保成员继续参加后续培训。

（2）应安排额外或附加培训，帮助成员发展技能，以利于他们完成工作任务和培养团队精神。

第五节　新的营销团队激励

程序一：培养团队成员关系

（1）市场营销总监必须善于培养团队成员之间的关系，不妨举办一些活动以营造轻松的氛围，使大家对未来的工作伙伴多一些认识和了解。

（2）在活动中，可以介绍成员的特长，这样容易形成彼此间的尊重，为以后的团队合作奠定良好基础。

程序二：增进团队信赖感

（1）虽然不能强迫团队成员相互信赖，但可以营造让成员相互信任的氛围。

（2）采取戏剧或表演艺术的形式，如发掘奇人奇事、一起玩接龙或编故事、合力解决难题，或是即兴表演有关团队的一分钟短剧，让大家打成一片，使众人在短时间内建立起彼此间的信赖感与凝聚力。

程序三：分享成功的愿景

（1）愿景的来源并不十分重要，关键是如何使团队成员与业务主管一起分享对愿景的那股热情。

（2）愿景应当能够用具有创意的生动字眼来进行描述，要能吸引人且不被遗忘，从而激起所有成员的高度热情。

程序四：宣布对团队的期望

（1）在团队发展的开始阶段，市场营销总监尽管肩负着万事开头难的压力，也应当对团队大方向有粗略的认识。

（2）市场营销总监应尽快为团队提供工作方向，以带动整个氛围，给新团队动力。

（3）市场营销总监应当明确表明团队建设在若干时间内应取得什么样的成就，达到什么样的规模。

（4）市场营销总监应当征询每一位成员对团队的期望。

程序五：提出明确的目标

（1）团队组建初期，应当制定简单易懂且能振奋人心的目标，与所有团队成员讨论大家如何共同参与实现目标。

（2）在与团队成员分享目标时，应展现对目标的充分信心。

程序六：提供充分的资讯

（1）应给团队提供充分的资讯。分派一个团队进行分区域营销时，应当提供足够的信息。

（2）应该指出竞争对手在这个区域的分布情况、市场占有率以及投入资本等。

程序七：进行工作指导

（1）大部分团队成员在团队刚刚诞生时都会以对团队有所贡献为荣。

（2）市场营销总监的责任就是激发大家的奉献精神，领导团队顺利起步，在方向和计划与顺其自然的发展之间达到平衡。

（3）必须让大家有机会了解自己的任务。

程序八：建立团队内部与外部的初步联系

（1）建立团队内部与外部的初步联系，包括确立团队的权限，建立对团队绩效的评估体系，以及建立团队与外部的联系和协调的关系，如建立与客户、协作者的联系，努力与外部环境和企业文化协调等。

（2）在推动团队迈向正轨的时候，市场营销总监应当在团队新成立时多投入一些精力，好为团队成员未来的顺利工作铺路。

第六节　营销团队内部矛盾化解

程序一：当面沟通

（1）在团队的活动中，由于团队成员的个性问题或其他原因，常常有着这样或者那样的内部矛盾。市场营销总监可将纠纷涉及的双方叫到一起，与他们讨论这个问题。

（2）把他们一起叫来，否则他们会怀疑领导对另一个人所讲的话，他们甚至会对对方错误地表达领导的意思，这会使问题变得更糟而不是更好，甚至会使问题转变为一个包括领导在内的三角矛盾。

程序二：营造适宜的谈话环境

（1）营造一个轻松的、非正式的环境来讨论纠纷问题。

（2）要选择一个大家都没有时间压力的时候来进行。

程序三：明确保持中立立场

（1）市场营销总监可请求矛盾双方接受自己作为调解人，告诉他们，通过交谈协商，问题会得到解决。

（2）在不能达成一致意见，需要由市场营销总监来作决定时，一定要征得当事人的认可。要向当事人解释，自己不是希望确定责任在谁，而仅仅是想要调解纠纷。

程序四：减少个人攻击

（1）提醒矛盾双方允许对方把话说完。要求当事人关注问题，而不是去关注对方的个性；要求当事人去讨论各自的感受和反应，而不是去关注对方的行为。

（2）尽可能少地介入到当事人的谈话中去，除非当事人开始偏离这些原则，这时就要适当地提醒一下。

程序五：保证矛盾的最终解决

（1）在矛盾双方没有对事件的解决达成一致意见时，不要让当事人结束谈话。

（2）如果有一方在某种程度上是被迫达成协议的，那么当事人就不可能遵守这个协议，所以市场营销总监必须确保这是一个真正的双方协议，确保双方不是因为自己的压力而作出让步。

程序六：回顾解决情况

（1）会谈结束时，要感谢矛盾双方在尽力解决问题时相互间的合作。

（2）如果当时仅仅解决了部分问题，事后应当安排当事人讨论更进一步的措施。几天或几周后，选择合适的时间安排一个约会来重新回顾这件事情。

（3）在重新回顾的约会中，要表扬当事人在解决问题过程中取得的各种成绩。

（4）市场营销总监作为团队领导者，在调解团队成员之间的矛盾时，应注意矛盾双方的相互合作。

第七章　高尔夫球会营销人员技能培训管理

高尔夫球会对营销人员的培训具有提高技能和培养奉献精神的重要作用，一般来说，主要表现在以下三个方面：一是营销人员的培训可以提高营销人员的忠诚度和奉献精神，从而降低营销人员的流动率；二是高尔夫球会通过对营销人员的培训，可以提高营销人员的销售技巧，进而提高营销人员的销售业绩，高尔夫球会也会相应地获取更大的收益；三是高尔夫球会通过对营销人员的培训，可以提高营销人员的客户关系处理技巧，这样就可以提高客户的忠诚度。

营销人员培训计划由四个基本程序构成：

（1）确定营销人员培训的需求。主要是确定哪些营销人员应该得到培训以及应该对营销人员培训哪些内容。

（2）建立起营销人员培训的目标。在确定营销人员培训目标时，必须注意培训目标应该是明确的和可度量的。

（3）进行培训。主要包括选择恰当的培训技术并开展实际的培训工作。

（4）评估培训的结果。在这个阶段，要比较接受训练的营销人员在受训前后的工作绩效，也要评估培训计划的效益。

第一节　营销人员培训目的与作用

一、营销人员培训的目的

（1）营销人员要清楚了解高尔夫球会各方面的具体情况。通常，高尔夫球会把营销人员培训计划的第一部分安排为介绍高尔夫球会的历史沿革和经营目标、组织机构设置状况和分权与集权情况、主要负责人的情况、高尔夫球会的财务状况及相应的措施，以及球会主要产品的情况与产品的销售额等。

（2）营销人员应该了解高尔夫球会的产品情况。提供训练的营销培训经理应向接受培训的营销人员介绍产品的特色以及服务组成内容。

（3）营销人员需要了解高尔夫球会的各类客户和竞争对手的特点，了解各种类型的客户和他们的购买动机、购买习惯，也要了解竞争对手的战略和具体政策。

（4）营销人员要知道如何作有效的销售展示。营销人员必须学习基本的销售原理；高尔夫球会还要为每一种产品概括出销售要点，提供相应的销售说明。

（5）营销人员应该懂得实地销售的工作程序和相应的责任，了解如何在现有顾客和潜在顾客之间合理分配时间、合理支配销售费用，如何撰写销售报告以及如何确定有效的销售途径。

（6）通过培训，提高营销人员的销售技能，发挥营销人员的潜力，这样就可以缩短营销人员有效完成销售任务的时间，使营销人员熟练掌握销售的各种方法与技巧。

（7）有效的营销人员培训可以改善营销人员的工作态度，调动他们的积极性、主动性与创造性。因而，营销人员就可以为客户提供更好的服务，进而提高客户的忠诚度与满意度。

（8）在当今市场经济情况下，很多有抱负的营销人员已经把企业是否提供培训及进一步进修的机会当作是否继续工作的重要标准，所以，提供有效的营销人员培训，可以延长营销人员的在职期，提高营销人员对高尔夫球会的忠诚度与奉献精神。

（9）有效的营销人员培训可以促进营销人员之间的相互交流，从而在营销人员之间形成良好的合作氛围。

二、营销人员培训的作用

（1）提高营销人员销售水平的迫切需要。营销人员的销售业绩对于高尔夫球会的生存与发展具有重要的影响，因此，高尔夫球会必须对营销人员进行培训，以提高营销人员的销售能力和业绩。

（2）在当前情况下，直接销售拜访的费用越来越高，因此就有必要对营销人员进行培训，以提高营销人员的能力，使营销人员不会浪费每一个拜访机会。

（3）优秀的营销人员必须先对自己有深刻的认识和了解，而销售培训无疑是最好的方法。

（4）随着市场竞争的日趋激烈，营销人员应珍惜每一次机会，而这也需要对营销人员进行良好培训。

（5）市场是变化的，营销人员只有通过培训，养成动态的、系统的思考习惯，才能适应竞争日趋激烈的市场的需要。

（6）营销人员是企业的名片，在外代表着高尔夫球会的形象，因此，必须提高营销人员的素质，才不会使球会的形象受损。

（7）销售培训是向营销人员灌输企业的价值观和组织文化的最好方式。

（8）销售培训能使营销人员树立起较强的自信心。受到良好培训的营销人员在面临困境时将比较自信和理智。

（9）销售培训可以使营销人员更好地了解高尔夫球会的产品情况、市场情况，有助于他们制订计划、控制时间以及正确地对个人行为进行分析。

第二节　营销人员培训需求与学习准则

一、营销人员培训需求分析

营销人员的培训从本质上说就是一种学习过程，因此，要有效地进行营销人员培训，就必须了解关于学习的一些知识。学习可以被定义为由于经验而发生的相对持久的行为改变。可以说，行为的变化表明了学习的发生，学习是行为的改变。

营销人员的培训可以分为对新营销人员的培训和对在职营销人员的培训。营销人员培训也要反映高尔夫球会的整体人力资源规划以及高尔夫球会的目标。

1. 新营销人员培训

新营销人员培训的主要任务就是确定这项工作的要求并将它划分为一些子任务，然后再把每项子任务告诉给新营销人员。可以采取任务分析法来确定新营销人员的培训需求。任务分析法是指对工作作详细的研究，确定必需的技能，以便实施适当的培训计划。

2. 在职营销人员培训

这种培训需求通常是由问题引出的，因此，必须确定培训是不是解决问题的有效方法。针对这一情况，培训人员主要采取工作绩效分析方法进行分析。这种方法是指对营销人员的工作绩效作细致的研究，以确定培训是否可以提高营销人员的工作绩效。工作绩效分析是指将当前工作绩效与目标工作绩效进行比较，确定二者之间的差距，并确定是通过培训还是通过其他方法来缩小差距。

二、营销人员培训学习准则

（1）明确可理解的目标。这是指培训的目标必须是参加培训的营销人员可理解的，同时必须把培训目标之间的相互关系解释清楚。

（2）确保具有激励性。培训对于新营销人员的激励度比较高，而老营销人员可能会感觉这是在浪费他们的时间，因此，必须合理地处理培训与业务工作时间之间的矛盾，确保培训的激励性。

（3）强化原则。强化可以分为正强化和负强化两种。正强化是指对营销人员的出色行为进行奖励，而负强化是指对营销人员的较差行为进行惩罚。强化可以导致营销人员的学习行为。

（4）双向参与。学习过程本身就是一个双向过程，因此，受训练的营销人员不应该只是被动的知识接受者，他们更应该参与到计划的制订甚至工作的实践中来。

（5）渐进原则。一般来说，学习本身就是一个渐进的过程，人对基础知识学习得比较快，但是到了一定阶段，就会比较缓慢。培训师应让营销人员了解这个规律，以免影响他们的学习积极性。

（6）注重培训的效率。每个人在学习时，其效率最高的时间段是不同的，因此，应该在营销人员效率最高的时间段进行培训。如果这样做很困难，可以在培训中采取不同的方法来打破培训的单调乏味，使员工参与到培训过程中去。

（7）培训的权变。每个人可能需要不同的销售培训，因此，在给营销人员进行培训时，必须考虑到营销人员的不同需要，尽最大可能满足营销人员的真实需要。

第三节　营销人员培训内容

高尔夫球会的营销人员培训的主要内容有：新员工训练、绩效评估、领导技能、人际技能、团队建设技能、聆听技能、时间管理技能、产品知识、目标设置技能、激励技能、危机管理技能、质量改进技能、会议管理技能、微机应用等。

一、高尔夫球会总体情况介绍

对于新员工来说，对球会信息的介绍是很关键的。新营销人员不仅需要了解球会的历史沿革、业务以及他们如何适应球会的整体业务框架，还需要了解高尔夫球会文化。

（1）高尔夫球会文化，包括球会理念、球会道德标准、部门之间的关系以及客户在整个球会中的地位。

（2）球会的历史沿革。如果球会具有较大的成就，就会对营销人员有极大的吸引力与凝聚力。

（3）球会在国民经济结构和行业中的地位。

（4）球会的各种政策，主要包括市场销售政策、人员政策以及公共关系政策等。

（5）销售工作对于营销人员的重要性，球会对营销人员的定位和任务安排，以及营销人员必须具备的态度与精神状态。

（6）营销人员受训的目的与内容。

二、营销人员销售技能

对于营销人员（特别是新营销人员），销售技能的培训是很重要的。在对营销人员进行销售技能培训时，应通过相互作用的培训过程，使营销人员学得最好。如果营销人员在培训中得到更多的机会运用某个技能，他就能更好地在销售中运用这种技能。

种类	销售技能
1	聆听技能
2	有效表达的技能
3	良好的态度与仪表
4	更好地发挥服务客户的技能
5	销售前的准备技能，包括访问前的准备、初访等
6	时间管理技能
7	利用实物进行展示的技能
8	探索市场发展的趋势与发现市场中的各种实际机会的能力
9	处理顾客意见的技能
10	克服销售困难的技能
11	售后服务技能
12	预测发展趋势的技能
13	处理异议的技能
14	组织销售的技能

三、产品（或服务）相关知识介绍

对于高科技产品或者是处于不断变化的行业中的产品来说，产品知识的培训是一项很重要的内容，因为产品知识对于解决客户的问题是十分必要的，它包括：产品的用途以及可能受到的限制情况；产品满足消费者需求的情况；消费者的经济状况和消费者的偏好等。

四、消费者的购买程序知识介绍

销售的最终目的是使目标客户的需要和欲望得到满足。但是，我们必须清醒地认识到，“认识”并不是一件很容易的事情。他们的需要和欲望往往与言行不一致。无论如何，营销人员必须掌握目标客户的欲望、感觉、偏好以及购买行为。在市场经济早期，营销人员可以通过日常销售经验来很好地了解消费者，但是，随着高尔夫球会市场规模的扩大，许多营销人员失去了同消费者直接接触的机会。因此，营销人员不得不学习更多的消费者知识。同时，由于消费者具有多样性，因此营销人员也必须对个人和组织有系统的认识并清楚消费者的购买程序。

五、市场、竞争者与行业知识介绍

1. 市场知识介绍

内容包括：市场中的目标顾客、市场中的购买对象、购买者的购买目的、购买渠道决策、购买行动、购买时间的决策、购买地点的决策等。

2. 竞争者知识介绍

一个成功的高尔夫球会必须像分析它的目标顾客一样来分析它的竞争者。竞争者知识主要内容包括：

（1）竞争者类别。通常分四种，即品牌竞争者、行业竞争者、形式竞争者、一般竞争者。

（2）竞争者战略。一般来说，高尔夫球会最直接的竞争者是那些在相同的目标市场实行相同战略的球会。

（3）竞争者目标。竞争者的目标是目标组合，但其侧重点不同；同时，其目标也是由多种因素决定的，其中包括规模、历史、经营管理和经济状况。

（4）竞争者优势与劣势。竞争者的优势取决于每个竞争者的资源和能力。首先，要分析竞争者的销售额、市场份额、毛利率、投资报酬率、现金流量、新投资、接待设施与能力利用；其次，应考虑到市场份额、心理份额与情感份额。

（5）竞争者会如何反应。竞争者的反应模式主要有从容型竞争、选择型竞争、凶狠型竞争与随机型竞争四种。

3. 行业知识介绍

行业是一组提供一种或一类相互高度替代产品的企业。高尔夫行业知识主要包括高尔夫相关企业与高尔夫球会数量及其差别程度、产品差异程度、进入与流动障碍、退出与收缩障碍、成本结构、纵向一体化与全球性经营问题。行业结构主要有完全垄断、完全独占、差别独占、垄断竞争与完全竞争五种结构类型。

六、具体工作指导

营销人员的培训对于营销人员提高技能和培养奉献精神具有重要的作用。一般来说，主要表现在以下三个方面：

一是营销人员的培训可以提高营销人员的忠诚度和奉献精神，从而减少营销人员的流动。

二是高尔夫球会通过对营销人员的培训，可以提高营销人员的销售技巧，进而提高营销人员的销售业绩，高尔夫球会也就会相应获取更大的收益。

三是高尔夫球会通过对营销人员的培训，可以提高营销人员的客户关系处理技巧，这样就可以提高客户的忠诚度。

高尔夫球会营销人员具体培训工作指导内容包括：销售计划的制订、销售报告的撰写、对顾客意见的答复、文秘工作技巧、时间管理技巧、会议管理技巧、自我管理技巧、销售费用控制技巧等。

第四节　营销人员培训操作流程

程序一：培训前的准备工作

（1）让营销人员保持轻松的心态，消除紧张情绪。

（2）向营销人员说明他们接受培训的原因。

（3）调动营销人员的积极性，并调查清楚营销人员以前的工作情况和营销人员已具备的知识结构。

（4）应尽可能让营销人员接近和了解实际工作。

（5）让营销人员了解相关知识。

程序二：销售工作说明

（1）说明销售工作的数量和质量要求。

（2）介绍高尔夫球会产品的情况以及应该注意的问题。

（3）向营销人员详细介绍销售的程序与销售过程中的问题。

（4）让营销人员重复一下销售的工作程序。

程序三：资料内容清晰

（1）在培训开始时，应向受训者提供一个大致的概况介绍。

（2）在介绍资料时，应尽量使用相似的实例。

（3）在整理资料时，应按照逻辑顺序并有目的地将资料划分为细小的单元，以便于讲解。

（4）在对受训者进行讲解时，应尽量使用受训者熟悉的术语与概念。

（5）在实际培训时，应尽可能多地使用直观工具。

（6）注意环境条件的限制，即考虑是否具备易于学习的条件。

（7）渐进原则，即在培训中应该考虑到营销人员的理解能力，脚踏实地，一步一步地进行讲解。

（8）应该使营销人员的注意力高度集中。在培训中，应避免营销人员出现松弛懈怠或不安与过于紧张的情绪。

（9）注意运用身体语言。可以运用身体语言来激发营销人员的兴趣、积极性、主动性与创造性。

程序四：销售实践

（1）让营销人员到实际工作中去运用学习到的技能，开始时可以慢慢做。

（2）让营销人员自己从事销售工作，并且逐步改进销售工作的技能。

（3）如果营销人员的工作能力得到了证实，就可以让营销人员自己开展工作。

（4）加深营销人员的印象原则。可以通过加强与最初的经验密切相关的印象，也可以利用刺激物对营销人员进行强烈的刺激，使营销人员印象深刻。

（5）讲授内容应具体化、实践化。

（6）应尽量使学习环境与工作环境类似。

（7）向受训者提供合适的实战机会。

（8）对销售过程中的每一个关键点与步骤都进行强调。

程序五：激励受训者

（1）应向受训者提供尽可能多的实战机会，因为在干中学可以取得更好的学习效果。

（2）在培训过程中，应多使用实物，使培训具体而生动。

（3）反复强化原则。根据学习与记忆的规律，反复强化可以加深营销人员的记忆，使营销人员对事物的理解更加深刻。

（4）使用联想方法，即把讲授的内容与营销人员原有的知识和经验联系起来，能够起到举一反三的作用。

（5）对受训者多进行表扬。肯定和表扬可以更好地激发受训者的积极性与主动性，极大地发挥受训者的潜力，取得最佳的效果。

（6）应使受训者自觉学习，这样能令受训者的学习效果更佳。

（7）让受训者具有成就感。在培训过程中，对营销人员的良好表现及时地进行表扬，从而增加受训者的成就感与自信心。

程序六：定期检查

（1）为每一个营销人员安排一个在其遇到困难时为其提供帮助和指导的人员。

（2）逐步减少监督工作。

（3）及时纠正不良的销售方法，并且要说明其缺点在什么地方，以避免形成不良的习惯。

第五节　营销人员培训途径和方法

良好的培训包括各种途径和方法，并且随着技术的发展，培训技术的选择范围也在迅速地扩大。研究表明，培训的技术与工具主要有录像带、讲座、一对一指导、角色扮演、录音带、模拟活动、幻灯片、影片、案例研究、自我评估、非计算机化自学、录像电子会议、录音电子会议以及计算机会议等。

一、在职培训

营销人员在职培训是运用得最广泛的一种培训方法，就是让营销人员通过实践来学习如何做好销售工作，通常的做法是安排新营销人员跟具有丰富经验的营销人员学习，由这些有经验的营销人员来对新营销人员实施培训。在职培训主要采用教练或实习方法，即由一位有经验的营销人员在实际的销售工作中对新营销人员进行培训的方法。

在职培训方法的优点在于：成本比较低，受训的营销人员在干中学，不需要像教室或教学计划要求的教学手段之类的花费较高的脱产培训设施；能够促进学习，因为受训的营销人员通过实际工作来学习，能够迅速得到有关他们工作行为正确与否的反馈。

要使营销人员的在职培训起到应有的作用，进行培训的经理需要建立学习经验交流的通道，应该做好以下几件事情：

（1）在新营销人员开始业务之前，应与新营销人员讨论每一次销售访问，帮助受训的新营销人员组织访问，并指出新营销人员可能遇到的困难和解决的方法。

（2）和新营销人员一起进行销售实践工作，但是需要注意的是，培训经理不能直接参与销售工作，应该认真观察和评价营销人员的表现，要求受训者在实践中学到足够的知识。

（3）在销售访问结束后，必须给营销人员提供及时的反馈，对表现比较好的营销人员及时进行表扬，同时及时指出实践中出现的问题并给予指导。

二、销售工作指导培训

销售工作是由一系列有逻辑顺序的工作组成的。按照逻辑顺序一步一步进行指导的过程就是销售工作指导培训，主要内容包括：按照逻辑顺序列出销售工作所必需的所有步骤，并且要在这些步骤旁边列出相应的工作要点。这些步骤主要说明需要从事的工作，要点则说明如何完成这些步骤以及原因。

三、营销人员讲座培训

营销人员讲座培训能有效地传授一定类型的信息，尤其是产品和行业知识。它是一种迅速、简单地向众多受训的营销人员传授知识的方式。例如，当营销人员必须了解某些新产品的特点时，就可以采取讲座的方式进行培训，也可以用书面资料代替讲座，但是书面资料这种方式不能够让人当面提问并得到及时解答。

四、电子与视听技术培训

电子与视听技术培训主要包括电影、闭路电视、计算机、录音带以及交互式录像带等培训手段。该方法的优点是受训者拥有参与过程的机会，并能够得到及时的反馈，可以减轻自己对在销售中使用计算机的担心。其缺点主要是成本比较高，因为它需要与受训者相互作用，相对比较复杂。

五、经验培训

经验培训方法的优点在于，它能够给受训者提供一定的现场实践经验，受训者可以通过实践来加深对概念的理解并通过及时的反馈来学习。其缺点在于，培训师必须有能力从实践中总结出经验并能够传授给受训者。比较成功的经验培训方法有：角色扮演培训方法、案例学习培训方法、游戏培训方法、团队项目培训方法、人际关系培训方法。

六、远距离培训

远距离培训主要适用于大型高尔夫球会。利用这种技术，通过电视接收平台，培训师可以对众多边远地方的营销人员进行培训。

七、程序化教学培训

该方法是指向受训者传授销售技能的系统方法，包括提出疑问或者事实，让受训者回答，并对其回答准确与否及时进行反馈。该方法的优点是可以大大减少受训者的培训时间，改进学习的效果。程序化教学培训具有三种功能：向受训者提出疑问、事实或者问题；让受训者回答问题；对受训者的回答进行及时反馈。

八、脱产培训

该方法是指对受训的营销人员以脱产的方式就工作中将运用到的知识与技能进行培训。

九、高尔夫球会文化培训

该培训的主要内容是对营销人员进行高尔夫球会文化和核心价值观培训。

十、多样化培训

该培训方法主要适用于员工队伍多样化的高尔夫球会，其目的主要是在高尔夫球会员工中建立起更加和谐的工作关系。

十一、销售客户培训

营销人员一般要做客户服务的工作。在当今市场情况下，高尔夫球会必须以提供优质的服务来取得竞争优势，所以很多高尔夫球会已开始进行客户服务培训计划，其主要目的是通过培训使营销人员学会以殷勤、友善的方式对待自己的客户。

第六节　营销人员培训效果评价

培训效果是指受训的营销人员在培训过程中获得的知识、技能、才干和其他特性应用于工作的程度。一般来说，培训效果可以是积极的，如营销人员的工作绩效得到提高；培训效果也可能是消极的，如营销人员的工作绩效下降；培训效果还可以是中性的，如营销人员的工作绩效没有产生明显的变化。在后两种情况下，高尔夫球会将浪费大量的培训经费和时间。因此，在营销人员培训完成后，必须对培训效果进行评价。

一、培训效果评价方法

（1）营销人员培训效果评价采用的是控制实验法：对一个控制组进行培训前后效果评价测试。

（2）在控制实验中，要安排一个培训组和一个控制组（没受到培训），观察每一组在培训前后的有关数据，这样就可以区分出哪些效果是由培训产生的，哪些效果是由非培训因素产生的。

二、衡量培训效果的因素

根据四个方面的因素对营销人员培训进行评价，如果营销人员发生了积极的变化，就说明这个培训可能是有效的，而如果营销人员没有发生积极的变化，则说明该培训是没有效果的。这四个因素是：

（1）受训者的反应情况，即受训者对培训如何反应，包括是否认为培训有价值，以及是否喜欢培训。

（2）学习效果，即衡量受训者是否学到了预期应学到的知识，包括受训者对所教授内容的掌握程度，受训者能否理解相关概念和技能。

（3）受训者的行为变化，即了解营销人员是否由于参加这一培训项目产生了与工作有关的行为方面的变化，营销人员在具体的行动中是否能灵活运用在培训中学到的相关知识与技能。

（4）营销人员培训的效果，即观察受训的营销人员行为的变化是否能够积极地改变高尔夫球会的效率，有多少销售额是由培训带来的，受训者在经过培训后是否对他们的工作产生了更加积极的态度。

第八章 高尔夫球会营销绩效管理

第一节 营销团队绩效计划制订

制订高尔夫球会营销团队绩效计划的目的在于使绩效评估从一开始就选准方向，以使每一名营销团队成员都明确自己的任务与完成标准。

程序一：制订团队年度计划

（1）确定未来12个月的目标，同时设定其优先顺序。

（2）确定哪些项目最重要，营销团队的时间和资源应当重点投在哪些项目上。尽量将优先的事项在计划时限内完成，以降低风险。

程序二：确定团队短期目标

（1）制订年度计划之后，将其分解为具体的和可行的步骤，作为每个成员的短期工作计划。

（2）确定每项短期计划的完成时间。

程序三：制订工作计划

（1）制订一份全面而详细的工作计划，在这份工作计划中叙述团队要达到的工作结果。

（2）避免冗长的表格，设法筛选出必要的事项。

（3）确定每个营销人员都有份绩效计划和时间进度表。

程序四：记录绩效计划

（1）每个人的目标都必须写在绩效计划书中，叙述每个人的任务和需要达到的标准。

（2）绩效计划叙述工作成功的标准与职务说明书有所不同，后者是对现行职务较为抽象的描述。

（3）绩效计划应将目标以浅显的文字记录下来，业务主管与团队成员必须各留一份副本以供随时参考。

程序五：修正绩效计划

（1）绩效计划是机动的，视情况随时检查和修正。

（2）任务的达成日期与标准一旦证实为不可行或太容易，就必须加以修正；一旦目标完成，便应该加派新的任务。

（3）绩效管理始于绩效计划，因此市场营销总监必须掌握绩效计划，使每一名成员对自己的优先事项与目标都非常清楚。

第二节 营销业绩评估工作

营销人员的工作成效与营销业绩是直接挂钩的。在评价一名营销人员的工作时，必须以实际的营销业绩作为评估的标准。

程序一：确定评估计划

（1）为了提高营销评估的准确性，营销评估应有计划地进行。

（2）评估计划要确定评估的目的和要求、内容、工作的组织和分工、资料来源、方法等。

（3）在评估计划的执行过程中，如果出现新问题、新情况，应及时加以补充和修改，以确保分析工作的正常运转，提高分析效果。

程序二：收集分析资料

（1）分析资料是进行营销业绩评估的重要依据，分析人员应全面、系统、完整地收集各方面的资料。

（2）分析资料主要包括：各项营销计划、预算、定额、责任指标等计划资料，各项业务核算资料，各种内外部报表资料，同行业有关资料，有关合同、协议、决议等文件报告资料，以及各种关于环境状况、市场状况、顾客意见等的营销调查资料。

程序三：研究分析资料

（1）资料收集完成后要进行整理、分析和研究。

（2）对不正确的或失实的资料应予以剔除，对不可比的资料要予以调查或进行淘汰，对符合实际的、有用的资料要进行归纳、分类、整理，运用不同的分析方法进行比较分析，找出实际与计划、与上期、与先进水平的差异，确定应当研究的重点问题以及造成差异的各种原因。

（3）分清主次，测定各项因素的影响程度，以找到问题的关键，最终为解决问题提供思路。

程序四：作出评估结论

（1）进行营销分析与评估主要是为了肯定营销人员的成绩，总结经验，发现问题，吸取教训，以挖掘潜力，制定最佳营销组合，实现更多的利润。

（2）在作出评估结论时，对各项营销业绩的评价应当切合实际，要对其中的问题提出切实可行的改进措施、建议和实施方案。

（3）对以往分析中提出的改进措施、建议和实施方案的实行效果作出分析评价结论。

程序五：编写评估报告

（1）营销评估报告是向营销部门主管、营销人员和有关领导汇报分析情况的全面的书面资料。

（2）评估报告的编写因评估的内容不同应有所区别。

（3）营销评估报告应及时送达有关部门和人员，提高其时效性，真正为提高营销管理水平、扩大营销业绩作贡献。

第三节　营销业绩考评执行

程序一：评估拜访量

（1）营销人员除特殊情况外，每天的客户拜访量不得少于 3 人次。

（2）营销人员除特殊情况外，每天的电话拜访量不得少于 10 人次。

（3）营销人员除特殊情况外，每周拜访新客户不得低于 8 人次，同时需要提交新客户的详细资料。

程序二：评估客户信息量

（1）每周上报新客户信息不得低于 8 人次。

（2）每月上报新客户信息不得低于 32 人次。

（3）每年上报新客户信息总量不得低于 400 人次。

程序三：实现收单量

（1）在培训期间不作收单要求。

（2）营销人员在实习期要求每月实现 3 名指标的收单量。

（3）正式上岗后要求实现每月 10 名指标的收单量。

程序四：营销纪律评估

（1）营销人员必须服从公司总体营销政策。

（2）必须努力工作，团结一致，及时完成公司下达的营销指标。

（3）必须服从客户信息中心关于客户调配的安排。

（4）不得以任何借口、任何方式营销本球会以外的产品，一经发现，必予以开除。

（5）由其他渠道分配过来的有偿客户消息，在营销人员落单后，需扣除信息费，营销人员可对有偿信息客户进行选择。

（6）营销人员的销售工作遵照“客户信息管理办法”、“客户申报制度”来开展。

（7）团体或其他特殊客户需特别申报，在申报的同时作出工作开展实施计划。

（8）如果出现营销人员之间的信息撞单情况，遵循先申报、先锁定的原则，严禁私自递缴。

（9）在营销过程中，营销人员必须服从会籍销售经理对客户信息及跟单的调配分工。营销人员如有异议，可直接向市场营销总监反映，提出合理要求。如仍未解决，可书面申请总经理仲裁。

第四节　会籍营销奖惩与佣金管理

程序一：奖励

（1）凡提供有效客户信息并最终实现收单者，获营销额一定比例的奖金。

（2）营销人员独立实现成单者，获营销额一定比例的奖金。

（3）提供直接成交客户者，获营销额一定比例的奖金，跟单业务员亦有一定比例的奖金。

（4）从信息中心获取信息并最终实现收单者，从其奖金中扣除给信息提供者奖励的部分。从信息中心获取信息并最终实现收单者，在其奖金中以×%/张的标准扣除信息费。

（5）因业务需要，更换跟单业务员时，若前跟单者有3次跟单记录，落单者与前跟单者平分奖金。

程序二：惩罚

（1）享受底薪营销人员未完成每月信息上报量或客户拜访量，扣发部分当月工资，日后如补齐缺欠部分，可补发工资。

（2）不享受底薪营销人员未完成每月客户拜访量，就不享有3个月后选择薪资标准的权利。

（3）享受底薪营销人员未完成每月收单量，扣发部分当月工资。连续3个月未实现落单者，转为不享受底薪待遇。

（4）不享受底薪营销人员未完成每月收单量，就不享有3个月后选择薪资标准的权利。

程序三：其他

（1）超额完成任务的奖励办法由各区域营销总监另外颁布。

（2）团体购买、代理商、个人会籍产品奖励办法另定。

程序四：领取业务佣金

（1）市场营销部统一编制佣金申领表。

（2）佣金申领表须经营销策划总监审核。

（3）交由财务核实奖金到账与否。

（4）将佣金申领表交总经理批准签字。

（5）由财务部将应提取的佣金发放给相关人员。

第三篇

高尔夫球会客户开发管理流程

阅读重点

高尔夫服务特征

寻找客户资源业务流程

拜访客户策略与技巧

订单谈判工作流程

订单签约实施流程

订单合同管理

客户忠诚度提升目的与措施

服务品牌创建与核心客户管理流程

售后服务与投诉处理实施流程

第九章　高尔夫球会客户开发管理

第一节　高尔夫服务特征

高尔夫以一种非物化的服务形态面对消费者，其产品的提供可以直接满足消费者的需求。在提供高尔夫服务的同时，还需要提供球场设施、球具等相关物化产品。但所有这些都不过是与高尔夫服务产品相关的物质条件，不会产生和导致所有权的转移。消费者享受的是高尔夫运动的过程。

一、产品质量控制

（1）高尔夫服务属性和特征决定了高尔夫市场的营销与物化的有形产品市场营销有质的区别。物化的有形产品是一个物体，具有“形”的特征，而高尔夫服务产品则表现为一种行为、一种绩效和努力。

（2）与物化产品的质量控制相比较，高尔夫产品的质量控制更难。其主要原因，一是服务的动态性大，二是消费者的差异性也很大。如用统一的标准来衡量质量，太细太严，会给人不够人性化的感觉；太随意，又可能会导致一些消费者不满意。

二、消费者与服务人员对营销产生影响

（1）高尔夫服务和产品不可分离的特征体现为，高尔夫虽然提供多种类型、多种形式的服务产品，但这些产品只有在消费者进行消费的时候才会产生，否则只会出现在产品目录上。从这个意义上说，消费者参与了高尔夫产品的生产过程。由于消费者参与了生产，经营者如何对其进行管理，使得高尔夫服务得到有效的推广，就成为高尔夫服务市场营销的一个重要内容。

（2）既然高尔夫产品生产与消费同时进行，那么在这个过程中为消费者服务的人员就始终是产品的一个组成部分，其表现与产品的优质与否直接挂钩。因此，高尔夫市场营销成功的前提是能否为市场提供质量优等的产品。

三、时间因素与消费地点固定决定营销商圈

（1）高尔夫消费享受的是一个过程、一段时间，因此，时间因素特别重要。在此段时间内，必须让消费者得到一种满足的享受，这一满足能促使其再次消费。另外，服务的推广必须及时、快捷，安排必须妥当，时间的损失就意味着利润的损失。

（2）物化产品可以天南地北地销售，而高尔夫产品销售地点一般就在球场，相对比较固定。高尔夫产品的这一特性决定了高尔夫营销所触及的范围，影响促销策略的决策、广告宣传的定位、广告媒体的选择等。

四、产品的不可贮存性要求提高营销决策的准确性

由于高尔夫服务产品的生产与消费同时进行，所以它不具有贮存的特性。在营销过程中，高尔夫服务产品难以像物化产品那样进行二次营销，这就提高了对营销决策准确性的要求。

第二节　寻找客户资源业务流程

一、客户开发工作

为了寻找更多、更好的客户，销售人员必须每时每刻利用自己身边的资源。客户是营销的根本所在，寻找出那些有潜在需求的客户是营销实战的第一步。拥有丰富的客户资源，对客户的情况有全面的了解，是营销取得成功的关键所在。

程序一：利用球会现有客户

利用球会的现有资源是发现客户的最直接简便的方法，也是开发客户的第一个步骤。

新进的销售人员可由上司或是前任主管为其介绍准客户等。有时候，营销管理人员也会为下属推荐一些访问对象或是介绍准客户，其购买率一般都很高。因此，对营销人员来说，应该多要求各部门的上司，如高尔夫球会的会所接待、康体娱乐、餐饮服务、商贸等部门的上级人员介绍准客户，也可以从这些部门获得客户目录清单以及与这些客户有关的、有价值的信息。

程序二：利用广告或展会活动

高尔夫球会一般会定期参加展会或发布广告，营销人员应抓住这些时机寻找客户。

（1）在展销会上，负责人员应记下每个来到展位的参观者的姓名、地址和其他有关信息，然后把这些信息交给营销人员，以便他们进行跟踪联系。

（2）广告推出之后，往往会有许多客户来电询问，或是以信函方式订购等。这时候，营销人员就可以把这类客户当作准客户，因为这些客户对球会的产品已有兴趣，这样找来的准客户，其购买率也都很高。

程序三：进行广泛的推销宣传

（1）在拜访了相当数量的家庭和用户之后，一定会从中发现一些潜在客户。营销人员可以利用商户之间的交易进行推销宣传，也可以通过电话或邮寄方式来进行。例如，球会会籍销售人员通过给某个特定的赛事活动的参赛者打电话或寄信，来询问他们是否对高尔夫球会会籍感兴趣。这种方式也可用于与某个特定地区的所有客户进行联系，但是它不如面对面的接触有效。

（2）推销宣传适用于符合流行趋势的产品或服务。当然，这种方式也有一些弊端，接触大量的客户，会不可避免地浪费很多时间。不过，通过营销人员的慎重选择，推销的成功率是可以提高的。

程序四：利用各种名单、名簿

（1）凡是各种名单、名簿，不管社会上已经发行还是尚未发行，只要能够到手，就要加以利用。例如，职业分类电话簿、已有客户卡、工商名录、各种团体名册（商会会员名册、政府单位职员名录、俱乐部会员名册等）、政府单位保存的注册簿等，都可以用来挑选准客户。

（2）利用这种方法时，只要能够确切把握客户阶层，其利用效率就很高。很多商业名录将企业按照规模、地理位置和商业性质进行了分类，这些目录是寻找新的潜在客户的一个绝好的出发点。

程序五：利用关系网

（1）在前面的步骤都已实施的情况下，营销人员可以开发最后一批客户群，那就是身边的关系网。

（2）潜在客户有时也许就在身边，不要忽视朋友、熟人。如同其他人一样，朋友对高尔夫产品和服务可能也有相当广泛的需要。关系网是一种交际的技巧，要想形成一个有效的关系网，营销人员必须遵循以下几个原则：

①结识尽可能多的人。

②让所结识的人了解自己的工作。

③找出他们中间的潜在客户。

二、接近客户工作

程序一：调查接近对象

调查接近对象一般可以分为两类，一是对有过业务往来的客户进行调查；二是对尚未交易过的客户进行调查。

1. 调查客户组织情况

调查项目包括：

（1）资产状况、营业状况及发展趋势。

（2）在同行中的地位及经营者的实际情形。

（3）主要往来客户及销售地区。

（4）购买的方法。

（5）从业人员的状况及其资本背景。

2. 调查组织实际负责人的情况

除了对客户组织情况进行了解外，还要调查其实际负责的组织的情况，或调查对商品购买有影响力的人的情况。

（1）人品。

（2）在其企业中的地位、个人的学历、工作经验与服务年限。

（3）兴趣及俱乐部活动的情况。

（4）年龄、家庭构成、教育程度、家庭环境。

（5）朋友关系。

（6）饮酒、抽烟等嗜好。

（7）收入程度。

（8）与上司和同事间的关系。

3. 调查途径

调查的途径有社会上公用的信息系统，如银行的信用调查系统、工商管理部门保管的企业信息、税务部门保管的企业纳税信息等。此外，营销人员也可通过以下途径来调查客户情况：

（1）询问与该客户有往来的其他企业。

（2）报纸或其他资料。

（3）询问在该企业服务的员工，或是过去曾经在该企业服务的人员等。

程序二：拟订接近访问客户计划

一方面，国外的调查结果显示：营销人员19%的时间用于业务的准备工作，45%的时间花费在交通及等待上，而只有36%的时间花在与客户洽谈业务上。由此可见，营销人员用于接近客户并与之洽谈的精力和时间仅占整个工作的1/3而已。为了更加合理地利用时间，营销人员必须制订一份详细的访问计划，这份计划能使营销人员节省许多交通及等待的时间。另一方面，从被访问者的立场来说，任由营销人员随便上门，是非常不适宜的事情。因此，从双方的立场来说，营销人员的时间都亟须合理使用，那就必须亲自拟订访问计划方案。接近访问客户计划的制订过程如下：

（1）取出第二天所要访问客户的资料卡。

（2）拿出资料卡时，必须回想起上次访问该客户时的洽谈重点、进展程度。

（3）在旧资料中研究该访问对象有无销售人员去访问过，访问人员有无被拒绝过；假使曾经被拒绝过的话，是什么理由。必须仔细加以调查，小心加以检讨，然后拟出最佳的应对办法。

（4）在地图上定好巡回访问的路线。为节省访问时间，必须选择最合理的巡回路线。

程序三：准备接近访问客户资料

1. 名片的准备

名片可以说是现代商务往来中最普通的用具，它能传达销售人员的所属企业、身份、职业等信息。名片因各企业的情况不同而有所差别，但一般应载明企业名称、电话号码、职称，以及其他与工作有关的事项。当然，销售人员也可以通过信函或明信片来表明自己的身份，以获得接见，并使对方了解自己。

2. 有关商品的资料与用具的准备

3. 指导推销业务所用的资料

（1）推销指导必需的用具：高尔夫球会有关销售的指导书、有关销售方针的指导书、价格表、说明书。

（2）订购活动必要的用具：订购单、订购时各种必要的票据、报告书用纸。

程序四：运用技巧接近客户

1. 介绍接近法

介绍接近法包括自我介绍和他人介绍两种。

（1）自我介绍是销售人员通过约见，按时在约定地点拜访客户，利用口头自我介绍的方式让客户了解自己的身份、姓名、背景及目的，并应送上身份证、名片、介绍信等以证明口头介绍的准确性。

（2）他人介绍是由第三者引见，应把第三者开具的介绍信、便条、信函、名片、介绍卡等交给客户，也可由第三者亲自引见。

2. 产品接近法

产品接近法又称实物接近法，是以真实产品作为介绍的道具接近客户，这就要求产品本身具有独特的魅力，能吸引客户的注意。

3. 接近圈接近法

营销人员扮演客户所属的社会阶层与社会圈子里的人，去参加客户所从事的社交活动，从而与客户接近，引起客户的注意与认同。

4. 馈赠接近法

馈赠接近法是利用客户的求荣心理，通过赞美客户而接近客户的方法。

5. 搭讪接近法

搭讪接近法是利用各种机会主动与客户打招呼，进而聊天并转入面谈的接近方法。利用此法，要找准客户、主动出击、紧扣主题。

6. 求教接近法

求教接近法是利用向客户请教问题的机会接近客户。求教时态度要诚恳谦虚，先赞美后求教，先求教后洽谈业务。

7. 调查接近法

调查接近法是利用调查研究的机会接近客户的方法。

8. 利润接近法

利润接近法是向客户陈述其能取得的实质性利益，从而接近客户的方法。它符合客户的求利心理和满足需求的心理，因而较易成功，但应注意实事求是。

三、客户资料收集工作

程序一：建立一套客户资料系统

（1）营销人员对于自己的重要客户要留心观察，专门准备一个本子，随时记录客户的个人资料，要尽可能地详细记录。当资料积累到一定程度后，及时把它发展为一个记录系统。

（2）营销人员从中可以分析出客户的需要和喜好以及客户愿意与之共享的其他信息。这套系统既包括基本资料，供自己与客户联系；也包括特别资料，记录客户非常个性化的嗜好，有助于为客户提供贴身服务。

（3）记录系统可以是一本笔记簿，也可以做成一个电脑文档或一张张卡片。每位客户要分页记录，以便日后查找。

程序二：挖掘客户购买信息

（1）在客户购买或消费的时候，要对客户进行有意识的仔细观察，包括客户下场打球的次数、时间、情绪等。

（2）客户走后，要对这些信息进行分析，找出客户的消费喜好、消费额等方面带有规律性的情况。

程序三：与客户建立良好关系

（1）在客户来球会消费的时候，针对客户的年龄和性别等抛出一个话题，引起客户说话的兴趣，然后顺势和客户聊家常，让客户感到自然、亲切、友好，在不经意中透露自己各方面的情况。

（2）挑选比较热情、开朗的客户，主动了解他们的有关情况，例如姓名、地址、喜好、家庭情况等，询问他们最近有什么样的需求、对购买的产品有什么意见等。

（3）在询问的时候，要表现出自己对客户的热情与关怀。主动询问一定要注意对象，态度要真诚，不能引起客户的警惕甚至反感。

程序四：制作客户资料卡片

（1）设计一些有关客户个人资料的卡片，在客户同意的前提下，让客户自己填写。对客户要说清楚，填写卡片的目的是更好地为其开展个性化服务，争取客户的理解和支持。

（2）营销人员在实际业务活动中要留心观察，勤动手记录，勤开口说话，通过各种合适的途径掌握客户的有关信息。只有掌握了客户的信息，才能对客户进行有效而准确的分类，提供有针对性的服务。

第三节　拜访客户策略与技巧

一、客户拜访工作流程

客户拜访工作是营销人员的日常工作之一，是营销人员事先征得客户同意再进行接洽的行动过程。只有采取适当的拜访技巧，向对方提出正当的拜访理由，才能赢得客户的信任与配合。否则，忽略拜访的策略与技巧运用，没有相应的拜访准备，是很难与客户见上一面的。

程序一：确定拜访对象

（1）营销人员需要弄清拜访的对象究竟是谁，认准有权决定购买的对象，避免把时间浪费在那些无关紧要的人身上。在确定自己的拜访对象时，必须分清真正的买主与名义上的买主。

（2）弄清谁是真正的决策者，抓住关键人物，然后确定拜访的对象，这对营销人员来说，无疑是大有好处的。

（3）在确定拜访对象时，既要摸准具有真正决策权的要害人物，也要处理好与相关人员的关系，与一些名义上的买主保持良好的接触，取得他们的鼎力支持与合作。

程序二：选择拜访时间

（1）客户刚开张营业，正需要产品或服务的时候。

（2）对方遇到喜事吉庆，如晋升提拔、获得某种奖励等的时候。

（3）客户刚领到工资或提高工资级别，心情愉快的时候。

（4）节假日之际，或者庆典纪念、大楼奠基、工程竣工之际。

（5）客户遇到暂时性的困难，急需帮助的时候。

（6）客户对原先的产品/服务有意见，对营销人员的竞争对手最不满意的时候。

（7）下雨、下雪的时候。在通常情况下，人们不愿在暴风雨、严寒、酷暑、大雪冰封的时候出门，但许多经验表明，这些时候正是营销人员上门访问的绝好时机，因为在这样的环境下前往拜访，往往会感动客户。

程序三：选择拜访地点

（1）在与客户接触的过程中，选择一个恰当的拜访地点就如同选择一个恰当的拜访时间一样重要。从日常生活的大量实践来看，可供营销人员选择的拜访地点有客户的家里、办公室、公共场所、社交场合等。

（2）拜访地点不同，对推销结果产生的影响也不同。为了提高成交率，营销人员应学会选择效果最佳的地点拜访客户，从方便客户与利于推销的原则出发，选定拜访的合适场所。

二、推销洽谈工作流程

程序一：自我介绍

（1）交往是相互的，而推销则是营销人员主动与客户交往，因而，让客户知道“你是谁”的时候，就是“推销你自己”的时候。

（2）要成功地推销自己，营销人员的自我介绍就应该能让客户感兴趣。

程序二：交换名片

1. 递送名片

（1）递送名片时应起身站立，走上前去，使用双手或者右手，将名片正面对着递给对方。

（2）若对方是外宾，最好将名片上印有英文的那一面对着对方。

（3）将名片递送给他人时，应说“多多关照”、“常联系”等话语，或是先作一下自我介绍。

（4）与多人交换名片时，应讲究先后次序，或由近而远、或由尊而卑进行，位卑者应当首先把名片递给位尊者。

2. 接受名片

（1）对方递名片给自己，应起身站立，面含微笑，目视对方。

（2）接受名片时，应双手捧接，或以右手接过。

（3）接过名片后，要从头到尾把名片认真默读一遍，意在表示重视对方。

（4）最后，应使用谦词敬语，如“请您多关照”。

程序三：与客户洽谈

（1）注意倾听：对营销人员来说，注意倾听比说话更重要。倾听者虽不像说话者那么耀眼，却给人亲切、关怀的感受，更具吸引力，更能了解他人心声。此外，倾听者有更充裕的时间来分析客户的意见以便应对。

（2）保持微笑：微笑是人际关系中最好的润滑剂，它表示了友善、亲切、礼貌与关怀。微笑能够改善气氛，缩短人与人之间的距离，创造出一个快乐的天地。

（3）信守承诺：不要轻易对客户承诺，轻诺必然寡信。应信守承诺，言行一致，逐步取得客户的信赖。

（4）勇于认错：做了错事之后，最好的弥补方式是认错，最差的方式是掩饰。人人都会犯错，只要勇于承认，就会给客户留下诚实的印象，获取客户的信任。

（5）牢记人名：一定要记住别人的姓名，表示自己在乎他，尊重他，这有利于建立良好的人际关系，还对业务拓展大有帮助。

第十章　营销订单与合同签订管理

第一节　订单谈判工作流程

一、订单谈判对象选择

订单谈判是一种通过协调合作，使双方各自获得利益的行为，是在双方或多方之间进行的活动。因此，订单谈判必须要有合适的对象，谈判对象的寻找是订单谈判的前奏和序曲。此阶段是有需求欲望的双方相互寻找并相互了解的阶段，是订单谈判的双方在有交易欲望的基础上进行的探询活动。

程序一：确认对方有交易需要

（1）需要是进行订单谈判的主要因素，也是双方进行交易谈判的关键所在。

（2）在自身成为可能的供应者之前，先不要谈及交易和让步。

（3）谈判开始前，必须确认对方是否有交易的需要，确认自身是否有成为供应者的可能。

程序二：探询交易群体

对交易群体的有效探询是确定订单谈判对象的重要步骤。探询可通过两种途径进行：直接探询和间接探询。

（1）直接探询。直接探询是以己方的名义亲自寻找交易伙伴。由于探询是亲自进行的，因而其结果往往有很高的可信度。如果条件允许，订单谈判者都应采取直接探询的方法。这种方法省去了许多中间环节，节省了一部分人力、财力和物力，而且可信度也很高。

（2）间接探询。间接探询是通过委托第三方寻找可能的交易对象。由于己方受时间、地点、经验和知识等因素的制约，直接探询往往有一定的困难。间接探询是直接探询的一个重要的补充手段，其关键是对委托人，也就是中间人的选择。

程序三：挑选合适的交易对象

（1）去伪存真。在众多的候选对象中，考察对方的信誉，排除那些没有信誉的对象。这个过程需要做仔细、深入的调查和研究。

（2）重点考察。对那些有信誉的交易对象进行比较，分别列出其优点及缺点，充分评估这些优、缺点对己方利益将产生的影响。

（3）择优选用。如果准备长期进行交易合作，就要与过去有过良好业务往来的客户保持友好联系。如果既想达到销售的目的又希望与对方保持良好的业务联系，最好列出多个订单谈判对象，然后择优选用。选择好订单谈判的对象，是进行有成效和有收获的订单谈判的重要前提，是谈判成功的基础。

二、订单谈判议程制定

订单谈判的议程即谈判的议事日程，是对订单谈判内容所作的限定和对谈判时间顺序的编排。它的确定与安排对谈判非常重要。几分钟简短的开场白之后，双方一般会商量此次谈判的议程。必须在议程上取得一致，以便于控制谈判的节奏和时间，避免把时间浪费在无关的事情上。谈判议程主要涉及议题范围和日程。议程制定得好，会议就会比较有条理、有节奏感。高明的谈判者可以利用谈判议程来阐明对自己有利的观点，避免于己不利的议题。

程序一：明确谈判议程内容

（1）谈判议题，即谈判就哪些问题展开，只讨论哪些问题。

（2）时间安排，即议题讨论的先后顺序与日程安排。

程序二：确定谈判议题

（1）根据订单谈判目录，将全部有关的问题罗列出来，尽量做到不遗漏，包括双方存在不同观点的各种问题。

（2）根据己方利益最大化原则，将对己方有利的问题挑选出来，并按照有利的程度，对其进行分类。

（3）尽可能地将对己方有利的问题列入订单谈判议题，将对己方不利的议题排除在谈判议题范围之外。

（4）考虑到对方的必然反对，作为妥协，可以将对己方不利但危害不大的若干问题纳入议题。

（5）要争取使订单谈判的议题安排有利于己方。

（6）在实践中，通常最终会形成一个比较公平合理的议题安排。

程序三：做好谈判议程时间安排

（1）时间安排的内容。时间安排的内容包括：实质性谈判何时进行，为期多久；如果是一系列的谈判，需要分几次举行，每次的谈判时间大约多久；休会时间如何安排；议题的讨论次序如何；每个议题的讨论时间；等等。

（2）时间安排的原则。将对己方有利的议题放在前面讨论，安排足够的时间；将对己方不利或准备让步的议题放在后面，安排尽量少的时间。

程序四：做好议题次序安排

（1）先易后难，即先讨论容易解决的问题，为谈判创造良好的气氛，为后面难度较大的问题奠定基础。

（2）先难后易，即先集中精力和时间讨论重要而困难的问题，突出重点，以主带次，进而推动其他问题的解决。

（3）不分主次。如果谈判难度很大，也可不分主次地讨论议题，先谈起来再说，逐步寻找突破的机会。进行一段时间之后，再作总结，对达成一致的议题不必再讨论，对仍有分歧的议题再作深入讨论。

第二节　订单签约实施流程

一、订单签约冲刺重点

订单谈判双方经过一定时间的谈判，最重要的目的就是达成协议。为了明确各方的权利和义务，一般都要签订经济合约。有经验的谈判者善于在关键时刻巧妙地表明自己的签约意向，或抓住对方隐含的签约意向，趁热打铁促成交易。

程序一：把握购买信号

当看到对方给出购买决定的信号时，就停止谈判的讨价还价。订单谈判的最终目的就在于达成协议，看到对方的购买信号，就意味着可以讨论签约问题了。常见的购买信号如下：

（1）假定所有权：购买会籍成为会员后，可以同样参与赛事吗?

（2）发出交货指示，对订货准备期表示失望。

（3）把注意力集中在购买细节上。

（4）问一些直接关系到有关产品使用和服务的细节问题。

（5）关注产品本身，试着使用产品。把产品放在对方视野之内，对方对产品每瞥一眼，都是一个信号。

（6）探询其他谈判人员的想法。

（7）对假设成交作出积极反应。

程序二：向对方发出成交信号

订单谈判收尾，在很大程度上是一种掌握火候的艺术。即将达成交易时，谈判双方都会处于一种准备完成的兴奋状态，而这种兴奋状态的出现往往是由于一方发出成交的信号所致。在谈判过程中，常见的向对方发出成交信号的方式如下：

（1）用最少的言辞阐明自己的立场，谈话中表达出一定的承诺，但没有讹诈的成分。比如：“好吧，这就是我最后的主张了，现在您的意见如何?”

（2）在阐明自己的立场时，完全是一种最后决定的语气，态度坚定，文件放在一边，两眼盯着对方，不卑不亢，没有任何紧张的表示。

（3）回答对方的任何问题非常简单，常常只回答“是”或“不是”，很少谈论据，表明确实没有折中的余地。

（4）一再向对方保证，现在结束对他是最有利的，并且解释其理由。

发出这些信号，目的就在于推进谈判，设法使对方行动起来，从而达成一个承诺。

发出成交信号时应注意，若过分使用高压政策，可能会导致谈判破裂；如果过分表现出希望成交的热情，对方则有可能再提出一些让步的要求。

程序三：对签约信号作最后一次报价

当一方表示出签约意向，而另一方又有同感的时候，谈判双方就需要作最后一次报价。最终报价注意不要过于匆忙，否则，对方有可能以此作为要求进一步让步的筹码；但如果报价过晚，又可能会失掉最佳时机。

程序四：使用促成签约的策略

对于一个即将达成的协议，如果对方还有一些犹豫不决，营销人员可以采用一些小小的策略来推动对方的签约意愿。

（1）优惠劝导策略。优惠劝导策略，即向对方提供某种特殊的优惠，促使对方尽快签订合约，例如打折、附送赠品、允许试用等。

（2）行动策略。行动策略是谈判人员以一种主要问题已经基本谈妥的姿态采取行动，促使对方签订合约。比如，双方可以开始着手草拟协议，边写边向对方询问喜欢哪一种付款方式，有哪些附带要求。

（3）主动征求对方在签约细节方面的意见。谈判人员主动向对方提出合约中的某一具体条款的签订问题，以督促对方签约，例如共同商定产品（或服务）条款开始生效（使用）时间以及技术要求等。

（4）采取一种表明谈判结束的行动。谈判人员可以给对方一张明信片，或者与对方握手祝贺谈判成功。这些行动有助于加强对方已经作出的承诺。

二、订单谈判结束工作

适时地选择结束订单谈判的时机，可以巩固已取得的谈判成果，给对方压力，促使谈判成功。对于一个谈判者，主动选择时机结束谈判，可以使己方获得更多的潜在利益。

程序一：选择谈判结束时机

（1）在谈判中适时地选择结束时机，以一种恰到好处的感觉和状态结束谈判是很重要的。恰当地选择结束时机，还可以一改谈判僵局，推动交易的达成。

（2）把握好双方都可以接受的临界点。订单谈判既是利益均沾的合作事业，又是你争我夺的利益竞争。谈判的任何一方都尽力谋求使己方获取较多的利益。卖方能够最大限度接受的最低价格，买方能够最大限度承受的最高价格，就是谈判双方在价格上的临界点。临界点是约束双方谈判行为的界限。

（3）在接近临界点时结束订单谈判。当谈判成果接近临界点或对方所能承受的最大限度时，必须把握好结束时机。谈判者的眼光不能只盯着“再多一点利益”，而应该让参加谈判的双方都能在某些方面得到满足。

（4）在实际谈判过程中，对方所能承受的最大限度即临界点是很难把握的。由于信息沟通方面的障碍，对方所能承受的临界点很难确定。即使知道这个临界点，在实际谈判过程中也很难把握。因此，必须根据谈判的具体形势，具体问题具体分析。

程序二：回顾谈判内容

在结束谈判活动前回顾谈判内容，可以减少错误的发生，有利于巩固已取得的谈判成果。具体操作中应遵循下面的几个原则：

（1）彻底性原则。在结束订单谈判时，双方应对谈判内容予以全部确认。谈判的横向及纵向深度都应具有彻底性。横向彻底性是对各方面问题要有完整的共识，不能遗漏；纵向彻底性是指各方面的元素要谈得透彻，谈得清楚，不能含糊。

（2）不二性原则。订单谈判结束时，达成一致的条件应具有明确的不可更改性。该原则适用于一切以文字或口头达成的协议。只要谈判双方达成了协议并结束谈判，其结果对双方均有约束力，不能随意更改。

（3）条法性原则。条法性原则是指在订单谈判结束时，将所有谈判达成的协议进行清理并使之具有一定的法律形式。条法性原则可进一步使谈判者客观地认识谈判结果，在法律效力上进一步确认谈判结果。在处理过程中，要明确各种文件的相互关系，如附件与主文的关系，备忘录、信函与合约的关系等。

（4）情理兼备原则。情理兼备原则指在订单谈判结束时，交易的实际情况符合各方所处的地位，符合双方的谈判努力情况，符合双方的利益，并且谈判人员能正确地将上述实际情况表述清楚。该原则的核心是，谈判结束时要做到情理兼备，即使有些细节并不尽如人意，也不会给以后履约造成麻烦。

程序三：实施谈判结束策略

（1）表现出对结束谈判的积极态度，并询问对方："既然我们对所有的问题都已达成共识，何不现在就签署协议呢？"

（2）反复询问对方影响协议达成的问题所在，在对方的回答里找到解决困境的线索。

（3）假定谈判已达成协议，询问对方货物该送往什么地方。

（4）和对方商量协议的具体内容，比如遣词用字、适用条款、运送方式，以示该谈判已在主要议题和价格上达成共识。

（5）以行动表示谈判应该结束了，开始填写订单，与对方握手。行动可以具体表达一方对于达成协议的诚意。

（6）提供一项特别的优惠，诱使对方尽早结束谈判，比方说，允许分期付款，提供使用奖券服务，等等。

（7）向对方讲述实例，比如，某某客户就是因为错失达成协议的机会，使自己陷入痛苦的境地，从反面衬托出双方成交是一件很值得的事情。

在订单谈判的过程中，谈判者不仅要学会讨价还价的策略和技巧，还要掌握适时谈判的时机，巩固已取得的谈判成果，促使谈判成功。

第三节　订单合同管理

一、订单合同编写

成功的订单谈判，最后一个程序是双方签订具有法律效力的合同或订单协议。签订合同既是谈判的初始目标，也是谈判的最终目的。合同的起草既要符合一系列的基本要求，也要把握具体细节，以一定的指导原则为依据。一般订单合同的编写有下列的流程：

程序一：明确编写原则

合同是谈判成果的具体形式，是以文字体现双方的一致意见。因此，起草订单合同在谈判中具有举足轻重的地位。起草时必须遵循下列原则：

1. 明确合同内容

起草合同要依据谈判的原始文件（记录、备忘录等）进行，必须严格按照双方在谈判时最后达成的一致条件来写，谈成什么写什么，绝不允许自由发挥。

2. 内容严格、文字准确

合同必须固化谈判内容，全面、严谨、准确地以文字表达谈判内容及其实质。在起草合同时应尽量避免使用弹性词语，如“尽可能”、“尽最大努力”、“争取”、“只要有可能”等。

3. 明晰深化思想

（1）谈判过程中使用的口头语言往往具有模糊性，与合同的语言文字在表达形式和表达程度上不可避免地存在一定的差异。

（2）起草合同时，必须将口头讨论过的内容明晰化、具体化，使之可以切实地操作执行。

（3）对在谈判过程中同意的某些交易条件，可能来不及作具体深入的分析，对未来有关的情况及条件的变化，也未作深入思考，若将其形成文字，会为以后履约留下极大的漏洞。因此起草合同时，必须充分考虑到这一切，尽力弥补、堵塞合同的漏洞，以避免未来可能出现的麻烦。

4. 完善具体细节

口头谈判结束后，不少细节问题需要借合同起草过程逐一解决，以完善谈判结果。如谈判涉及的各种费用、检验的细节、总价目（值）的精确计算等，均须通过文字严格表达，落实双方的条件，从而确保双方的权益。

5. 具备法律效力

合同是体现谈判成果的法律性文件，能保障合同当事人的权益。合同起草就是将谈判成果形成法律性文件的工作。

程序二：确定订单合同格式

合同由标题和正文组成，正文相应地分为开头部分、正文部分和结尾部分，又称约首、条款和约尾。

1. 标题

标题即合同名称。

2. 正文

（1）约首包括需方、供方的单位名称，签订合同的日期、地点以及此项经济活动的目的等。订约日期、地点不一定要放在约首，也可以放在约尾。

（2）条款一般由订立双方谈判的结果修改而成。

（3）约尾一般要写明下列内容：

①本合同一式×份，供方×份，需方×份。

②合同规定生效和作废的条件与日期。一般规定合同有效期×年，自合同签订之日起生效，×年×月×日作废或履行完毕时作废，或限期前×月另行协商续订，或根据计划、生产需要协商续订。

③双方单位的地址、电话等。

④双方单位盖章（单位公章或合同专用章）。

⑤法定代表人及经办人签名（与盖章）。

⑥有些内容实际上是合同的补充条款，有些则只是为了业务上的方便。

程序三：编写合同正文内容

（1）订单合同是一种常见的内容全面的交易合同，既包括标的物的名称、质量、规格、数量、使用时间和地点、使用期限、支付方式、标志、保险、检验等条款，也包括异议、争议、索赔、仲裁、不可抗力情况下的处理等条款。

（2）正文部分需要对订单谈判双方的权利、义务、责任分别作详尽规定，对违约责任也需要有详尽的处理方式和说明。

二、订单审核流程

程序一：资格审核

（1）营销人员递交会员入会资料。

（2）会籍营销部主管必须认真审核会员资料是否翔实及齐全。

程序二：资料入档

（1）将会员资料原件、会员入会申请表格、付款文件等复印一份存入档案。

（2）按会籍种类及会员号码，将会员资料分类存档。

程序三：查询审批

（1）各营销人员只可查看自己成交的或交予其跟进的会员资料。

（2）除有正当理由及工作要求，并经营销策划总监批准外，均不能查询会员资料。

（3）如需查询会员资料，必须持被查询会员的亲笔签名申请委托书（如为公司会籍，则必须持该公司法人代表或董事签名并盖有公章的申请书）或政府法律执行部门发出的正式函件方可查询。

（4）严格遵守会员资料的保密性，非会员部行政办工作人员不得出入档案室。

第十一章　高尔夫球会客户维护管理

第一节　客户忠诚度提升目的与措施

一、统一高尔夫球会全员对客户管理的认识

高尔夫球会如果想真正做到尊重客户，以客户为中心，就必须首先从思想上认识到客户的重要性，这是赢得客户忠诚的基础与前提，不仅要让高尔夫球会的每一个人知道、懂得，而且更要从思想上意识到，客户是衣食父母，能够满足客户的需求是高尔夫球会的荣耀，必须真正将以客户为中心的思想贯彻到自己的行动中去。

（1）赢得高尔夫球会员工的忠诚。高尔夫球会员工是客户计划的主体，是实施者。高尔夫球会要赢得客户，首先必须赢得自己的员工，很难想象一个人心涣散的员工群体能赢得客户的信赖。员工的忠诚主要包括：员工在工作中尽职尽责，不会轻易流失、跳槽。

（2）赢得高尔夫球会高层人员的支持。建立客户忠诚计划是一个自上而下的过程，需要高尔夫球会高层人员的各方面支持，无论是资金的投入，还是人员的配备，都需要高尔夫球会高层管理人员精心组织实施，进行各方面的协调统一。除此以外，他们本身应当成为这一过程中非常重要的一个组成部分和决定因素，而不是局外人。所以说，赢得了高层管理人员的支持，就打通了赢取客户忠诚的道路。

二、提高客户对高尔夫球会的兴趣

（1）保持客户对高尔夫球会的兴趣很重要，可以使客户对高尔夫球会始终保持关注。提高客户兴趣的方法有很多，如有奖销售，改变服务的态度、形式，增加产品的附加功能等。但是，这些方法都是短暂和不稳固的，只能起到一时的作用，最为有效的措施还是通过自己优质的产品和服务来吸引客户。

（2）要无微不至地考虑客户的需求，并竭尽全力地予以满足。这样做的结果不仅仅是让客户感到一种满足，更重要的是能够让客户对高尔夫球会充满感激。一般来说，满意的客户乐意将自己的感受告诉他所熟知的人，而客户的口碑，尤其是老客户的口碑，是最容易吸引新客户的。

三、留心发现客户需求

（1）高尔夫球会应当制订详细的计划，有意识地多和客户接触。高尔夫球会与客户的接触应该被升华为一种心与心的交流。通过接触，客户可以更好地了解高尔夫球会，球会也能够更好地服务客户，实现双方的互动，通过相互的交流建立起一种朋友式的“双赢”关系。

（2）通过接触向客户展示高尔夫球会的文化，为高尔夫球会作宣传，表明球会对客户的尊重。应留心发现客户需求，以便更好地为高尔夫球会创利。

四、满足客户期望

（1）高尔夫球会可以提高客户获得的价值，要么通过减少客户的货币或非货币形式的成本来实现，要么通过某种方式增加客户得到的价值。如果客户的期望得到了满足，一般来说他们就会满意了。如果超过了这种期望，客户就可能表现出很高的满意度。

（2）在与服务提供者的互动中，客户会优先考虑某些方面的期望。一些期望只在没有得到满足的时候才会浮出表面，通常被理解为必然地或者是理所当然地可以获得的。如果高尔夫球会让客户真正地满意，客户日后必定再回来消费，并且对高尔夫球会进行正面的口头宣传，因此高尔夫球会所做的必须超出客户的期望。

五、建立有效的反馈机制

（1）建立有效的反馈机制非常重要，营销人员面临的不是与客户的一次性交易，而是长期性的合作。

（2）一次交易的结束正是下一次新合作的开始。事实上，客户非常希望能够把自己的感受告诉高尔夫球会，友善而耐心的倾听能够极大地拉近高尔夫球会和客户之间的距离。

（3）反馈机制是高尔夫球会和客户之间的一座桥梁，通过这一桥梁，客户与高尔夫球会双方能够更好地沟通感情，建立起相互间的朋友关系。

六、妥善处理客户抱怨

（1）在倾听了客户的意见并对客户的满意度进行了调查之后，就应当及时、妥善地处理客户的抱怨，这也是赢得信任和忠诚的极有效的方法。

（2）客户的抱怨并不是麻烦，高尔夫球会也绝不能因此感到沮丧和失望。相反，成功的高尔夫球会会把客户的抱怨看作是自身发展的新机会和赢得客户的重要机遇。

第二节　服务品牌创建与核心客户管理流程

一、客户服务品牌创建

要想在激烈的市场竞争中获得客户的广泛认可并获得客户的忠诚，并不是一件很容易的事情，除了要有一个新颖独特、与众不同的名称以外，更需要高尔夫球会上下共同努力塑造一流的、有自己特色的、能经得起市场和时间考验的服务品牌。

程序一：创建一流客服队伍

（1）客户的不满和投诉一部分源于对营销人员服务态度和服务质量的不满，营销人员形象的好坏关系到高尔夫球会的形象。

（2）造就高素质的营销人员队伍，培养、选拔高素质的营销人员，创造众多的个人、群体服务品牌，对于塑造高尔夫球会的服务品牌非常关键。

程序二：与客户建立良好关系

（1）客户购买高尔夫球会的产品或服务是建立关系的开始。营销人员应力图使客户觉得购买其产品或服务能够满足他们的需要，且物有所值。

（2）应注意，营销人员服务态度要热情周到，让客户倍感亲切自然；高尔夫球会产品定价要合理，让客户觉得物有所值、物超所值。

程序三：提供差别化、个性化服务

（1）让消费者满意是建立品牌忠诚度的必经途径。消费者只有对品牌有了满意感，才可能最终忠诚于品牌。

（2）客户有不同的类型，需求情况也不一样，营销人员要针对不同的客户提供不同的服务。

程序四：不断强化服务品牌

（1）营销人员采取措施，不断强化消费者的满意感，使他们对自己熟悉的、能满足需要、性能超群、有很高知名度的品牌产生认同感，加强对品牌的忠诚度。

（2）强化服务品牌可以通过经常奖励客户、建立客户资料卡、定期回访忠诚消费者、尽量满足他们的需求等手段来实现。

二、核心客户管理流程

无论从事何种产品的市场销售，如果将客户按照销售量的大小进行排名，然后按客户总数的20%将排名最靠前的这些客户的销售量累计起来，就会发现这个累计值占销售总量的比例，这个数字可能是60%、70%，甚至80%以上。因此，高尔夫球会在进行市场营销活动时，应十分重视对核心客户的管理，具体流程如下：

程序一：收集基础资料

（1）基础资料即核心客户的最基本的原始资料，主要包括客户的地址、电话、所有者、经营管理者、法人代表及他们的个人性格、兴趣爱好、家庭、学历、年龄、能力、经历、社会背景，与本高尔夫球会交易时间，高尔夫球会组织形式、资产等。

（2）资料是核心客户管理的起点和基础，主要通过营销人员的核心客户访问来收集。

程序二：记录核心客户特征

（1）核心客户特征主要包括市场区域、销售能力、发展潜力、经营观念、经营方向、经营政策、高尔夫球会的规模、经营特点等。

（2）记录核心客户特征。

程序三：分析业务内容和业绩状况

（1）营销业务内容和业绩状况主要包括销售实绩、经营管理者和营销人员的素质、与其他竞争者的关系、与高尔夫球会的销售关系及合作态度等。

（2）核心客户的销售内容和业绩变化，可以说是直接信息中最为重要的信息。

（3）如果没有此信息，高尔夫球会的销售活动就不可能开展。

程序四：管理交易现状

（1）交易现状主要包括对核心客户销售活动的现状、存在的问题、保持的优势、未来的策略，高尔夫球会的形象、声誉、信用状况、交易条件以及出现的信用问题等方面。

（2）销售方针是关于今后针对核心客户重点发展的产品及流通渠道的选择等方面的信息。

（3）了解了销售方针，客户就更容易接受具体的提案，谈判也可顺利地进行。

程序五：调查满意程度

（1）核心客户满意度的调查，是指销售个体要了解客户对高尔夫球会具有何种满意度及评价，尤其是现有的客户对本高尔夫球会的服务是否满意，这是个重要的问题。

（2）整个高尔夫球会的服务及销售活动必须满足客户的需求，这样才能切实维持与客户的关系，使客户继续在高尔夫球会消费。

第三节　售后服务与投诉处理实施流程

一、售后服务实施

在营销人员成功地将产品或服务销售给客户之后，接下来的工作就是进行售后服务。在进行售后服务时，一般有下列的流程步骤：

程序一：履行服务承诺

任何营销人员在说服客户购买产品（或服务）时，必须先强调与产品有关或没有直接关联的服务。这些服务的承诺对交易的成交是极重要的因素，而如何切实地履行营销人员作出的承诺则更重要。往往有些营销人员在说服客户购买高尔夫球会产品（或服务）时，漫不经心地向客户提出产品出售后的某种服务，结果后来却忽略了，这样很容易与客户产生误会或不愉快。

程序二：提供产品（或服务）资料

（1）使客户了解产品的变动情况，是营销人员的一种义务。在说服客户之前，营销人员通常须将球会的简介、客户购买的产品（或服务）的使用说明及各项文件资料递交给客户参考；而如果在客户购买之后，营销人员疏于提供最新资料，这样是不妥的。

（2）营销人员要认识到，争取一位新客户远不如维持一位老客户来得重要。争取新客户在功能上属于“治标”，而真正能维持客户才算“治本”。维持客户的方法，除了使其对产品（或服务）有信心之外，营销人员能继续提供给客户的有关产品（或服务）的最新资料也是一项有力的售后服务。

所谓产品（或服务）的资料包括以下两种：

①产品（或服务）商情报道资料。有许多产品（或服务），其销售资料常以报道性的文件记载下来，营销人员用它作为赠送给客户、联络感情的礼物，这是最好不过的。比如每个月按时寄一份高尔夫球会简讯给客户，一方面可以给客户作参考，另一方面可以报道商情。这样的做法更能让客户对产

品（或服务）有持续的好感。在产品（或服务）资料不断供给的情况之下，间接宣传效果往往又可以引来更多的客户。

②产品（或服务）本身的资料。当产品（或服务）销售之后，客户基于某些理由，常常希望了解产品（或服务）本身的动态资料。

程序三：让客户对产品（或服务）满意

确保客户对产品感到满意是售后服务的一部分。客户期望也常常因为营销人员夸大产品（或服务）状况而变得很不现实，客户对此意见很多。如果对产品（或服务）保持诚实的态度，那么这种情况也可避免。

程序四：迅速处理抱怨

（1）高尔夫球会听到抱怨后要立即加以解决，时间越短越好，不要找种种借口拖延。尽早实施，就能给客户带来好印象，至少能减轻不良印象。

（2）处理宗旨是方便客户，而且也要让客户认识到这一点。应该向客户充分说明高尔夫球会决定用这种方法的理由。

（3）如果客户大发牢骚，千万要有耐心，别打断他，尽量让他去讲，如表示出厌烦情绪，则可能会引起更深的愤恨。对待客户的态度将最终决定这一事件是否能圆满解决。在认真倾听完客户意见之后，和善地向客户作出解释，拿出可行的解决方案，客户才会心平气和，合作关系才会更加牢靠。

程序五：抓好后续服务

（1）当客户同意处理方案后，要迅速实施，这时营销人员有责任监控实施过程，这就好像交易后的售后服务。处理抱怨之后的后续服务对于留住客户非常重要，如果客户的不满心情消失，就可以开始下一项交易了。

（2）有时高尔夫球会不愿意为客户作出改进，只要花费不是太大，营销人员可以自己掏钱来满足客户。虽然花了自己的钱，但要是留住了这位客户，将来总会获得更大的收益。

二、客户管理与投诉处理流程

程序一：向客户致谢

（1）客户的投诉能够帮助高尔夫球会提高服务质量，不论投诉是关于客户买了不满意的货品、遇到恶劣的服务还是球会服务不到位，首先应感谢客户带来的改进机会。

（2）妥善处理客户投诉，以后要避免发生类似的投诉。

程序二：聆听问题

（1）在大多数情况下，客户的抱怨或许就因为没有被消除在萌芽阶段，而酿成了纠纷等严重的问题。

（2）针对客户的抱怨和纠纷等问题进行分析。

（3）让客户充分地说明问题，站在客户的角度来倾听，不要打断。要明确了解客户的谈话内容，不要贸然作出承诺或说明。

程序三：真诚道歉

（1）当客户来投诉时，应毫不迟疑地向客户致歉。

（2）对于客户的不快，要诚恳地表示歉意。

（3）认同可以让客户心情平复下来，把双方的关系调整回正面的方向，这是重建客户信心和忠诚所必需的。

（4）在处理客户投诉时，必须和接待客户时一样热情。

程序四：询问详细情况

（1）聆听完客户的问题之后，如果觉得仍然未能得到所有有关客户问题的重要详情，就要多收集一些资料。

（2）清楚地了解发生了什么事、什么时候发生、发生在谁身上，引导客户多阐述缘由。

程序五：寻找解决办法

（1）寻找解决客户投诉的办法，要先评估问题的严重性究竟到了何种程度，掌握问题的程度达到怎样的水平。

（2）解决问题时，要了解投诉者除了经济补偿外是否还有其他要求。

（3）对于没有额外要求的客户，可以思考有没有可供解决的方法，自己有没有权力去执行最佳的解决方法，是否需要得到上一级的批准，等等。

程序六：妥善解决问题

（1）寻找到解决的办法之后，就要解决客户的问题。

（2）客户会不会带着对高尔夫球会的好印象离开，关键是营销人员及服务人员的服务能否使其满意。

（3）应按照双方约定的条件解决好客户的问题，有些当场解决了的投诉还需要作一些跟进。

（4）如果事情给客户造成了很大的困扰和不便，可能需要事后给客户寄一张便笺或者打个电话，确认客户是否认为问题已经解决。

第四篇

高尔夫球会公共关系管理流程

阅读重点

高尔夫球会内部公共关系

员工关系是高尔夫球会成功的基础

股东关系是公共关系的重点

高尔夫球会部门关系是重要课题

高尔夫球会外部公共关系特性

客户关系是高尔夫球会的重要组成部分

中介公司与旅行社关系是重要客源销售渠道

社区关系与高尔夫球会利益息息相关

行政关系属于公共关系重要组成部分

危机公关管理的重要性

危机公关管理失当引致危害

危机公关管理流程

高尔夫球会公共关系危机特征概述

高尔夫球会公共关系危机管理流程

高尔夫球会公共关系危机管理规定

第十二章　高尔夫球会内部公共关系管理

公共关系学起源于美国，是以经济高速发展和公众力量迅速壮大为背景的，社会组织为使组织自身处于有利的经营环境，从而对内部公众、外部公众、社区公众、顾客公众、媒介公众、政府公众等展开公关活动。现阶段除媒介公众、政府公众、社区公众外，内部公众是组织最重要的公众关系。员工对企业的重要性表现为员工是实现企业目标的主要力量，员工是塑造企业形象的基础，良好的员工关系能为领导者提供一个和睦融洽的人际关系环境，所以说，处理好内部公众关系可以使组织良性运作并充满力量地开拓市场。

第一节　高尔夫球会内部公共关系

一、内部公共关系活动的作用

开展高尔夫球会内部公共关系活动的作用是协调高尔夫球会内部公共关系，释放潜在的能力。高尔夫球会内部公共关系包括高尔夫球会与员工（包括股东）之间、部门与部门之间、部门与员工之间的相互关系。高尔夫球会、职能部门、员工三者之间能够相互理解、相互支持，则高尔夫球会内部公共关系状态是协调的、良好的。然而事实上，这三者之间不协调的情况经常出现，这就需要通过公共关系手段去加以沟通，使之相互理解。当然，高尔夫球会公共关系的手段不是万能的，它不能代替经营管理的具体措施，只能协调那些由于信息原因而造成的不协调甚至矛盾的状况。

二、内部公共关系活动的目标

（1）强化高尔夫球会内部的纵向联系。促进高尔夫球会的管理决策部门与下层部门及员工之间的相互了解，使员工更好地理解和自觉执行高尔夫球会内部的各项规定及措施，增强员工对高尔夫球会决策的信心。

（2）增强高尔夫球会的横向联系。强化高尔夫球会内部的横向信息交流，增进部门之间和员工之间的相互了解，树立整体观念和协调观念。

（3）培养员工为高尔夫球会工作的自豪感。让员工知道高尔夫球会的成就及在社会上、同行业中的地位，鼓励每一个员工同心协力地为高尔夫球会的生存和发展而努力。

（4）提高员工的自信心和责任心。要使员工明确认识到高尔夫球会需要他们每一个人，高尔夫球会重视每一个员工的贡献，珍惜每一个员工的创造性，从而调动广大员工的主动性和积极性。

（5）增强员工对高尔夫球会的向心力和归属感。关心员工的福利，充分照顾退休人员及员工家属的利益，让员工感受到高尔夫球会的人情味，强化员工与高尔夫球会之间的感情联系。

第二节　员工关系是高尔夫球会成功的基础

一、员工关系是公共关系的起点

（1）员工是高尔夫球会赖以生存的细胞，与高尔夫球会的目标和利益关系最为密切。高尔夫球会的一切计划、措施必须得到他们的理解和支持，并通过他们身体力行付诸实施。因此，员工是公共关系“内求团结”的首要对象。只有内部上下左右关系融洽协调，全体员工团结一致、齐心合力，才可能成功地“外求发展”。

（2）员工处在对外公共关系的第一线，是高尔夫球会与外部公众接触的触角。高尔夫球会大部分具体的公共关系工作是从他们开始的，如电话总机的接线员、会所的服务员、高球运作部的球童等处的工作人员，他们的一言一行都代表着球会的形象。

二、员工关系是高尔夫球会的基础

客户不仅仅是期望使用高尔夫球会里的设施，更重要的是想得到亲切、温暖和富于人情味的服务。无论是新开业的球会，还是具有几十年历史的老球会，能够保持崇高的声誉，并且长盛不衰，究其原因，就是服务的尽善尽美，使客户确有“宾至如归”的感受。这些高尔夫球会的老会员自不待言，即使是新顾客，只要来过一次，不管在高尔夫球会内走到哪里，高尔夫球会的员工都会热情地与他打招呼并叫出他们的名字。高尔夫球会了解客户的爱好、习惯、生日，客户在高尔夫球会里完全没有陌生感，不存在防范感。这就是世界超一流高尔夫球会成功的“秘诀”。

三、高尔夫球会员工关系协调方式

1. 营造良好的工作环境

（1）正确协调高尔夫球会与员工之间的关系。高尔夫球会是一个完善的商业组织，它有一定的组织目标和规章制度，员工要受到规章制度的影响和约束，但不能消极地以强制方式对员工进行限制、约束。领导要努力消除员工受环境束缚的心理负担，让员工参加管理，化消极因素为积极因素，发挥员工的主观能动性。管理人员和员工之间存在着一定的思想差距，双方对工作的看法不尽相同，前者往往重视高尔夫球会的经济效益，后者则更多地关心切身利益。对待这类问题，要正确地加以协调，避免双方的矛盾冲突。

（2）尊重、信任员工。尊重员工就要维护员工应有的权利，搞好员工的精神文化生活，进行感情投资。要看到员工的每一点进步，要及时表彰、宣传他们的优点，乐于评估员工的业绩，感谢他们的合作，将高尔夫球会的成就看成是每个员工努力的结晶。

（3）开放管理，促进上下沟通。高尔夫球会管理者除了决策、监督之外，还应善于处理人际关系，促进上下沟通，提高员工对高尔夫球会的关心和信赖程度，加强高尔夫球会的团体合作气氛。公共关系人员要通过各种手段倾听民意，沟通思想感情，减少摩擦，创造良好的工作环境。

2. 搞好员工的全面培训

培训是高尔夫球会对个人而言的，学习是指员工自身的学习。但是，由于培训任务繁重，工作量大，并且很难立竿见影，因而往往被忽略，至少是在某种程度上被歪曲了。其主要表现是，大多数高尔夫球会只片面注重员工的技术培训，而忽略了精神生活和人生准则等方面的教育辅导。

3. 及时向员工通报高尔夫球会动态

（1）开会。这是把内情告诉员工的最佳方法之一。举行有意义的、简短而又把握了重点的会议，对增进管理者与员工之间的了解是极有好处的。员工大会给予管理者以表演的机会，不仅可以激发员工的热诚并促进其合作精神，还能够消除员工心里的疑虑。小型会议为双方创造了充分交换意见的机会，管理者可借此了解员工，评估部属。当然，会议的次数和时间长度都以不影响机构的正常业务运行为前提。

（2）员工手册。高尔夫球会可以编印员工手册，人手一册。内容包括规章、政策、义务、权利、禁止事项以及有关球会的产品、服务、历史和组织等的介绍。

（3）活页印刷品。由于员工手册具有一次定型的局限性，国外许多高尔夫球会都另编活页的印刷品来增添新的信息，等于随时补充员工手册。活页印刷品所费无多，可以寄给每一位员工，也可放在工资袋里分发。

（4）公告牌。这是最古老也是最常用的工具之一，它报道新闻供人阅读，其最大的特点就是能够迅速地把高尔夫球会的内部新闻公之于众。

（5）杂志和报纸。高尔夫球会的内部杂志或刊物，即所谓“机构刊物”，其使用率在公告媒介中可能仅次于公告牌。一般用图片和解释说明性文章刊登高尔夫球会的新闻及业务情况。

（6）员工与管理人员的内部通讯。编印内部通讯迅速简便，可以有效地使员工和管理人员了解高尔夫球会的最新动态。

（7）给员工的信。高尔夫球会总经理给员工写信，告知高尔夫球会内情并请教和讨论有关业务，是一种比较容易获得员工信赖的联系手段。但如果仅在紧急情况下利用这种方法，员工会认为高尔夫球会只有在遭遇困难时才想到他们，其效果会大减。相反，如果次数频繁，又会显得平淡无奇而失去作用。

（8）财务报告。高尔夫球会员工对高尔夫球会经营现状，尤其是对切身的福利有影响的问题特别关心，因而要编印切实而具体的财务报告发给员工阅读。国外有些高尔夫球会甚至把股东年度报告简要地印发给员工，以增强对员工的影响力。

（9）海报。海报主要用来提醒员工们注意安全、减少浪费及报道重要事项。像所有好的广告牌一样，海报的份数不可太多。同时应该避免在同一个地方贴得太久，因为日久天长，员工们会熟视无睹或根本不会注意。

4. 增强员工对高尔夫球会的归属感

（1）高尔夫球会通过广告、捐款等形式参加一些社会公益活动，如赞助国际国内的重大体育比赛、慈善福利与救灾活动等，以提高高尔夫球会在社会上的知名度和良好的声誉，激发员工的自豪感。

（2）经常召开员工会议，简要介绍高尔夫球会近况并听取员工的建议，让普通员工也参与高尔夫球会的重大决策，从而使他们成为高尔夫球会的主人翁。

（3）逢年过节，尤其是遇到高尔夫球会周年庆典，应该举办员工聚会、展览会、成果报告会等，展现和表彰高尔夫球会近年来的发展成就，同时感谢员工的支持与合作，以鼓舞士气。

（4）设立员工意见箱，让员工畅其怨言，对这些怨言要予以解释，至少要做到有问必答，并保证把员工的抱怨（比如对上级的不满）作为高尔夫球会机密予以保密，以避免泄露后员工受到打击报复。

（5）经常举办舞会、郊游、技能竞赛等各种文娱活动，以联络员工之间的感情，协调他们的关系。

（6）在员工的工作环境、健康保健以及食堂伙食等方面，也要经常予以必要的重视和关心。

（7）定期邀请员工家属来高尔夫球会参观访问，向他们介绍高尔夫球会的历史和成就，感谢他们以往的支持，以取得今后更多的帮助。

（8）高尔夫球会应有自己的口号、歌曲、徽章及制服等，这种形式上的统一可以增强员工心理上和精神上的归属感。

5. 与员工中的“意见领袖”打交道

（1）行为科学认为，组织中存在着某种与按照编制建立的正式组织不同的非正式组织或仅仅因为情投意合而结成的群体，而他们甚至可能连本人也没有明确地意识到这种组织的存在。非正式群体的存在是一种客观现象，它也有自身的客观规律，如果加以妥善利用，就能够产生好的内部环境。公共关系人员要善于与这些非正式群体沟通，从而为良好的员工关系服务。

（2）公共关系人员在与非正式群体打交道时，要特别注意与非正式群体的“头头”即“意见领袖”协调好关系。这里所说的“意见领袖”，是指高尔夫球会中一些颇有影响的人物，他们并不一定比他们的同伴更有地位，却因为消息灵通、足智多谋，或有超人的胆识和品质，或因非凡的经历而赢得员工的信任，渐渐形成一定的影响力。由于他们的处境和地位都与普通员工基本一致，因此他们的想法和要求往往能集中体现广大员工的意志。

第三节　股东关系是公共关系的重点

一、完善处理股东关系

所谓股东关系就是高尔夫球会与投资者的关系，也叫“金融公共关系”或“财务公共关系”。处理好股东关系是公共关系的一项重要任务。股东关系中所包含的公众一般有三类：一类是人数众多的股票持有者，他们虽然不直接掌握高尔夫球会的经营权，但十分关心高尔夫球会的赢利状况；一类是董事会，董事会成员一般占有较多股份，他们或是社会名流，由股东选举产生，代表股东管理高尔夫球会；还有一类是专业的金融舆论专家，如证券分析家、股票经纪人、投资银行家以及金融新闻工作者，他们对广大投资者的判断具有影响力。

股东关系涉及高尔夫球会的“财源”，因此与高尔夫球会的生存和发展休戚相关。股东关系的基本目的是争取股东和潜在的投资者，创造有利的投资环境和气氛，稳定已有的股东队伍，吸引新的投资者，扩大高尔夫球会的财源。

高尔夫球会的公共关系部门在处理股东关系时，有一个既定的方针目标，就是想方设法地鼓励股东关心球会的经营活动，把股东利益与球会利益尽可能紧密地结合起来，使股东成为球会经营活动中积极的支持者。

二、与股东联系的方式

1. 写信

高尔夫球会应从股东购买第一股股票开始，就发出欢迎信与他建立通信联系，即使他抛出最后一股股票，也要发出告别信，表示遗憾和歉意。

2. 年终总结报告

年终总结报告是高尔夫球会与股东进行信息交流的主要手段，也是高尔夫球会向股东汇报一年来经营情况的最重要手段。年终总结报告的内容应该尽量详尽无遗。

3. 寄新落成的设施的照片

这样能使股东充分了解高尔夫球会最新设施的信息。

4. 召开会议

遇到高尔夫球会周年庆典、新高尔夫球场、新会所、新的设施开张及重大决策性问题时，可以邀请主要股东前来参加庆贺或讨论。

5. 个人拜访

有些重大问题如涉及几个重要股东时，高尔夫球会代表应前去登门拜访。

6. 电话联系

三、年终总结报告编制方式

年终总结报告是高尔夫球会与股东信息交流的主要手段，在一定程度上甚至关系到高尔夫球会的命运，因此撰写年终总结报告是公共关系人员的重要职责。

1. 年终总结报告的预先准备

年终总结报告的许多统计资料，尤其是年终总结报告的重心“决算资料”，往往不到年末的最后一分钟是拿不出来的，但报告的编写却不能等到决算资料出来后才开始，应该早做准备。大多数高尔夫球会都在分发年终总结报告之前的6个月就开始着手准备了。

2. 年终总结报告的编排方法

年终总结报告要把高尔夫球会负责人致股东函、盈亏统计表等放在前面，而将有关的统计图表和必要的说明书放在后面。中间可加上其他的内容，如高尔夫球会一般新闻、其他图表、照片以及新的服务设施的画面等，以增加年终总结报告的吸引力和可读性。

3. 注意写好致股东的信函

许多年终总结报告的开头往往是高尔夫球会领导给股东们的信函，这是向股东报告情况的最有效方法。信不能太长，要避免冗杂、夸张，要用一般股东都能理解的文字。信中除了报告高尔夫球会的一般业务外，也要说明赢利记录、股利政策、业务改进成果、新的服务设施、球会远景等。报告中还应该坦诚地检讨球会经营中的不足并对球会发展有贡献的股东表示慰勉之意。

4. 尽量多使用图表而少用文字

用清楚明白的图片作说明，比由长篇大论的文字和数据构成的报告更容易引起阅读兴趣，也容易使人看懂。画面不要太复杂，一张图表最好不要有三条以上的主线，否则对股东无益，反而会使他们感到迷惑。

5. 年终总结报告的印刷装帧

公共关系人员应该凭着自己对股东的了解，并参照其他高尔夫球会的做法，把年终总结报告的印刷装帧做到高雅、美观、充实而适当。

6. 年终总结报告的分发

在分发年终总结报告时，应该同时在当地报纸、广播、电视的工商新闻栏里发布新闻。分发形式一般是邮寄给股东，也有在股东会上分发的。年终总结报告应该大量印刷以备索取。如果球会正准备加强股票发行或鼓励员工购买的话，那么员工也就是潜在股东了，自然也应该把年终总结报告分发到他们手中。

四、召开股东年会操作流程

程序一：发出通知书

（1）通知书和邀请书的行文应该郑重其事，印刷质量必须精致。

（2）通知书和邀请书应该尽早寄出，至少在会议召开前两个星期送到股东手里，便于他们安排时间，准时赴会。

（3）有关会议召开的信息最好先在一些传播媒介披露，以示郑重。

程序二：会场选择

（1）会议地点的选择，应考虑股东们交通是否便利。

（2）场所应尽可能高雅、舒适、设备齐全。大多数股东年会都选择在自己的球会中召开。

程序三：议程设置

（1）会议必须按程序进行，不能形式主义地走过场，要让股东充分意识到，是由他们来决定一切的。

（2）会议主持人必须掌握好时间，使会议进行得迅速而有效。会后，可依照股东的意愿组织游览活动。

程序四：设施准备

（1）事先做好会议所需的准备工作，如布置横幅标语、展览厅等，尤其是音像设施，一定要注意不要让它发出刺耳的声音。

（2）会议安排不当会引起股东们的不满，从而导致股东们对高尔夫球会组织能力产生怀疑。

程序五：设置茶点宴会

（1）提供点心、举行便宴和聚餐。

（2）做出妥善合理的安排，既不要奢侈浪费，也不要过于简陋。

程序六：新闻报道

（1）邀请大众传播媒介，至少要把当地各主要新闻机构的记者请来，专门设置记者席。

（2）派专人负责接待，向他们提供有关的情况和材料，随时为他们的采访提供方便。

程序七：善始善终

（1）把大会的每一个议程及每一位股东的每一句发言都记录下来，并立即整理好，争取在股东还没有离开以前分发到每一位与会股东手上。

（2）如果有些股东没有参加会议，则务必把会议的全部过程和内容写成简报，及时通报他们。

第四节　高尔夫球会部门关系是重要课题

处理好高尔夫球会内部各职能部门之间的关系是高尔夫球会内部公共关系关注的重要课题。部门关系是否协调，直接关系到高尔夫球会经营管理水平的高低。

一、重视高尔夫球会工作协调性

高尔夫球会部门工作的协调是指在一定时期内通过各种方法和措施，对影响部门协调的因素进行调节与控制，使其在服务工作、服务时间、服务意识上能相互和谐一致，默契合作，顺利而有效地如期完成任务。为达到这个目标，员工就得注意前后左右以及纵横的联系，及时沟通信息，赋予球会这座无生命的设施以新的生命活力，让客户能感到愉快、欢乐，不但去而复返，而且还能不断带来新的客户。

二、影响高尔夫球会部门协调的因素

1. 高尔夫球会工作性质影响部门协调

高尔夫球会工作十分烦琐复杂，使各部门的工作具有专业性的分工，各部门在业务经营上有不同的目的、任务与作用，不同的服务时间与过程，从而会影响部门之间的协调。虽然各部门有各自的目的和任务，但部门目标的实现不等于球会整体目标的实现，往往有的部门在竭力实现本部门目标时对其他部门毫不顾及，影响到其他部门甚至球会整体目标的顺利实现。

2. 高尔夫球会组织结构影响部门协调

（1）各个部门是球会中层组织，这样的组织结构本身对各部门之间关系的协调有至关重要的影响。

（2）各部门机构独立，容易产生各自为政、无须连接的弊端，使部门之间产生隔阂，难以默契配合。

（3）如果部门之间职责不清，权限不明，利益不均，就会影响到它们的关系协调。职责不清往往是不充分履行义务和推卸责任的借口；权限不明会直接影响到职责的履行；利益不均容易产生部门之间的对立情绪。这可能是组织机构设置时的问题，也可能是机构运行时逐渐产生的问题，还可能是二者兼而有之。

（4）部门自身内部的不协调、调整部门或增设新的部门，都会给部门之间的协调带来影响。

3. 部门内部人际关系的协调对部门之间的协调具有很大的影响

（1）由于部门员工的经历不同、所处环境各异以及受教育程度的差异等，他们各有自己的观念，对具体事情会持不同的意见。若不正确对待，往往会各执一端，互不相让，从而影响工作上的配合。

（2）个人或集体之间的利益冲突，部门成员为着各自利益或部门的利益形成局部冲突，直接影响部门之间和谐一致地工作。

（3）非正式组织的存在既有积极作用，又有消极作用，它的消极作用会影响部门之间互相支持配合。

4. 来自管理本身的因素对部门协调有着直接的影响

（1）信息系统不灵敏，将使各部门之间信息沟通不畅。信息就是生命，高尔夫球会信息系统呆滞，信息不灵通，势必影响部门之间的紧密合作。

（2）规章制度不完善，或有完善的制度而没有认真地实施，会导致部门之间发生分歧，无章可循、无规可依，或有章不循、有规不依。

（3）上层管理者调节控制的方法不当、措施不力，会导致执行中不能协调共进。

三、高尔夫球会部门关系协调方式

1. 确定高尔夫球会的总目标

高尔夫球会各部门之间是否协调，关系到能否实现高尔夫球会的总目标；反过来，只有让中层管理者和其他员工都深刻地认识到高尔夫球会的总目标，才能协调好部门之间的关系，使各部门自觉地为之努力，并且将员工个人目标融入其中，使其成为高尔夫球会紧密团结的内聚力与不断前进的动力。

2. 建立以公共关系部为中心的信息系统

公共关系部要采用内部刊物、员工手册、黑板报、照片宣传栏、闭路电视、内部广播系统以及会议、座谈、文娱活动等沟通手段，及时向球会各职能部门传递有关信息，保证球会经营、服务规格的协调一致，促进管理，提高球会的总体管理水平。

3. 增进了解，创造融洽气氛

利用各种渠道和形式，增进管理者之间、员工之间、管理者与员工之间的相互了解，创造和谐融洽的工作环境与气氛。可利用的沟通方法如节日联欢、茶话会、组织旅游活动和文娱体育活动等。同时，要重视高尔夫球会内非正式组织的作用，扬其长、避其短，使其为部门协调服务。

4. 健全高尔夫球会的规章制度

明确各部门、各岗位的职责、权限和利益，以避免由于职责不清、权限不明、利益不均而引起的摩擦、纠纷与冲突。要制定和完善服务规程，使高尔夫球会服务规范化、系列化、系统化，使各部门在服务内容、服务时间、服务过程上相互协调，使各个服务环节有序地协调进行，形成完整的服务体系。

第十三章　高尔夫球会外部公共关系管理

第一节　高尔夫球会外部公共关系特性

与一般工商企业相比，高尔夫球会的生存和发展更依赖于外部的环境。高尔夫球会开展各种经营活动，要与各种各样的参与者和竞争者打交道，包括高尔夫同业、旅行社、社区、政府主管部门、广告公司、新闻机构及竞争高尔夫球会等。这些参与者和竞争者构成了高尔夫球会的外部公众。从市场营销的角度来看，高尔夫球会的外部公共关系是越来越重要了。

协调与外部公众的关系和树立良好的高尔夫球会企业形象，这是高尔夫球会外部公共关系的两个重要任务，而这两者又有密切的联系。高尔夫球会与外部各类公众的关系越是协调，高尔夫球会在社会上的良好形象也越容易建立；球会的社会形象越好，它与外部各类公众的关系也更易于协调。

开展积极的对外公共关系活动，有利于促进高尔夫球会经营活动与整个社会活动的有机结合，有利于协调球会利益与社会整体利益，有利于帮助球会制定正确的决策，可对球会声誉产生积极的影响。

由于高尔夫球会与一般企业在性质上有所不同，所以在外部公共关系方面有它自己的特殊性。

一、接触范围的广泛性

市场范围的广泛性决定了高尔夫球会必然要和社会各界发生广泛的联系。从对外公共关系活动的具体对象来看，其范围大致包括客户、客源机构、客户单位、新闻界、广告商、政府机构、社区、同行业高尔夫球会等。这里既有协作关系、供求关系、交往关系，又有竞争关系、信誉投资、感情投资等。正确处理外部公共关系，就是要区别各种不同关系的性质，分析对方的动机、目的、需求和心理，既要向他们传播高尔夫球会的产品和服务，又要通过他们收集各种信息。

二、活动内容的频繁性和琐碎性

高尔夫球会公共关系工作和高球运作、会所管理及前台接待等部门的工作性质不同，后者工作内容比较固定，活动安排有一定的程序，前者则以对外交往为主。高尔夫球会的经营是一种社会服务性行业，高尔夫球会是各种公共活动的场所。因此，从对外公共关系的工作对象来看，它的活动是频繁的、琐碎的。

三、消息渠道的多样性和复杂性

高尔夫球会公共关系的主要手段是传播，即一是沟通信息，二是策划宣传，所要追求的往往是二者的综合效应。但高尔夫球会公共关系的信息渠道是多样的、复杂的，这是由球会和外部各类公众广泛的联系和交往决定的。公关人员要充分注意这一特点，利用各种信息沟通渠道和传播宣传渠道来开展外部公共关系。

第二节　客户关系是高尔夫球会的重要组成部分

一、客户关系的组成

1. 宣传广告与客户的关系

高尔夫球会的宣传广告包括招牌、明信片、广播电视及报纸与杂志上的广告，必须如实反映高尔夫球会情况，来不得半点虚假，更不能加以夸张、哗众取宠、欺骗客户。在国外，客户有权根据广告宣传的内容与实际遭遇进行对比，作出判断，然后确定是否向法院起诉，向高尔夫球会索取赔偿，因为他们发现"货不对路"。

2. 客户踏入球会时与高尔夫球会的关系

当客户踏入高尔夫球会大堂向总服务台走来时，服务员要笑脸相迎，热情、友好、耐心地如实介绍高尔夫球会的一切情况，借此给客户留下难忘的印象。不管客户是否打球或消费，热情友好的接待会使高尔夫球会的形象留在客户脑海之中。

3. 客户在球会消费时与高尔夫球会的关系

（1）当决定在球会消费时，客户与高尔夫球会的关系就像生意洽谈成功一样，互相签订了合同。高尔夫球会的营业实质上体现了客户在球会消费与高尔夫球会的合同关系。客户必须履行缴交费用的义务，同时得到高尔夫球会服务的权利；高尔夫球会必须履行为客户提供优质服务的义务，同时得到收费的权利。

（2）高尔夫球会的管理人员和服务人员要十分注意和客户搞好关系，因为高尔夫球会与客户之间构成合同关系之后，高尔夫球会是要承担一定的法律责任的。

4. 客户离开球会后与高尔夫球会的关系

（1）客户在球会消费以后，高尔夫球会应首先征求客户意见，是续订消费还是结账，不要马上就给客户结账。客户离开球会后，彼此没有合同关系了，但另一种关系依然还存在，那就是公共关系。为争取客户以后再来球会消费，高尔夫球会可寄一些征求意见信、纪念品等，以加强同客户的联系。

（2）目前许多高尔夫球会没有做到这一点，可能是条件不具备，或者是未意识到这个问题的重要性，没有主动地争取客源。其实，高尔夫球会的竞争非常激烈，应该盯住客源不放。高尔夫球会除了原有球会会员的资料外，对每一位来球会消费的客户都应设有客户资料卡，经常保持联系。

二、建立良好客户关系的目的

高尔夫球会同客户建立良好关系所要达到的目的，最基本的一条是为了在客户中建立信誉和争取支持，而不是直接为球会赚取利润，一切相应的公共关系工作都要以此为中心来进行。

三、建立良好客户关系的方式

1. 直接与客户打交道，收集第一手资料

高尔夫球会公共关系部应把客户关系当作其工作职能的重要组成部分。设立专员（客户/会员事务部）定期在球会客户活动的各种场所与客户直接接触，了解他们的反应，掌握第一手资料，并与各部门沟通。

2. 设置客户意见书，倾听客户的意见

（1）设置客户意见书，侧重征询客户对高尔夫球会各方面的意见，以利于改善服务。

（2）意见书可使用各种颜色、不同标志来代表某个部门、某种服务以及各种不同的意见，客户一看就能提出自己的意见，在自己认定的某项或某种颜色的空格里打个记号即可，而不需要写什么文字，所花时间极少。这样既方便客户，又有利于收集更多的信息。

（3）客户意见书每月由公关部汇总统计一次，并把统计结果转发各部门，以利于寻找差距、发扬优点、改善服务工作。

3. 保持与客户的联系，密切客户关系

（1）注意与会员、常客、大客户及知名人士维持良好的密切关系。定期向他们发信，通报球会的最新情况，如服务项目及特色的增加、服务的时间变动、价格变动、有哪项业务推广等。

（2）重点建立、保存这类客户的有关档案资料，如打球次数、日期、消费水平、生日等，以利于给他们提供更完善的服务。

（3）定期向会员、常客赠送礼品等。

（4）逢重大节假日或高尔夫球会周年庆等，举办酒会或其他活动招待相应的客户，充分利用这些直接的社交形式和聚会密切与客户的关系，了解他们的需求。

4. 通过有关活动，沟通客户感情

（1）由高尔夫球会出资赞助一些特殊活动，如会员同乐日、灯火晚会等，使高尔夫球会全体员工与客户同乐，以沟通感情。

（2）一家或几家高尔夫球会联合编辑出版《客户通讯》这类定期或不定期的刊物，及时介绍高尔夫球会的发展情况及旅游知识等，使客户可以较详细地了解高尔夫球会及其服务。

（3）通过和报刊、电台、电视台联系，公共关系人员撰写新闻或拍摄新闻照片，或让新闻记者来采访，借助大众传播媒介向客户宣传介绍高尔夫球会的情况。

5. 开展礼貌服务活动，提高服务水准

在高尔夫球会员工中定期开展“礼貌大使”、“每月最佳员工”、“微笑服务”等评比活动，让客户直接投票选举最佳员工。这是置员工的服务工作于客户的监督之下，促进员工提高服务水准、密切与客户关系的一种有效方式。

6. 重视客户来信的处理

对客户来信提出的问题要迅速调查了解，复信报知客户处理结果，并对其关心高尔夫球会的工作表示感谢。

四、处理客户投诉技巧

（1）设专人负责处理客户的投诉并设置一个专门接待室，在陈设安排上也要尽量给投诉者一种亲切感。由女性来承担这项工作比较合适，因为女性的微笑容易使暴怒的投诉者趋于平静。

（2）凡遇投诉，首先必须做到诚恳、耐心地倾听，边听边表示同情之意，争取在感情和心理上与投诉者保持一致，千万不要客户话还没听完就开始解释或辩解，这很容易引起投诉者的反感。

（3）倾听完投诉后，负责接待的公关人员必须立即表明态度，其中首要的态度是向投诉者表示真心实意的感谢，把他们的投诉看作是对高尔夫球会的爱护。

（4）投诉者往往带有强烈的情绪，通常在投诉的场合，客户总是先把不满意、不愉快甚至愤怒的情绪爆发出来。一个有经验的公关人员会很巧妙地先使投诉者的情绪平息下来，或者说善于将其“滤”出去，找出投诉的事因和客户所具体要求解决的问题。

（5）如果客户投诉合理，当即表明处理态度，立即与有关部门取得联系。如果是服务态度问题，马上赔礼道歉，最好让当事职员自己来表示歉意。如果投诉的问题不能马上处理，应该向客户保证负责日后转告处理结果，但也不要轻易许诺。

（6）要以积极的态度对待客户的投诉，相信大多数客户的投诉都是合情合理的，即使遇到个别爱挑剔的客户，也应本着“客户至上”的宗旨，尽可能地满足其要求。

（7）在处理投诉的过程中要始终保持礼貌、友善的态度，这是缓和紧张气氛的一剂良方。

（8）如接到信函投诉，应记下对方通信地址，待处理完立即向对方函告。请注意，千万不要使用各种铅印的格式化复函，而应以公关部门的负责人甚至总经理的名义拟就函告回复投诉人。

第三节　中介公司与旅行社是重要客源销售渠道

中介公司与旅行社是高尔夫行业最重要的销售渠道。中介公司与旅行社不仅为高尔夫球会提供了销售机会，而且已经成为高尔夫球会营销体系中不可缺少的组成部分。因此，许多高尔夫球会制订了加强与中介公司和旅行社合作的计划。

一、中介公司与旅行社关系内容

中介公司与旅行社在选择高尔夫球会时，除了高尔夫球会的声誉外，主要考虑三个因素：客户到达后，高尔夫球会能否按预定的协议安排打球与住宿；高尔夫球会是否专门为中介公司与旅行社提供免费预订网络；高尔夫球会经营管理人员对中介公司与旅行社的态度。

自然，中介公司与旅行社为不同的旅客安排打球与住宿时，选择高尔夫球会的标准也有所不同。在处理与中介公司和旅行社之间的关系时，高尔夫球会要考虑以下几个方面的问题：

1. 高尔夫球会是否具有吸引力的分析

高尔夫球会公关人员应全面分析高尔夫球会的位置和设施，以便了解高尔夫球会是否对中介公司与旅行社具有吸引力。

（1）高尔夫球会是位于旅游目的地，还是位于团体客户到目的地的途中？

（2）高尔夫球会位于市中心，还是位于郊区？

（3）高尔夫球会是否邻近娱乐活动场所？高尔夫球会是否提供娱乐活动场所？

（4）高尔夫球会是否有完善的膳食设施？

（5）高尔夫球会内是否有商品部？附近是否有商业中心？

（6）高尔夫球会会所是否设置住宿设施？

2. 了解中介公司与旅行社

公关人员应设法了解相关的中介公司与旅行社，分析本高尔夫球会所能给予它们的利益，然后通过直邮函件、电话等方式，与这些中介公司与旅行社建立联系。

3. 确定应吸引的中介公司与旅行社

不同的中介公司与旅行社是为不同的客户服务的，公关人员必须客观地分析高尔夫球会在客户心目中的形象以及高尔夫球会的价格，选择适当的中介公司与旅行社。

4. 研究接待旅游团体能获得的利益

管理人员和公关人员必须分析和比较高尔夫球会接待各种类型的中介公司与旅行社团体所获得的经济效益，并作出是否要接待旅游团体的决定。

二、公共关系部门工作任务

高尔夫球会公共关系部门负责调查中介公司与旅行社对球会的态度，并负责与中介公司和旅行社的通信联系，向球会有关部门提出中介公司与旅行社关系政策的建议，随时把球会的最新政策与决定、发展的情况告知中介公司与旅行社，以便互相磋商，不断进行合作。

公共关系部就中介公司和旅行社的任务与其进行沟通，希望达到下述目的：

（1）让中介公司与旅行社了解高尔夫球会在社会上的良好声誉，以提高对高尔夫球会的信心。

（2）让中介公司与旅行社了解高尔夫球会的良好设施和优质服务，使其能够对高尔夫球会需要的客源有较清楚的了解。

（3）寻求供需双方的共同利益所在。

（4）让中介公司与旅行社了解高尔夫球会销售人员的工作方式和个人情况。

（5）维持与中介公司和旅行社的友好关系，予以公平的待遇。

（6）促进中介公司与旅行社和高尔夫球会的长期合作，谋求共同发展。

三、处理和中介公司与旅行社关系的方法

（1）向中介公司与旅行社提供各种促销资料。

（2）组织中介公司与旅行社人员参观高尔夫球会，使中介公司与旅行社了解高尔夫球会的产品和服务。

（3）举办展览，邀请中介公司与旅行社参加。

（4）通过函件、人员访问、放幻灯片和电影、在相关杂志上刊登广告等方法，使中介公司与旅行社随时了解高尔夫球会的各种变化和计划、新的产品和服务以及高尔夫球会所在地的特殊事件。

（5）撰写年度报告书，向中介公司与旅行社发送。

（6）采用新技术，使中介公司与旅行社能够直接向高尔夫球会预订，建立中介公司与旅行社预订专用网络，并及时将预订规定通告中介公司与旅行社。

（7）建立合理的奖惩制度，激励中介公司与旅行社实施合作。

（8）协助中介公司与旅行社进行推销活动。

（9）征询中介公司与旅行社对高尔夫球会工作的意见，定期向中介公司与旅行社介绍客户的看法和反应。

第四节　社区关系与高尔夫球会利益息息相关

社区关系也叫区域关系、地方关系，即一个组织与所在地的政府、社会团体、其他组织以及当地居民之间的关系。

一、高尔夫球会与社区利益息息相关

（1）高尔夫球会从地方得到可靠的后勤服务，如电力、水、交通等，这对球会来说是至关重要的。

（2）高尔夫球会希望地方对本企业征收的各项税费合理，缴纳税费的比率稳定。

（3）高尔夫球会为地方提供就业机会，地方为高尔夫球会提供所需的人力。球会中的许多员工就是当地社区的居民，从这个意义上说，社区关系是高尔夫球会内部员工关系的延伸。

（4）高尔夫球会作为法人，也是社区的居民。高尔夫球会必须遵守地方的法令法规，争取地方政府的支持，这样，社区关系又带有政府关系的性质。

（5）高尔夫球会作为公民，对社区的社会公益事业负有义务，不可避免地要与当地各种民众团体打交道、与当地的舆论机构打交道。

（6）良好的社区关系可以为高尔夫球会争取一个友善的社会环境。

二、社区关系建立目标

（1）在不断提高球会经济效益的基础上，争取向社区缴纳更多的税收，以增强社区经济实力。

（2）采取各种形式帮助促进社区的经济繁荣，如提供资金等形式。

（3）在高尔夫球会自身的发展中，努力创造条件为社区劳动力提供就业机会。

（4）支持、帮助社区的公益活动，资助社区的教育文化事业，包括资助敬老院、残疾人基金会等各种福利事业。

（5）宣传社区的名胜古迹，吸引游客以发展社区的旅游业。

（6）高尔夫球会要以自己良好的形象和广泛的声誉为社区增添荣耀。

（7）协助社区维持治安秩序，保障公共安全。

（8）履行公民的其他义务和责任。

三、实现社区公共关系方式

（1）采用传播方法，经常不断地向社区介绍高尔夫球会的情况，提高球会在社区公众中的美誉度，疏通与社区在信息层次上的双向沟通，不断增进与社区公众的友好感情，以取得社区更多的支持。具体方法可以是：召开以社区公众为对象的招待会、座谈会和当地员工的家属会议；逢球场周年庆典和节日活动，邀请社区代表前来参加；对社区的各种活动也要派人前去参加；邀请社区公众参观高尔夫球会等。

（2）要深入调查公共关系状态，在社区公众因某些问题对高尔夫球会产生不满或误解时，要及时沟通、解释，把问题解决在初始阶段。

（3）在发生意外事故时，要善于应变。要及时、全面、真实地把事故的实际情况、造成的原因和处理情况向社区公众传播。

第五节　行政关系属于公共关系重要组成部分

一、政府关系基本内容

1. 熟悉政策法规，指导高尔夫球会经营

政府通过政策法令来管理社会，高尔夫球会的一切活动都必须在政策法令范围之内进行。违反政策法令的事不仅有害于社会，也有害于球会本身的利益。行政关系的一项主要内容，就是熟悉政府所颁布的政策法令，随时研究政策法令的变动情况，注意按照政策法规来修正高尔夫球会的方针和实际活动。此外，政策相对于法律来说，灵活性、变通性大一些，有关政策条文都有具体的解释，如果能吃透政策，就能最大限度地使企业受惠。公共关系部门应有专人研究政府的政策法规，为高尔夫球会提供决策依据。

2. 熟悉政府办事程序，提高办事效率

政府机关有不同的层次。其中有比较高层次的间接领导关系，也有较低层次的直接管理关系，企

业与政府日常打交道的主要对象是各主管部门或一些相关的具体部门，而并不需要与政府中的所有部门都打交道。如果熟悉政府机构的内部层次、职能划分和办事程序，与主管部门的工作人员保持应有的联系，就可能减少诸如“踢皮球”和“公文旅行”的现象，提高办事效率。

3. 采取积极行动，保持渠道畅通

高尔夫球会在处理政府关系中并不是完全被动的，例如在意见沟通方面，公共关系人员完全可以发挥主动性。政府推行的许多政策都是依据下面的实际情况制定的。球会要想争取有利于自身发展的立法和政策，就需要不断地、及时地将各种信息和情况上传到政府的有关部门。当某个环节发生人为的阻碍时，应设法予以疏通，或者诉诸更高层次的领导。因此，要保持渠道的畅通，保持基本的联系，使政府了解组织的基本情况和发展变动情况。在这方面，要注意把握机会，利用诸如新高尔夫球会落成剪彩、高尔夫球会开业周年庆典、经营成果展览等高尔夫球会的一切重要活动，邀请政府主管部门领导人出席，增强他们对高尔夫球会的了解。

二、高尔夫球会开展政府关系的必要性

公共关系要按照自己的特点，通过信息沟通的手段去争取达到与政府公众相互了解、相互适应的目的。因为过去企业与政府打交道是很少从公共关系的角度去思考问题的，从公共关系的角度就要根据高尔夫球会与政府之间关系的具体状况不断研究需要沟通的内容，一方面要使高尔夫球会遵守政府的政策、法令，在允许的范围内灵活机动地开展经营活动；另一方面又要通过沟通，使政府有关部门及时了解高尔夫球会的有关情况，尽可能地争取政府考虑球会的利益和需要，给球会以必要的帮助和支持。

三、高尔夫球会行政关系的处理方式

（1）直接沟通。高尔夫球会直接与政府有关部门联系，包括正式的工作接触和在高尔夫球会举行宴会以及进行其他活动时与政府有关部门的非正式接触。其方式除了人际接触外，也包括阅读政府各部门颁发的文件、听取报告以及双方的电讯和公函往来等，在接触中实现信息沟通。

（2）间接沟通。借助新闻媒介等中介渠道，把高尔夫球会的情况向政府公众传递，同时也通过研究政府在新闻媒介发布的政令、通告及与高尔夫球会有关的经济动态、经济信息，了解政府的动态和意图。

第六节　案例分析：公关调查对球会营销策划的作用

一、案例介绍

一位高尔夫专业方向的大学毕业生，来到一家高尔夫球会入职，被安排到公共关系部工作。由于对高尔夫球会公共关系管理内容与操作程序缺乏了解，感觉无事可做。后来，公关部主管提示了几个问题：

“在过去三年中，我们球会花在宣传推广上的经费共多少？目前我们球会的知名度如何？”

“我们周边的竞争对手有哪些？最大的是谁？竞争对手的强项是什么？”

“在我们球会营业旺季时，宾客的会员比例是多少？访客比例与嘉宾比例是多少？他们的身份及消费程度如何？”

“去年一年中因我们球会服务失误，引起宾客不满的事件有多少？服务不周的症结何在？”

这位公共关系专员竟张口结舌，无以对答。可见，高尔夫球会公共关系的工作，就是从这些极其普通而又极为重要的问题开始的。

为此，球会公关部实施了相应的调查研究，并对球会的营销策划起到了重要作用。

1. 日常调查

①问卷调查。

每天将表放在球会会所前台接待处和高球运作部的出发台，表中的项目包括宾客对球会的总体评价、对十几个类别的服务质量评价、对服务人员的服务态度评价，以及是否愿意成为球会会员，等等。

②接待投诉。

在球会会所设置“会员与宾客事务部”，24 小时轮班接待宾客反映情况，随时随地帮助会员及宾客处理困难、受理投诉、解答各种问题。

2. 月调查

（1）顾客态度调查。

每天向宾客发送调查问卷，每日收回，月底集中进行综合分析，根据量化分析，对相应的部门及人员给予奖励。

（2）市场调查。

各部门经理每月交流一次调查情况，互通情报，共同分析该时段的形势。

3. 半年调查

球会每半年召开一次营销策划汇总会议，相互交流、研究、商议经营方针。

这种系统的全方位调研制度，宏观上可以使球会决策者高瞻远瞩地了解高尔夫行业的形势，进而可以了解本地区的行情；微观上可以了解本球会每个岗位、每项服务及每个员工工作的情况，从而使他们的决策有的放矢。

综合调查表明，任何一家企业，光有较高的知名度是远远不够的，要想保持较高的“回头率”，主要是靠优质服务，使会员与宾客满意。那么，怎样才能使宾客满意呢？经过调查研究和策划，面对竞争，提出了“宾至如归方案”。计划中提出在 3 个月内对高尔夫球会上至总经理，下至一般服务员进行强化培训，不准请假，合格者发证上岗，并设立奖金，奖励先进。其宗旨就是向宾客提供满意的服务，使他们有宾至如归的感觉。随着这一方案的推行，球会的服务水平又有了明显的提高。

二、案例分析

公共关系不是一种盲目的、随意性的活动，而是有意识、有计划的行为，公关部的设置是搞好公关工作的组织保证。

公共关系工作不仅具有较高的艺术性，而且还有较强的科学性。俗话说，“无规矩不成方圆”，按照公共关系原理，公共关系工作程序分为四个步骤，即调查、策划、实施、评估，亦称“四步工作法”。调查研究是公共关系工作的第一步，是做好公共关系工作的基础和前提。公关部的经常性任务就是利用自身与各类社会公众之间的广泛联系，开展调查，获取信息，为组织的最高决策层提供信息保障。

当今社会已经步入了信息时代，信息对于一个企业来说至关重要。企业的决策离不开信息，而信息质量的高低又直接影响着企业决策的优劣。那么，企业应如何去获得高质量、高精确度的信息呢?最重要的一点，就是企业应高度重视和开展周密系统的调查研究工作。从公共关系的工作过程来看，公共关系始于调查研究，只有收集了大量信息，汇集了大量的资料和事实，才能进行有效的公共关系活动。

三、案例启示

显然，本案例中的该球会公关专员对公共关系的内涵缺乏了解，甚至存在误区，被一系列问题问得张口结舌，自然在所难免。其实，公关部主管提示的 4 个问题，体现了公共关系调查的重要性以及对球会营销策划的作用。

这个案例为我们提供了成功经验。球会在信息来源、采集方式、处理方法等方面都有自己的特点，形成了一个全方位的信息系统。信息的收集不仅仅局限于每天打球的宾客身上，还注意到了信息在空间上和时间上的发展变化。在立足于既定范围的信息采集与分析的同时，对全年、半年、月、日等不同时段的情况都加以监测，形成了全方位立体交叉的信息网络，既保证了信息来源的广度，又保证了信息的时效性和正确性，从而保证了较高的科学预测能力和科学决策能力。所以，在竞争日益激烈的市场经济条件下，企业要生存，要发展，就要重视日常的公关工作，重视信息的收集与整理，重视调查研究。

红邦企业
China Nation
让 战 略 实 现
中国最具合作价值的智业机构
China's Most Intellectual Agent with the Value of Cooperation
GOLF 經營與管理
《高尔夫经营与管理》
《用品商情》
《设计与建造》
《高尔夫球会管理流程》丛书1-5册
拥有多个杂志媒体出版权
gbmsoft 至邦软件
高尔夫专业管理系统
营业运作
+
采购管理
场地养护
+
多仓库存
拥有6项版权注册
成就高尔夫专业流程
Red Nation
红邦·咨询
以销售与策略见长
8年卓越进取
成就中国高尔夫专业营销品牌
150个以上高尔夫成功服务经验
会籍销售与运营管理五位一体服务
策划推广：广州市红邦信息技术有限公司
香港·广州·上海
网站：www.红邦企业.com 电话：86（20）8162 4887 传真：86（20）8162 4889
电邮：gbm88@126.com / gbmsoft@126.com / chinanation@126.com

第十四章　企业危机公关管理

第一节　危机公关管理的重要性

公共关系是一项管理功能，通过制定政策及程序来获得公众的谅解和接纳。危机公关具体是指机构或企业为避免或者减轻危机所带来的严重损害和威胁，从而有组织、有计划地学习、制定和实施一系列管理措施和应对策略，包括危机的规避、控制、解决以及危机解决后的复兴等不断学习和适应的动态过程。

一、危机公关管理的特性

危机公关指的是由于企业的管理不善、同行竞争甚至遭遇恶意破坏或者是外界特殊事件的影响，而给企业或者品牌带来的危机，企业针对危机所采取的一系列自救措施，目的是消除影响、恢复形象等。广义地讲，是指从公共关系角度上对危机的预防、控制和处理。而另一层定义是指组织在自身运作中对发生的具有重大破坏性影响、造成组织形象受到损伤的意外事件进行全面处理，并使其转危为安的一整套工作过程。

危机公关具有突发性、破坏性、不确定性、急迫性、信息资源紧缺性和舆论关注性等特点。

（1）突发性。危机往往都是不期而至的，令人措手不及，危机发作一般是在企业毫无准备的情况下瞬间发生，给企业带来的是惊恐和混乱。

（2）破坏性。危机发作后可能会带来比较严重的物质损失和负面影响，有些危机可使企业毁于一旦。

（3）不确定性。事件爆发前的征兆一般不是很明显，企业难以作出预测。危机出现与否与出现的时机是无法完全确定的。

（4）急迫性。危机的突发性特征决定了企业对危机作出反应和处理的时间十分紧迫，任何延迟都会带来更大的损失。危机的迅速发生引起了各大传媒以及社会大众对于这些意外事件的关注，使得企业必须立即进行事件调查与对外说明。

（5）信息资源紧缺性。危机往往突然降临，决策者必须作出快速决策。在时间有限的条件下，惊恐和混乱的心理使得获取相关信息的渠道出现瓶颈现象，决策者很难在众多的信息中发现准确的信息。

（6）舆论关注性。危机事件的爆发能够刺激人们的好奇心理，常常成为人们谈论的热门话题和媒体跟踪报道的内容。企业越是束手无策，危机事件越会增添神秘色彩，引起各方的关注。

二、危机公关意识的建立

危机事件处理得好就会转变为企业的机会，处理不好则会严重损害企业的利益。企业的经营者应始终心存危机意识。

历数多年来发生过危机事件的企业，谁曾想到过自己的企业会出现危机事件？如果已经预料到事件的严重性，相信任何一个经营管理者都会果断采取措施予以规避，所以说危机事件的出现具有明显的意外性。互联网的发展，使得各种信息传播迅速，过去是利用媒体揭发问题，如今每个人都可能是问题的揭发者。一旦问题出现就会立刻形成舆论压力，这种压力具有破坏性，破坏企业的声誉及形象。如果进一步发酵升级，破坏力将会持续放大，使企业长期处于舆论焦点，这就是所谓的聚焦性。建立和完善危机公关意识是现代企业家无法忽视的课题。

三、危机事件对企业造成危害

危机事件会严重降低品牌美誉度，俗话说，“你有一百个好都是好，有一个不好就全不好了”。企业苦心经营的品牌也许只要一件危机事件就足以受到重创。品牌是企业的核心资本，受众对企业的了解全部集中在对品牌的认知上，当品牌受到重创时生意又会如何呢?

危机事件的持续发酵将扩散至企业其他领域，也令别有用心的竞争对手有可乘之机，使企业处于危险境地。

事实上，危机事件对企业会形成一种无形的打压力量，使企业长期处于被动位置，而且极易成为舆论话题。在中国，关于奶粉的危机事件令人关注，此事件不仅毁掉了企业，也几乎毁掉了整个行业。时至今日，人们对国产奶粉的信任度仍然相当低，其威力不言而喻。

总之，危机事件不是孤立存在的。建立和完善危机公关处理机制，形成全员的危机意识对企业有百利而无一害。

第二节　危机公关管理失当引致危害

一、侥幸心理的危害

企业在同行或竞争对手发生了危机事件时，由于时间或区域的原因，企业往往会认为危机与己无关，从而任由事态的发展。

事件一：毒奶粉事件

当年毒奶粉事件出现后，整个行业受到打击；国产奶粉不分品牌和产地被统一贴上了“国产奶粉”的标签，产量、销量受到巨大影响。虽然毒奶粉只涉及很少的企业，但其他大多数躺着也中枪的奶粉企业因为缺少对危机事件的认识，存在侥幸心理而没有采取相应的公关活动，最后导致国人对整个行业失去信任。

分析总结：企业普遍存在危机意识缺失状态。

二、鸵鸟政策的危害

企业在危机来临的时刻总是想着如何躲避媒体的采访，这就是鸵鸟政策。一味地躲避，不面对事实，也不配合媒体进行舆论的疏导，这样的做法显然无助于危机的解决。

鸵鸟遇到危害时总是把自己的头埋在沙子里，殊不知整个身子就暴露在外面。用鸵鸟政策面对危机事件，是较为愚蠢的危机公关管理方式。舆论不会因为企业的躲躲闪闪而放弃关注，这种聚焦性或因为企业的不配合而变得更强，对企业的伤害也更大。当企业躲躲闪闪地面对舆论时，各种版本的猜测和杜撰便会浮出水面，使原本简单的事件变得扑朔迷离，引起更多猜测。

事件二：活熊取胆事件

A 企业在活熊取胆事件中对于媒体提出的要求没有给予充分的满足，使媒体转而从其他渠道获得信息资源，这些信息是否完全符合真相存疑，但这完全是企业本身没有正面配合所造成的后果。另外，在开放熊园时给媒体极短的时间采访，似乎在故意掩盖什么，又引起诸多猜测，对企业造成极其严重的伤害。

分析总结：鸵鸟政策看似温和的表象下实则存在巨大隐患。

三、推卸责任的危害

在企业认为媒体及公众都不知晓事件原委的情况下，一些企业会抱着推卸责任的态度，认为反正这样也无人知晓。这种心态是错误的，纸终究包不住火，推卸责任也许对短期经营有效，但长远来看，事情终究会被曝光，而企业不但失信于广大受众，还失信于媒体。

事件三：猪肉肉蛆事件

B 企业的猪肉肉蛆事件给自身企业造成相当大的信任危机，对品牌造成一定程度的影响。某顾客在 B 企业连锁店买了猪肉，回家后发现肉中有肉蛆，拍照后连盆带肉一同送往该店，希望获得补偿。期间，该连锁店销售人员以很多人专门吃这个为由拒绝进行赔付，后该店区域经理过来解决此事，更是语出惊人，声称猪肉中有肉蛆很正常，所有的猪肉中都有。该消费者对此种解释极其不满，随后给 B 企业打投诉电话，接电话人要求该顾客到有关部门进行检验，否则无法认定该顾客之说法。最后该顾客无奈之下与媒体取得联系，希望讨个说法。由此，B 企业肉蛆事件便在媒体上出现，之后更引出其他问题。

此事件中 B 企业的销售人员、区域经理、投诉电话接待员分别以推卸责任的方式来处理顾客的投诉，使原本可以大事化了的事情闹到媒体曝光的程度，实在是得不偿失。暂且不论猪肉中是否有肉蛆，只看 B 企业在处理此次事件中的方式，就十分不可取，最后受损失的还是企业自身。《黄帝内经》中说“不治已病治未病”，也就是说保证不病是治病的主要任务。对于企业来说，不发生危机事件就是最好的危机公关管理。

四、隐瞒事实的危害

“家丑不可外扬”是许多中国人固有的一种观念。但这种观念被应用到企业危机管理中，则会造成比危机本身更为严重的影响。企业不但继续受到危机的影响，而且还会出现诚信危机。

当危机出现时，如果事件企业不愿意向公众作出更多解释，众多媒体仍然会连篇累牍地加以大量报道，这些报道有的具有推测性，有的具有质疑性。为此，企业原本想以“不愿解释”的方法来控制媒体舆论，实际上却失去了对媒体的控制主动权，使企业处于一个更加不利的地位。

五、低估事件的危害

企业对已经出现的危机事件表现麻木，总是对危机事件的出现抱有莫名的乐观态度，认为这些事都无所谓、没关系等，而忽视了危机事件所带来的严重后果，错失了将危机事件处理在萌芽状态的良机。

从上述的 A 企业活熊取胆这一事件中发现，A 企业不是没有看到危机事件的发生，而是过于乐观的心态使事件持续发酵所致。过去要获得熊胆，需要将熊杀死，这样既不人道也很浪费，后来朝鲜发明了活熊取胆技术，在保证熊不死的情况下持续获得胆汁。这种技术本来是降低了杀熊取胆的几率，却没有被公众认识与认可，媒体一边倒地认为残忍，公众也跟随媒体的认知，为什么呢？这是因为 A 企业在整个危机事件处理的几个重要环节上出现严重问题，盲目乐观，因而引致严重危害。

第三节　危机公关管理流程

一、建立危机事件公关预警机制

危机事件的发生总是难以预测的，在未发生危机事件时企业难以想象自己的企业会发生何种危机事件，这就是所谓的突发性。所以形成危机意识、建立危机预警机制就可以充分避免突发性这个重点，可以有效预防危机事件对于企业的影响。

危机就像普通的感冒病毒一样，种类繁多，防不胜防。每一次危机既包含了导致失败的根源，又蕴藏着成功的种子。发现、培育，进而收获潜在的成功机会，就是危机管理的精髓。而错误地估计形势，令事态进一步恶化，则是不良危机管理的典型特征。建立危机事件预警机制在一定程度上可以避免危机事件的发生和扩大。

二、成立危机公关处理小组

当危机出现的时候千万不要惊慌，首要的问题就是赶快启动危机公关小组。一般情况下，危机公关小组由企业的公关部成员和企业涉及危机的高层领导直接组成。必须注重危机发生后宣传口径的一致，任何人士不宜随意发表言论。

管理小组人员组成与工作重点：

序号	人员组成	工作重点
1	企业领导	重要问题的最终决策人物，有利于尽早作出权威决断。
2	公关专业人员	危机公关的理论参谋和具体执行者，负责危机公关程序的优化和实施。
3	生产、品质保证人员	熟悉生产流程，容易把握生产过程出问题的环节，便于应付来自消费者及媒体的疑问。
4	销售人员	熟悉流通程序，容易把握流通过程中出问题的环节。
5	法务人员	作为企业的法律事务顾问，熟悉企业日常运作过程中可能出现的法律问题，便于在法律程序上保证企业行为的正确性，特别是在近年来企业与消费者之间的纠纷越来越频繁、索赔金额日益看涨的情况下，法律工作者出面利于尽早通过法律途径解决纠纷。
6	消费者热线接待人员（消费者投诉处理人员）	接受消费者投诉、沟通信息和对外树立形象的重要环节，危机公关的第一道门户，如果处理得当的话，往往会把由投诉引起的危机消灭在萌芽状态。

三、危机公关处理原则

1. 承担责任原则

危机发生后，公众将会关心两方面的问题。一方面是利益的问题，利益是公众关注的焦点，因此无论谁是谁非，企业都应该承担责任。即使受害者在事故发生中有一定责任，企业也不应首先追究其责任，否则会各执己见，加深矛盾，引起公众的反感，不利于问题的解决。另一方面是感情问题，公众很在意企业是否在意自己的感受，因此企业应该站在受害者的立场上表示同情和安慰，并通过新闻媒介向公众致歉，解决深层次的心理、情感关系问题，从而赢得公众的理解和信任。实际上，公众和媒体往往在自己心中已经有了一杆秤，对企业有了心理上的预期，即企业应该怎样处理，我才会感到满意。因此，企业绝对不能选择对抗，态度至关重要。

2. 真诚沟通原则

真诚沟通是处理危机的基本原则之一。真诚是诚意、诚恳、诚实。如果做到了这“三诚”，则一切问题都可迎刃而解。

（1）诚意。在事件发生后的第一时间，应向公众说明情况，致以歉意，从而体现企业勇于承担责任、对消费者负责的企业文化，赢得消费者的同情和理解。

（2）诚恳。一切以消费者的利益为重，不回避问题和错误，及时与媒体和公众沟通，向消费者说明消费者的进展情况，重拾消费者的信任和尊重。

（3）诚实。诚实是危机处理最关键、最有效的解决办法。我们会原谅一个人犯错误，但不会原谅一个人说谎。

企业处于危机漩涡中时，是公众和媒介的焦点。一举一动都将接受质疑，因此，千万不要有侥幸心理，企图蒙混过关。应该主动与新闻媒介联系，尽快与公众沟通，说明事实真相，促使双方互相理解，消除疑虑与不安。

3. 速度第一原则

“好事不出门，恶事传千里。”在危机出现的最初12～24小时内，消息会像病毒一样，以裂变方式高速传播。在这时候，可靠的消息往往不多，社会上会充斥着谣言和猜测。企业的一举一动将是外界评判公司如何处理这次危机的主要根据。媒体、公众及政府密切注视着企业发出的第一份声明。对于企业在处理危机方面的做法和立场，舆论赞成与否立刻见于传媒报道。

因此，企业必须当机立断，快速反应，果决行动，与媒体和公众进行沟通，从而迅速控制事态，否则会扩大突发危机的范围，甚至可能失去对全局的控制。危机发生后，能否首先控制住事态，使其不扩大、不升级、不蔓延，是处理危机的关键。

4. 系统运行原则

在逃避一种危险时，不要忽视另一种危险。在进行危机管理时必须系统运作，绝不可顾此失彼。只有这样，才能透过表面现象看本质，创造性地解决问题，化害为利。

危机的系统运作工作重点：

序号	工作重点	管理目的
1	以冷对热，以静制动。	危机会使人处于焦躁或恐惧之中。应以“冷”对“热”、以“静”制“动”，镇定自若，以减轻企业员工的心理压力。
2	统一观点，稳住阵脚。	在企业内部迅速统一观点，对危机有清醒认识，从而万众一心，稳住阵脚。
3	组建班子，专项负责。	危机公关小组由企业的公关部成员和企业涉及危机的高层领导直接组成。这样，一方面是高效率的保证，另一方面是对外口径一致的保证，使公众对企业处理危机的诚意感到可以信赖。
4	果断决策，迅速实施。	由于危机瞬息万变，在危机决策时效性要求和信息匮乏条件下，任何模糊的决策都会产生严重的后果。所以必须最大限度地集中决策使用资源，迅速作出决策，系统部署，付诸实施。
5	合纵连横，借助外力。	当危机来临，应和政府部门、行业协会、同行企业及新闻媒体充分配合，联手对付危机，在众人拾柴火焰高的同时，增强公信力、影响力。
6	循序渐进，标本兼治。	要真正彻底地消除危机，需要在控制事态后，及时准确地找到危机的症结，对症下药，谋求治本。如果仅仅停留在治标阶段，就会前功尽弃，甚至引发新的危机。

5. 权威证实原则

在危机发生后，企业不应整天拿着高音喇叭喊冤，需要善用权威证实的方式进行自救，自己称赞自己是没用的，没有权威的认可只会徒留笑柄，请重量级的第三者，如行业协会、知名专家、院校教授等在前台说话，可使消费者解除警戒心理，使企业重获信任。

四、危机公关处理流程

程序一：调查与分析

（1）迅速对企业面临的状况进行全面周密的调查与研究，真实地了解危机事件的性质及关系。

（2）对危机事件进行客观的评估，为制定危机处理策略提供依据。

程序二：制定危机应对策略

1. 制定目标

让公众正面了解情况，以积极、负责、真诚的态度面对媒体，在与媒体的合作中有效地传播企业信息，从而保护品牌，确保事件不会进一步升级。

2. 明确目标受众

应明确目标受众，如主流媒体、网络媒体、电台、行业媒体、监管部门、行业协会、行业专家、社会大众。

3. 应对策略制定

（1）不逃避、不沉默、积极应对，注意传播的内容不会激起新的危机事件。

（2）不被反对声音淹没，要持续、策略地传播企业的积极信息，避免公众质疑无回复，更要避免踏入别有用心者的圈套。

（3）作出真诚、可信赖的回应。企业所传播的信息一定要是经得起推敲的真实的信息，避免传播捏造、虚假、假设的信息，避免将企业的推断以事实的立场进行传播。一旦公众所听到的、所看到的信息是真实的，便会对企业形成好感和信任感，有利于危机事件的处理。

（4）让第三方充分发言，企业所传播的信息一定是正面、无可辩驳的信息，如“我们正在调查事件，会给大家满意的答复”，或“我们将严肃处理相关责任人”，或赔偿等信息，由第三方传播其他信息，如“这件事企业有责任，但另一方也有过错”等信息，让受众减轻对企业的舆论压力并恢复理性思考，获得更多信息。

（5）为下一步动作做好准备，危机事件的发生一般会经历突发期、爆发期、扩散期、衰退期，企业在应对每个阶段时要充分考虑到接下来如何应对，避免顾头不顾尾，给以后的工作带来难题。

4. 应对战术配合

（1）“迅速反应，争取主动”，在危机事件发生后第一时间启动危机公关小组，并开通热线电话，记录并回答来电，筛选重要信息向上汇报，使决策者可以了解全部重要信息。

（2）通过筛选出的重要信息适时召开新闻发布会，主动阐述事实真相（即使企业有错），表明企业绝非主观犯错，将从消费者利益出发来解决问题。

（3）一旦企业在危机事件的处理中表现出真诚和亲和力，就会赢得记者的同情与支持，有效地表达、实事求是是公司解决危机事件的指导原则，将会为日后的沟通工作打好基础。这样，企业在与媒体的沟通中就掌握了主动权，有利于整个危机事件的处理。

（4）“密切监测，防患于未然”，全面监控媒体、网站及竞争对手的消息，决策者要及时获得危机事件的最新动态，以便准确评估事态发展，为下一步工作提供依据。

（5）设立的热线电话要由专人接听，确定统一的对外信息发布渠道；建立发言人制度，一切对外发言由发言人负责；确定统一的发言口径。对企业内部人员同样以真诚和真实的方式传达信息，避免媒体及其他人员通过内部员工获得与企业发言人不一样的信息，这种信息尤其是对企业不利的信息公众认为可信度更高，所以杀伤力就更大。

（6）“以诚相待、积极沟通”，危机事件的有效解决与企业和媒体之间的沟通效果关系重大。在企业解决危机事件的过程中，媒体是主要受众，因此，获得媒体的同情与理解相当重要，是企业要重点解决的问题。面对媒体时要提供充足的资料，尽最大能力满足采访要求，广交朋友，作好铺垫，避免与媒体交恶。

程序三：应对方案实施

1. 召开新闻发布会

（1）新闻发布会前，将媒体与记者进行细分：选择积极要求采访的记者，他们对此次事件有重大兴趣，铆足了劲要大写特写，这些记者是企业要迅速妥当沟通的重点；积极邀请与企业有着良好关系的记者，这些记者会以另一种方式报道企业，在一定程度上减轻事件的舆论压力；对于外地媒体，要做好接待工作，提供复印、上网、快递等辅助工作。

（2）新闻发布会前要准备重点问题的答案，由于设立了统一的热线电话和接听人员，这些重点问题可以通过筛选获得，通过与媒体之前的沟通工作也可以获得一些重点问题，为这些重点问题准备标准答案，以备不时之需。发言人需要准备足够数量的公司声明文件、情况简介等。

（3）新闻发布会中，现场做好接待工作，无论报纸大小、记者资历深浅，都应一视同仁；对没有事先登记的来访记者做好登记和沟通工作，要热情、真诚，不能厚此薄彼；掌握发布会的主动权，尽量实现“我在说你在听”（就是企业要争取多说，以传达正面信息）。

（4）新闻发布会后，如果记者会要求继续采访，这部分记者要重点对待，以礼貌的、耐心的、愉快的方式接待，以通俗易懂的语言回答记者问题，不撒谎、不猜测，也不推测，更不要发表个人意见。

（5）新闻发布会后，将现场所有记者的提问与企业的回答信息整理好之后，发给已登记但未出席的记者或报社。

（6）新闻发布会结束后企业要将注意力集中在媒体的播报中，对于新的问题要及时进行研究定调，继续开放热线电话。与此同时，找到危机源头，提出解决方案，公开发表公司应对此次事件的措施，保证今后杜绝类似事件发生。

程序四：危机公关管理评估

（1）做好危机公关管理评估，监测媒体舆论，根据危机事件的大小程度设定一个监测时间，形成监测报告。

（2）与之前设定的处理目标进行对比。

（3）加强舆论的正面报道，转移焦点。

（4）对危机源头进行回访，确保危机事件得到解决。

（5）化被动为主动，提升公司形象。

（6）加强危机预警及防范工作，检讨事件处理过程，优化危机处理流程。

第十五章　高尔夫球会公共关系危机管理

第一节　高尔夫球会公共关系危机特征概述

公共关系危机管理又叫危机公共关系或称危机处理，是指组织调动各种可利用的资源，采取各种可能或可行的方法或方式，预防、限制和消除危机，减少和消除因此而产生的消极影响，从而使潜在的或现存的各项危机得以解决，是使危机损失最小化的应对方法和行为。危机公共关系是公共关系学和管理学结合的产物，是运用公共关系学的基本原理和方法，科学地处理组织潜在的或现存的危机，从而把“大事化小，小事化了”，甚至变坏事为好事的一种管理行为。

一、高尔夫球会公共关系危机形式表现

1. 危机性质的类型

（1）突变危机。是指由于自然和人为的灾难造成较大生命损失，给高尔夫球会带来的重大危机。这类危机有自然灾害和人为灾难。自然灾害包括地震、火灾、流行病等；人为灾难包括抢劫、盗窃、破坏、爆炸等。

（2）商誉危机。即高尔夫球会商业信誉危机，是指由于不履行合同、出现质量问题而形成的经营危机。商誉是球会存在和发展的根本，出现商誉危机会直接威胁高尔夫球会的生存。

（3）经营危机。是指由高尔夫球会管理不善而导致的危机，如投资失误、定价策略失误、服务质量低劣、管理混乱等。

（4）财务信贷危机。主要是指因高尔夫球会丧失信誉而得不到银行贷款，同时又难以募集到股份，致使资金枯竭，组织难以为继，形成经营运转的危机。

（5）素质危机。是指由于高尔夫球会内部员工素质不高和设施设备因素，危及自身生存的危机，如球会员工缺乏公共关系意识、专业技能低下、组织技术水平不高导致的危机。另外，球会基本设施和建筑老化，设备重大故障而导致的危机也属此类危机。

（6）形象危机。是指高尔夫球会由于自身的形象不好，知名度、美誉度不高，或是总体特征设计不好，定位不当造成的危机。当然，以上各类危机最终都会影响形象，导致形象危机。

2. 危机发生程度的类型

（1）一般性突发事件。日常纠纷包括球会内部纠纷、同公众间的关系纠纷、同业竞争之间的纠纷等。这种纠纷一般涉及的范围不大，影响面较小。但它是突发性的，如不及时处理，事态扩大后，会严重影响球会的形象和声誉。

（2）重大突发事件。是指重大工伤事故、重大生产经营决策失误、质量事故、天灾人祸造成的严重损失等。

3. 危机发生外显度的类型

（1）显在危机。是指危机趋势非常明朗，爆发只是时间问题，如高尔夫球会经营决策失误造成的产品积压、市场缩小等危机。

（2）潜伏危机。是指危机的因素已经存在，但没有被人们意识到的危机，如高尔夫球会安全防火

设施遭破坏，缺乏防火意识，或球会设备本身质量不过关，缺乏质量意识等。潜伏危机比显在危机具有更大的危险性。显在危机是很容易被认识的部分，所占比例小，易被人重视，而潜伏危机不容易被发现，且危险性更大。

二、高尔夫球会公共关系危机特征

危机的意思是紧急困难的关头。高尔夫球会公共关系的危机，是指由于某些人为的或非人为的突发事件及重大问题的出现，打破了球会正常有序的运转状态，使球会声誉和利益受到损害，甚至遭遇生存危险，从而不得不面对和处理的一种紧急状态。

（1）突发性。危机事件一般是在高尔夫球会毫无准备的情况下转瞬之间发生的，往往给球会带来各种意想不到的困难。特别是那些球会外部因素造成的危机，如自然灾害、国家政策变化等，往往是球会始料不及并难以抗拒的。

（2）严重危害性。危机事件的危害是很大的，它会破坏球会的经营，给球会带来严重的形象危机及巨大的经济损失，同时也会给社会造成危害。

（3）不规则性。对高尔夫球会来讲，每次危机产生的原因、事件范围、影响程度、损失程度都不尽相同，呈不规则状态出现。因此，解决也没有一成不变的固定模式。

（4）舆论的关注性。危机事件的爆发最能刺激人们的好奇心，常常成为新闻舆论关注的焦点、媒介捕捉的最佳新闻素材和报道线索，成为人们谈论的话题，有时还会牵动社会公众的神经，成为公众关注的热点。

第二节　高尔夫球会公共关系危机管理流程

一、危机早期的应对措施

程序一：迅速停止不合格的设施与服务项目，撤回不合格产品

（1）高尔夫球场击球受伤或由于餐饮质量问题所造成的危机是球会最常见的危机。

（2）一旦出现这些危机，应不惜一切代价，迅速停止不合格的设施与服务项目，立即停止销售该项食品。

程序二：公布造成危机的原因及影响范围

（1）危机发生后，应坦诚地向社会公众及新闻界说明造成危机的原因。如果是球会的责任，应当勇于向社会承认；如果是故意陷害，则应通过各种手段使真相大白，最主要的是要随时向新闻界等说明事态的发展，澄清无事实根据的“小道消息”及流言蜚语。

（2）公布危机影响的区域，可以避免其他区域的业务受到影响。如一些大型的集团连锁球会，在同一个城市或不同区域都有高尔夫球场，如果一家球场出现危机而不迅速澄清危机发生的区域，其危机会波及其他球场。

程序三：对有关人员予以损失补偿

高尔夫球会出现严重异常情况，特别是出现重大责任事故，使公众利益受损时，必须承担责任，给予公众一定的精神补偿和物质补偿。

程序四：利用传媒引导公众

（1）危机发生后，高尔夫球会应对危机的处理机构应迅速各司其职，尽快收集一切与危机有关的信息，并挑选一个可靠、有经验的发言人，将有关情况告知公众。如举办新闻发布会或记者招待会，向公众介绍真相以及正在进行补救的措施，做好同新闻媒体的联系，使其及时准确地报道，以此影响公众、引导舆论，让不正确的、消极的社会舆论和公众反映，转化为正确的、积极的社会舆论和公众反映，并使观望怀疑者消除疑虑，成为球会的忠实支持者。

（2）当球会与当事者出现分歧、矛盾、误解，甚至对立时，应该本着以诚相待、先利他人的原则，运用协商对话的方式，认真倾听和考虑对方意见，化解积怨，消除隔阂。

二、危机中期的应对措施

危机发生后，早期的公共关系应对措施显示的是高尔夫球会勇于面对的决心和诚意，而中期的公共关系应对措施则要偏重于消除当前的危机。

程序一：利用权威意见处理危机

（1）在高尔夫球会危机处理中，球会与公众的看法不一致时，必须依靠权威部门或权威人物来发表意见。

（2）处理球会危机的权威主要有两种：一是权威机构，如政府部门、专业机构、消费者协会等；二是权威人士，如有关专家、业内人士等。在很多情况下，这些权威意见往往对高尔夫球会危机的处理能起到决定性的作用。

程序二：利用法律调控危机

（1）运用法律调控处理高尔夫球会危机的作用是维持处理危机事件的正常秩序，保护企业和公众的合法权益。在球会信誉受到侵害时，运用此种方法会收到较好的效果。

（2）用法律手段来处理球会危机，主要包括两个环节：一是依据事实和有关法律条款进行处理；二是遵循法律程序来处理。

三、危机后期的应对措施

在公共关系部门的配合下，高尔夫球会的危机得到了基本的平息。然而公共关系部门的工作还不能就此停止，还要面对企业声誉重建的艰巨任务。在危机后期，公共关系部门应着力于球会的声誉重建和形象重塑。

程序一：声誉重建

（1）危机发生后，舆论的谴责与报道将持续一段时间。在此期间，球会除了利用传播媒介发布致歉广告之外，还应及时向媒体提供有关赔偿被侵害者损失的信息。

（2）公布修理毁坏的设备和会所装修计划。

（3）公布类似事故的预防措施等。目的是及早赢得广大公众的谅解和信任，重建球会的声誉。

程序二：形象重塑

（1）高尔夫球会危机的出现，或多或少地会使自己的形象受到损害。虽然危机最终能得到妥善处理，但并不等于危机的影响已经结束，球会还必须恢复和重建良好的公众形象。

（2）要针对形象受损的内容和程度，重点开展弥补形象缺陷的公共关系活动。

（3）密切保持与新闻传媒的联络与交往，欢迎新闻传媒的参观，了解球会新的工作进展和经营状态，拿出质量过硬的产品和一流的服务公之于众，从根本上改变公众对球会的不良印象。

（4）只有当球会的公众形象重新建立起来时，其公共关系才能谈得上是真正的转危为安，公共关系危机处理才谈得上圆满结束。

四、高尔夫球会危机公共关系处理程序

高尔夫球会危机事件的发生对不同的公众产生的影响也不同，针对不同的公众，应根据其心理和行为特点、受影响的程度，采取不同的应对措施和执行相应的处理程序。

程序一：针对球会内部员工执行相应处理程序

（1）在稳定情绪、稳定秩序的基础上，向员工告知事件真相和球会采取的措施，使员工同心协力，共渡难关。

（2）收集和了解员工的建议和意见，做好说明解释工作。

（3）如有伤亡损失，要做好抢救治疗和抚恤工作，及时通知家属和亲属，做好慰问及善后处理工作。

（4）制定挽回影响和完善高尔夫球会形象的工作方案与措施。

程序二：实施针对受害者对策

（1）设专人与受害者接触。

（2）确定关于责任方面的承诺内容与方式。

（3）制订损失赔偿方案，包括补偿方法与标准。

（4）制订善后工作方案，因不合格设施与服务引起的恶性事故，要立即停止该项设施与服务。

（5）组织检修或检查，追查原因，改进工作。

（6）确定向公众致歉、安慰公众心理的方式和方法。

程序三：实施针对新闻界对策

1. 与新闻界的合作

（1）高尔夫球会要特别注意处理好与新闻媒体的关系，建立有效的信息传播系统，做好危机发生后的传播沟通工作，争取新闻界的理解与合作。

（2）确定配合新闻媒体工作的方式，向新闻媒体及时通报危机事件的调查情况和处理方面的动态信息，通过新闻媒体不断提供公众所关心的消息，如善后处理、补偿办法等。

（3）确定与新闻媒体保持联系、沟通的方式，新闻发布会应事先通报新闻媒体。

2. 确定对待不利于企业的新闻报道和恶意记者的基本态度

（1）当记者发表不符合事实的报道时，要尽快提出更正要求，指出不实之处。

（2）提供真实材料表明立场，但要注意避免产生对立情绪。

3. 掌握宣传报道的主动权

（1）通过召开新闻发布会以及使用互联网、企业网站、电话、传真等形式向社会公众告知危机发生的时间、地点、原因、现状、问题，以及球会目前和未来应对措施等内容，信息应具体、准确。

（2）统一信息传播的口径，对技术性、专业性较强的问题，在传播中也应使用清晰、不产生歧义的语言，以避免出现猜忌和流言。

（3）设立 24 小时开通的危机处理热线，随时接受媒体和有关方面的询问。

4. 慎重选择发言人

（1）当危机爆发后，很多新闻单位会派记者采访，他们提出的各种问题与发言人的回答，可能会被转换成技术性语言传播出去，对球会的形象会造成重大影响，因此要慎重选择发言人。正式发言人一般可以安排最高管理层中有优秀语言表达能力的人担任，因为他们能够准确地回答有关球会危机的各方面的情况。但是，如果危机涉及技术问题，就应由指定分管技术的负责人来回答；如果危机涉及法律问题，球会的法律顾问就是最好的发言人。

（2）新闻发言人应该遵循公开、坦诚、负责的原则，以低姿态、富有同情心及亲和力的态度来表达歉意，表明立场，说明球会的应对措施。对不清楚的问题，应主动表示会尽早提供答案；对无法提供的信息，应礼貌地说明无法告之的原因。

程序四：要与政府有关部门保持密切联系

（1）危机事件发生后，高尔夫球会要与政府有关部门保持密切联系，以求得指导和帮助。

（2）及时、实事求是地汇报情况，不隐瞒、不歪曲事实真相，事件处理后详细报告事件经过、处理措施、解决办法和防范措施。

程序五：实施针对其他公众对策

（1）根据具体情况，对社区公众、相关机构通报危机事件和处理危机事件的措施等情况。

（2）制订出相应的方案，全面消除危机事件的影响。

第三节　高尔夫球会公共关系危机管理规定

高尔夫球会危机的处理是球会公共关系工作的一项重要内容。一旦出现危机，公共关系人员应迅速根据具体情况作出反应，协助球会负责人调查危机或事故的原委，做好善后工作。

由于危机事件发生具有时间急、出乎意料、影响面大、处理起来有一定难度的特点，在危机处理过程中，其公共关系运作要灵活掌握以下规定。

规定内容	标　准	核查媒介
主动承担责任	（1）不论是何种性质的危机，不管危机的责任在何方，管理者都应主动承担起处理责任，不要躲避，要妥善处理危机。 （2）即使受害者在事故发生中有一定的责任，在情况尚未查明的情况下，不应首先追究其责任，否则会各执己见，加深矛盾，反而不利于危机的解决。 （3）当公众反应强烈时，管理者可采取高姿态，宣布如果责任在己，一定负责赔偿，以尽快消除不利影响。	

（续上表）

规定内容	标 准	核查媒介
诚意接触沟通心理	(1) 高尔夫球会发生事故，给公众和社会造成损失是十分不幸的事情，危机处理人员要站在受害者的立场上表示同情和抚慰，避免出现为球会辩解的言辞，应向公众表现足够的诚意，防止公众产生不信任感。由于危机给社会带来损失和影响，管理者应通过新闻媒体向社会发表“谢罪”公告，表示愿意承担责任，知错改错。 (2) 在听取意见时，要充分让公众倾吐不满，宣泄情绪。在与公众接触中，应当表示自己很能理解公众的心情，尤其是当公众生气、发怒时，更应当为公众着想。这种与公众心理的沟通，可以使对立情绪化解为双方的合作，从而转向共同探索有利于问题解决的措施和办法。	
联络感情消除仇恨	在高尔夫球会危机事件中，公众除了利益抗争外，可能还存在强烈的心理仇恨。因此，在危机事件处理过程中，危机处理人员不仅要解决直接的、表面上的利益问题，而且要根据公众的心理活动特点，采用恰当的情感联络策略，解决深层次的心理、情感关系问题，体现球会解决问题的诚意，以助于问题的顺利解决。	
提供真实信息	(1) 在危机事件中，尤其是事件的初发阶段，社会舆论往往可能出现一面倒的情况，各种公众都会抨击球会、指责球会，越是对球会不利的信息，越是容易传播，而公众越是容易接受。有些危机事件是由于公众误解造成的，解决这种危机的办法只能是向公众提供真实的信息，通过大众传播媒体进行广泛宣传，流言、误解自然就会消失。 (2) 出于职业的需要，对于发生的事情，新闻界有着强烈的好奇心。这时，高尔夫球会管理者要主动与新闻媒体联系，危机处理人员应真诚对待媒体，尽快与公众沟通，说明事实的真相。不能利用记者不熟悉专业的弱点，故弄玄虚或者弄虚作假；更不能为新闻媒体的采访报道设置障碍。因为记者可在最大范围内揭露疑点，从而消除人们的各种猜测，对企业及事件处理都极为有利。	
避免不利报道	(1) 新闻媒介报道对高尔夫球会形象有着重要而广泛的影响，在危机处理过程中，要与媒体真诚合作，尽可能避免对自身形象不利的报道。 (2) 向新闻界公布事故情况之前，应先在内部统一认识、反复斟酌。说明事故时，力求简明扼要，避免使用技术术语。要选择恰当的表达方式，如发言人要用肯定有力的音调讲话，不能表现出迟疑吞吐；回答问题时可以我为主，不必死扣问题；尽量避免用否定词把自己想表达的内容或观点掺入到对问题的回答中。为了避免报道有误，重要材料应以书面形式发给记者。 (3) 企图掩盖事件的真实性，只能引起媒体的反感，所以应该认真回答记者提问，诚实地公布事故真相；也可以同时说明球会已取得的成绩和为防止危机所作的努力。尽量引导公众对危机和球会产生全面的正确印象。 (4) 如果有的事项确实无法向记者发布，应说明理由。例如在发生火灾之后，记者往往会询问起火原因。对此，高尔夫球会发言人可以作出请他们到消防部门去问，暂时无法准确说明的回答；火灾后，新闻界常常会要求球会就火灾造成的损失作出估算，发言人可以这样告诉记者，球会当局已将火灾通知了财产保险公司，将由他们派员来确定损失金额；对于有关人员伤亡的询问，一般也应让记者到消防部门、急救站和当地医院去核实。这种回答既成熟又巧妙地维护了高尔夫球会的形象，因此常常赢得新闻界的同情态度，从而避免了渲染夸张的消极报道。	

（续上表）

规定内容	标　准	核查媒介
与传媒协作声明有关理由	一些需要特殊处理的危机，要与新闻界进行良好的协作并声明有关理由。例如，华南地区著名的高尔夫球会公共关系培训指南就指出：自杀、炸弹、精神病患者的失常行为等导致的不幸事件，在整个旅游业已越来越频繁。如果本球会发生上述事件，新闻记者前来询问时，要请他们前往有关处理部门查询，同时，球会发言人应当要求新闻记者在报道中不要提及本球会的名称。这一要求根据有关心理学研究是合理的，只要经过解释，大多数记者也是可以谅解的。当然，记者们也许会提出这样一个问题：既然高尔夫球会在其他正常事件中都要求媒体提及该球会的名称，为什么不幸事件发生时，却要求新闻界在报道时只说“某家球会”而不提球会名称呢？心理学研究可以回答这个问题：“心理学研究以及旅游业务实践证实了这样一种现象，就是一个患有心情抑郁或精神分裂的人，从报上读到某一特定地点发生过自杀事件之后，这个人就会被吸引到同一地点来做类似的举动。而如果这类不幸事件的发生地点被新闻媒体不适当地点明，那么就有可能鼓励悲剧性事件的再次发生。”	
快速反应	（1）危机具有突发性特点，而且会很快传播到社会，引起新闻媒体和公众的关注。尽管发生危机的高尔夫球会面临极大的压力，也要迅速研究对策，快速作出反应，使公众了解危机的真相和球会采取的各项措施，争取公众的同情，减少危机的损失。 （2）在危机发生后，公众对信息的要求是迫切的，也是正当的、合理的，他们有权利密切关注事态的进展。高尔夫球会若能在处理过程中迅速发布信息，及时满足公众“先睹为快”的心理，强化各项解决危机措施的力量，就能防止危机的扩大化，加快重塑高尔夫球会形象的进程。	
公众利益至上	（1）公众之所以反抗企业，给企业“制造”出危机事件，最基本也是最重要的原因就是公众感到自己在利益上受到了一定程度的损害，他们要运用新闻、法律武器，保护自己的合法利益。因此，利益是公众关心的焦点所在。 （2）在危机事件中，危机处理人员如果能以公众利益代言人的身份出现，给公众这样一种感觉——危机处理人员是公众利益的保护者、争取者，是公众利益的代表，那么，对于整个危机事件的处理来说，就奠定了良好的基础。	
专项管理	（1）专项管理是危机处理高效率的保证，高尔夫球会的公共关系部门应该指派那些能够掌握处理危机的科学程序和方法、了解企业情况的部门和人员，组成专门班子去处理危机。 （2）不要临时随意指派人及中途换人，因为更换的人员要花费时间重新了解事件的真相，在处理问题的态度与方法上可能与原来制定的对策不一致，从而引发公众的不信任，对球会处理危机的诚意产生怀疑。	

第五篇

高尔夫球会市场策划管理流程

阅读重点

高尔夫市场营销策划特点

营销策划与营销计划的区别

高尔夫球会市场营销部职能

高尔夫球会市场营销策划种类

高尔夫球会营销概述

高尔夫球会营销策略

高尔夫球会营销操作流程

高尔夫球会形象策划特点

高尔夫球会形象构成要素

高尔夫球会形象构成主、客体及媒体

高尔夫球会形象构成内容

高尔夫球会形象策划方法

高尔夫球会形象策划实施流程

高尔夫广告特点与作用

高尔夫广告媒体类别

广告投放操作流程

广告策划与高尔夫球会市场推广操作流程

庆典型公共关系活动策划

销售型公共关系活动策划

危机型公共关系活动策划

赞助型公共关系活动策划

召开记者招待会操作流程

宴请酒会操作流程

联谊活动操作流程

典礼活动操作流程

高尔夫赛事活动操作流程

展览与会籍推广活动操作流程

高尔夫球会赞助活动

影响高尔夫球会营销定价的因素

高尔夫球会营销定价策略

高尔夫球会营销定价操作流程

高尔夫球会会籍产品营销特点

高尔夫球会会籍产品开发流程

高尔夫会籍产品价格制定策略

第十六章　高尔夫球会市场策划部职能概述

第一节　高尔夫市场营销策划特点

一、高尔夫市场营销策划的概念

（1）营销策划就是找出市场营销的最佳方法。策划对于高尔夫市场营销非常重要，因为当今中国高尔夫运动的普及程度还远不及欧美和亚洲其他一些国家。一方面高尔夫市场存在很大的发展空间，但另一方面消费者对高尔夫的认识程度还很低，需要耐心地培养市场。而策划就是用超常规的思路和方法去刺激市场，以达到吸引消费的目的，最大限度地实现高尔夫产业的社会价值和产品的市场价值。

（2）营销策划是商品经济中采用的一种新型的经营管理策略。它不同于传统意义上的按部就班的营销计划，而是用跳跃性的思维去洞察市场，找出突破口，起到意想不到的作用。策划是一个广义的概念，可涉及任何领域，而营销策划的目的和核心则直指市场。

二、营销策划的管理程序

（1）营销策划是在激烈的市场竞争中应运而生的。其任务是发展和维持企业的资源、目标与千变万化的市场机会之间切实可行的配合，策划的目的就是发展或重新开拓企业业务与产品，将它们组合起来，以期获得令人满意的利润和发展。

（2）高尔夫市场营销策划在任何时候总是注重突出企业的形象和品牌价值的，因此，它对提高企业的无形资产起到了显著的作用。

（3）营销策划是一种具有创意性的专业实践，它通过对人们的观念加工，以一种新颖的形式将营销理论转化为具有针对性的操作程序，从而帮助企业制定决策并加以执行和有效地控制，以期获得满意的效果。

（4）在高尔夫市场营销中，营销策划则更具有迫切性和积极意义，这不仅仅是由于高尔夫的营销特征，更重要的是中国高尔夫运动发展的曲折历程所决定的。高尔夫市场营销策划更讲究的是创造性，在营销的战略战术上，更注重战术上的策划，用一些独特的策划项目可以促使战略目的的成功实现。高尔夫市场营销策划的精髓应该是创意，而创造惊奇和新鲜感就是创意的诀窍。

三、高尔夫市场营销策划的作用

（1）有利于高尔夫消费市场的培养。高尔夫的产品是服务性的产品，消费市场的扩大是呈渐进式的。高尔夫市场营销策划的核心考虑的就是消费者的利益，以消费者为中心并围绕消费需求进行的，因此，无论何种目的的策划都能扩大高尔夫的宣传，提高人们对高尔夫的认识，有利于消费市场的培养。

（2）有利于高尔夫企业实现战略性目标。高尔夫企业的战略性目标是企业发展或项目开发的总纲。而营销策划能够促使企业从全局的需要出发，突破企业发展过程中的重点和难点，有效地利用各种资源，协调一致地使企业实现总体发展目标。

（3）有利于提高企业的无形资产。高尔夫市场营销策划在任何时候总是注重突出企业的形象和品牌价值的，因此，对提高企业的无形资产起到了显著的作用。

（4）有利于协调行业间的关系。高尔夫市场营销策划是激烈竞争的结果。但高尔夫的特征决定着其营销讲究的是合理有序的竞争。在市场竞争中，营销策划就是分析竞争者之间彼此的特点，找出差异性，以竞争者意想不到的结果来实现竞争。因此，竞争不是低层次的，竞争者相互理解，有利于协调双方的关系，共同培养市场。

（5）有利于提高企业员工的信心。高尔夫市场营销策划往往是创造性的，具有挑战性。每一种策划的成功都能刺激高尔夫企业的活力，激发员工的斗志，增强员工对企业的信心。

（6）有利于获得政府主管部门和社会各界的理解与支持。高尔夫是一项高投入、高产出的运动项目，其消费又具有鲜明的特征。在一定程度上，高尔夫企业的经营有赖于政府部门和社会各界的理解与支持。营销策划就是在充分地调查和分析了一切外部环境的基础上进行的，策划的结果能在社会上产生一定的影响。高尔夫项目开展得好，有利于社会环境的改善，有利于精神文明的建设，能产生一定的社会经济效益，就能得到政府有关部门和社会各界的支持。

第二节　营销策划与营销计划的区别

营销策划与营销计划既有区别，又有联系。而造成两者差别的关键因素在于创意。营销策划与营销计划的联系在于现实性和理性，而区别则在于以想象力为基点的创造性。营销策划是现实性、创造性和理性的有机结合，它容纳了创意中的创造性和营销计划中的理性与现实性。没有创造性的营销策划，仅仅是灵机一动的创意，是一种现实性和理性的策划，其实也不过是一种计划。

区别	营销策划	营销计划	备注
1	营销策划必须有创意，它必须有自由想象空间，有任思维驰骋的天地。	营销计划则无须有创意，它只要按照一定的依据（如经营方针、经营战略等），遵循一定的思路，按部就班地去做即可。	策划人员不适合做经营计划工作。
2	营销策划所要把握的是原则和方向，是一种大框架和总体思路。	营销计划者需解决的是具体的程序与细节。	前者需要“大手笔”，后者要求做耐心细致的具体工作。
3	营销策划所要解决的是做什么的问题。	如何做的问题则由营销计划去解决。	
4	营销策划富有开创性，无章可循。循规蹈矩是营销策划的大敌，策划人员最喜欢的是挑战性、刺激、风险和机会。	营销计划绝不能异想天开，思想趋于保守的人，或许更适合担当经营计划工作。	
5	营销策划需要较强的个人素质，没有经过长期训练的人是难以胜任这一工作的。搞营销策划，必须是“全才”或“通才”。	营销计划同样也需要较高的素质，但其要求并不像营销策划那么严格，它有较规范的程序和方法。	

第三节　高尔夫球会市场营销部职能

一、信息搜集功能

情报即信息，通俗解释为消息。信息是战略资源，是高尔夫球会提高竞争力和占领市场的前提条件。搜集信息是高尔夫球会策划的重要职能。高尔夫球会必须通过有效的手段，采集有关高尔夫球会各方面的信息，经过分析、处理后，选择有价值的信息，作为调整和完善高尔夫球会经营决策的依据，确保高尔夫球会目标的准确性与科学性。

二、咨询决策功能

高尔夫球会面对变幻莫测、错综复杂的市场，一项重大的战略性决策仅靠决策者个人的知识水平、思维能力是远远不够的，即使经验丰富的领导也是如此。高尔夫球会要保证经营决策的正确，就需要大量的信息，进行多方面、多角度、多层次的论证。策划人员就是高尔夫球会的“智囊”，搜集信息，提供咨询建议，为高尔夫球会领导作出正确判断和决策起重要的参谋作用。

三、宣传功能

高尔夫球会不与外界沟通，不宣传自己，形象再好也不过是路边的小草。默默无闻的高尔夫球会是不可能有竞争力的。因此，高尔夫球会需要知名度，需要不断地向外界宣传，与公众保持信息、情感、态度、行为四个层次的密切交流，以谋求公众了解高尔夫球会的特色，理解高尔夫球会的目标，支持高尔夫球会的行为，成为高尔夫球会忠实的行动公众。

四、交际功能

策划人员只有具备了正确的公关意识，通过有计划而持久的努力，才能使组织机构的各项经营活动形成良性循环。策划工作的目的，就是与公众保持良好关系，使高尔夫球会处于一种“天时、地利、人和”的环境之中。如何达到这一目标，很重要的一个方面，就是要求策划人员通过广泛的社会交往，为高尔夫球会广结善缘，成功地编织各式各样的“关系网”，为高尔夫球会的组织目标服务。

五、协调功能

高尔夫球会的组织既是一个按上下属关系建立起来的有序的整体，又是一个不断与外部环境发生物质、精神、信息联系的开放系统。市场的完善和大众传播技术的不断发展，使高尔夫球会必须面对各种关系。因此，保持高尔夫球会内外环境的平衡与和谐，是高尔夫球会取得成功的关键，其中协调就显得十分重要。

协调高尔夫球会员工与领导的关系，保持上下同心、众志成城，是实现高尔夫球会目标的基石；协调高尔夫球会内各部门之间的关系，使之同步和谐，是实现高尔夫球会目标的保证；协调高尔夫球会与外部公众的关系，避免和减少不必要的冲突，是实现高尔夫球会总体目标的条件。

六、激励功能

激励既是管理的核心，又是高尔夫球会策划的基本职能之一。激励是对人的管理中常用的一种方法。其目的是激发人的内在潜力，充分调动人的积极性、主动性和创造性。特别是高尔夫球会管理者必须懂得如何为员工创造释放能量的环境和引导其达到既定的目标。按照现代激励手段的做法，应强调正确引导，使员工满足依次递增的高层次需求，以便有效调动员工的积极性，达到高尔夫球会的管理目标。

第四节　高尔夫球会市场营销策划种类

高尔夫市场营销策划可归纳为两大类型。一类为战略性的策划，另一类为战术性的策划。战略性策划是从全局利益出发，为企业进行战略性谋略。而战术性策划则是以全局利益为前提，为某种特定的目的需要而进行的。

一、企业发展策划

企业发展策划实质上是根据高尔夫企业的实际情况，制定战略发展规划。内容包括企业的近期发展目标和中长期发展目标。根据企业目标确定经营模式，合理配置经营所需的各种资源，建立企业价值观念和企业文化环境等。

进行高尔夫球会发展策划应注意以下几方面内容：

（1）策划目标要具体和明确，不能含糊不清或抽象空洞。

（2）策划要考虑高尔夫球会的自身能力和各种条件，目标应是经过努力后能够达到的，同时要考虑以低成本来获取理想的利益。

（3）根据高尔夫的特征，策划的内容必须是可行的，并被内部和外部环境所允许的。

（4）策划高尔夫球会战略发展规划时，必须把球会的利益与社会的整体利益统一起来。

二、企业形象策划

完美的企业形象特别能为消费者认可，而且能带来品牌效应。高尔夫是高品位的运动项目，企业形象尤为重要。高尔夫球会形象策划就是要以统一的、规范的、具有鲜明特征和丰富内涵的形象效果给人们在视觉上、听觉上、感觉上以冲击力。策划的作用点既可以在人的方面，也可以在事的方面。

三、新产品开发策划

进行高尔夫球会新产品（或服务项目）策划应在现有产品的基础上，仔细分析消费者的消费习惯和条件，找出可利用的空间，在时间、方式、价格和服务种类上开发出符合消费者需求的新产品（或服务项目），最大限度地利用各种资源，以获得最大利益。迎合和满足消费者需求是新产品开发策划的根基。

四、投资项目策划

投资项目策划分两类：一类是企业在经营过程中根据营销情况，为扩大经营范围，开发新项目而进行投资；另一类是企业根据资金流状况，进行资本运营，策划投资方向，以达到获利的目的。高尔夫球会投资项目策划存在较大风险，须特别慎重。

五、公共关系策划

公共关系是高尔夫球会与外界建立起广泛的、良好的，而且是有利可图的关系，以利于业务的发展。利用何种资源，采用什么方式方法来开展公共关系活动，就是公共关系策划的任务。

六、赛事策划

高尔夫赛事策划就是如何进行赛事营销。首先必须明确举办赛事是以盈利为目的，还是以树立形象为目的。策划赛事一定要分析赛事市场和企业自身能力，在赛事的性质上、规模上和影响力方面都必须被内部和外部条件所允许。赛事实际上是一项工程，高尔夫球会对赛事的组织管理能力非常重要。高尔夫赛事管理要点主要有：

（1）赛事的规划。

（2）赛事后勤方案与控制。

（3）赛事接待流程控管。

（4）赛事谈判合同管理。

（5）赛事风险管理。

七、大型专题活动策划

策划大型活动主要是为高尔夫球会制造声势，扩大影响力。专题活动的主题要与企业或高尔夫运动有关联。收入和支出要持平，最好有盈利。大型活动投入较大，策划时最好考虑联合其他企业或团体共同举办，这样可以减少投入，降低风险。另外，策划大型活动一定要得到当地政府的支持。

八、广告策划

广告策划就是根据目的和要求，确定诉求对象，分析和选择媒体，进行广告创意和制作，安排广告投放等。高尔夫球会策划广告应遵循“投入少，效果好”的原则。

第十七章　高尔夫球会市场营销策划管理

高尔夫球会市场营销不仅要有吸引人的球场和产品，还要求高尔夫球会有合理、高效的营销策略，并通过它与目标市场产生关联，使消费者获得他们的需求。营销是高尔夫球会将其与消费相关的、有说服力的信息通过有效渠道的传播告知目标市场，促使消费者做出购买行为的市场营销活动，是高尔夫球会与消费者之间的信息沟通。

第一节　高尔夫球会营销概述

一、高尔夫球会营销方式

高尔夫球会营销是通过各种方式向消费者传递高尔夫消费的相关信息，以实现球会与高尔夫消费市场的有效沟通，从而刺激消费者的消费欲望和兴趣，引发消费者的购买行为和消费方式的综合性策略活动。

	人员营销	非人员营销
营销方式	人员营销是高尔夫球会通过营销人员与消费者沟通，说服其进行高尔夫消费的方式。	通过各种传媒传递产品或服务信息，促使消费者产生消费兴趣的方式。
优点	针对性较强，沟通直接，信息详细，便于释疑。	影响面广。
缺点	这种点对点的行为影响力较窄。	针对性差，无交流，消费者被动地接受相关信息。
推广形式	在形式上是面对面的推销。	主要形式有广告、公共关系等。

二、高尔夫球会营销功能

（1）传递信息。营销的主要任务就是通过信息的传递，一方面使消费者了解高尔夫球会产品与服务的有关信息，另一方面及时了解消费者对高尔夫球会产品的看法和意见，以迅速解决经营中的问题。

（2）刺激需求。高尔夫球会通过营销活动，使消费者加深对球会及相关产品知识的了解，引起消费者的需求兴趣。通过劝说和提醒，使消费者实现对高尔夫球会产品的消费行为，从而达到扩大销售的目的。

（3）突出优势。在高尔夫市场竞争比较激烈的情况下，通过营销对高尔夫球会的营销特色、产品的竞争优势和特点的介绍，使消费者了解到球会和产品所带来的特殊利益，以激发消费欲望。

（4）树立形象。高尔夫球会的良好形象和声誉是一种无形资产，直接影响其产品销售。通过营销活动，在扩大销售的同时，使球会和产品在消费者心目中树立良好的形象，提高球会的声誉，巩固产品的市场地位，从而为球会的长远发展奠定基础。

三、高尔夫球会营销效应

（1）注意力效应。在高尔夫市场营销中，针对激烈的市场竞争，高尔夫球会必须通过策划制定出有效的营销策略，对目标市场和广大的潜在消费者进行富有创意而新颖的营销，使目标消费者群体在竞争的市场中产生“引力”，将注意力吸引过来，从而达到对球会产品的认知，激发消费者需求，引起更多潜在消费者的关注。

（2）品牌效应。高尔夫是非物化的精神产品，消费也就具有“期货”的性质，还有不可感知性，对其质量和服务水平难以评估。可通过采用营销组合形式，运用广告、公共关系等有效手段，加强对高尔夫球会形象的长期持续的宣传，从而形成品牌效应。与此同时，通过加强管理，提高服务水平，使消费者认识到品牌价值，从而提高球会的信誉。

（3）标识效应。高尔夫球会通过营销，突出球会的营销特色，强调产品的独特之处与其他球会形成鲜明对照，产生差异性的标识效应，从而提高高尔夫球会的核心竞争力，树立起鲜明的形象。

第二节　高尔夫球会营销策略

高尔夫球会营销有不同的策略。从营销活动的运作方向来看，有推动策略和拉引策略；从营销特点来观察，有主题营销策略；从营销方位分析，又有营销组合策略。无论制定何种形式的策略，都要依据对市场竞争、球会性质、产品特点、营销目标等诸多因素的综合分析来确定。

策略形式	具体内容
推动策略	推动策略指以人员营销方式为主进行营销的策略。由于人员营销具有直接面对消费者的特点，营销人员可以通过介绍将高尔夫球会产品的特点、性质和相关情况直接展示在消费者面前，其目的是说服消费者，使他们接受购买，具有直接推销的性质。
拉引策略	拉引策略指通过非人员营销方式，即广告活动等，把消费者吸引到高尔夫球会营销产品上来的一种营销策略。拉引策略的目的在于通过广告的宣传，引发消费者的购买欲望和动机，从而激发消费行为的实现。拉引策略具有诱引消费的性质。
主题营销策略	随着高尔夫运动的发展，高尔夫消费的方式愈来愈多，出现多种形式的消费活动。高尔夫球会通过策划构思，设计出一个个形式特别、鲜明的高尔夫主题产品，再通过包装展现在消费者面前，如旅游高尔夫、会议高尔夫、高尔夫夏令营等。主题营销强调用鲜明的主题来打动消费者，促使消费者产生消费动机。主题营销策略是高尔夫营销探索出的一条新的道路。
营销组合策略	营销组合策略是采用全方位的营销手段，将广告、公共关系、人员推销、营业推广等四种方式有机结合，综合利用，试图在较短的时间内达到营销目的的一种营销策略。高尔夫营销组合的运用，要根据球会营销策略、资金状况和综合实力来进行。

一、高尔夫球会营销特点

1. 广告营销特点

广告是一种通过大众媒体与有选择的受众进行付费的、非人员的信息沟通。广告作为一种信息沟通活动，是高尔夫球会在营销组合中应用最广泛的营销方式。

（1）具有公众性，是高尔夫大众化的信息传播方式。

（2）渗透性强，能够反复地重复同一信息，有利于消费者产生视觉记忆。

（3）表现力强，对各种信息载体可进行艺术化运用。

（4）非直接性，使消费者感觉不到消费压力，全凭自我感受作出消费判断。

2. 公共关系营销特点

公共关系是一种非付费的、非人员沟通方式。在公共关系的运作下，高尔夫球会组织针对消费者、供应商、政府部门、社会大众进行沟通，企图塑造球会组织本身与产品或品牌的良好形象。

（1）能够树立良好形象，创建品牌效应。

（2）能够建立和谐关系，使高尔夫球会与消费者或相关单位之间关系稳定，从而有利于建立稳定的顾客消费群体。

（3）有利于争取长期市场，不断吸引潜在消费者，逐渐扩大市场份额。

3. 人员推销特点

人员推销是一种推销人员与一个或一个以上的消费者进行面对面的交谈，旨在帮助和说服消费者购买高尔夫球会产品的方式。通过人员推销来与受众沟通比通过广告沟通的针对性强得多，而且这种方式可及时得到反馈，并往往比广告更有说服力。

（1）能够直接沟通，向消费者面对面地传达信息。

（2）通过沟通，可与消费者建立起良好的关系。

（3）反应迅速，能够立即收到反馈信息。

4. 营业推广特点

营业推广通常是指高尔夫球会运用各种短期诱因来刺激需求，鼓励消费者购买球会的产品和服务，是需求能立即增加的一种短期工具。

（1）沟通性好，提供相关信息引诱消费者接近高尔夫球会产品。

（2）激励效益，通过提供奖励，起到刺激消费的作用。

（3）招徕效用，提供优惠，对高尔夫消费者产生招徕作用。

二、高尔夫球会营销组合

高尔夫球会可根据产品生命周期的各个不同阶段，采取不同的营销方式和不同的侧重点。在实际运用中应综合考虑影响组合的因素来协调使用几种营销方式，以制定出符合球会营销的营销组合策略。

生命周期	营销重点	营销组合方式
投放期	提高产品知名度。	（1）采用广告和公共关系组合。 （2）采用营业推广作为辅助手段。
成长期	扩大市场占有率。	以广告和公共关系组合为主。
成熟期	稳定市场份额，吸引潜在消费者。	（1）人员推销、广告组合。 （2）更新广告内容，改变营业推广方式。
衰退期	维持市场份额。	营业推广为主。

第三节　高尔夫球会营销操作流程

高尔夫球会营销就是球会与消费者之间的信息沟通。主要是建立信息源，选择沟通渠道，确定营销组合，反馈管理等操作流程。

程序一：建立信息源

（1）信息源即高尔夫球会向消费者与潜在消费者传播的宣传主题。

（2）信息源的建立应构思巧妙，主题清晰，内容独特，具有吸引力。

①理性吸引。即向消费者传达符合利益追求的详细情况。如产品特色、消费费用、服务水平及有关功效的信息。

②感性吸引。即通过球会的形象传递一种特殊感情，来吸引注意力。

（3）建立的信息源应具有很强的吸引力。

程序二：选择沟通渠道

（1）信息沟通渠道分为人员信息沟通渠道和非人员信息沟通渠道两种。

（2）不管选择何种信息沟通渠道，高尔夫球会都要根据营销策略和方针，结合占有的各种资源条件来考虑。

（3）要依据目标市场接受信息的方式和经常性通道来决定最符合营销目的的信息沟通渠道。

程序三：确定营销组合

（1）立体式的信息传播。如果高尔夫球会考虑到单一的营销手段或一种沟通渠道难以使信息到达消费者面前，或难以使球会获得竞争优势，那么可以将多种营销方式加以组合，进行立体式的信息传播。

（2）确定营销组合。要注意组合比，营销组合比不是平均的，而是以一种手段为主，其他为辅。

（3）通过有机的结合来有效地开展营销活动。

程序四：反馈管理

（1）市场营销的信息沟通是一个动态的互通过程，既有传播，也有反馈。高尔夫球会对信息反馈的管理非常重要。

（2）反馈是消费者对球会所宣传的信息反应，表明了消费者的意愿和疑虑。

（3）高尔夫球会应根据消费者的反馈，及时调整信息源，使二次传播更具有吸引力，以诱使消费者改变态度，转向对球会的偏爱，朝着有利于球会营销的方向发展，从而达到营销的目的。

第十八章　高尔夫球会形象策划管理

第一节　高尔夫球会形象策划特点

一、高尔夫球会形象的含义与内涵

1. 形象的含义

“形象”这个词有三种含义：第一种含义，是指事物的外部形状，如平时所说的“形象思维”、“形象教育”中“形象”一词的含义；第二种含义，是指文艺作品中策划的人物的精神风貌和性格特征，这是一种艺术形象；第三种含义，是指人们对某种事物的形状、性状、形态的抽象，它是从前两种含义中衍化出来的。“组织形象”中的“形象”一词就属于第三种含义。

2. 形象的内涵

是指受众对高尔夫球会在经营活动中的行为特征和精神面貌的总体印象，及由此产生的总体评价。高尔夫球会形象既是受众对高尔夫球会性状的抽象，也是对高尔夫球会特征和状况的抽象反映，是一种和评价相联系的观念状况。

二、高尔夫球会形象的基本特点

1. 高尔夫球会形象是客观的

任何一家高尔夫球会，都处在一定的舆论环境之中，它的行为及其产品或服务，必然给人们留下某种印象，从而产生某种评价。这些印象和评价就构成了一家高尔夫球会客观的社会形象。虽然高尔夫球会形象的建立离不开传播，需要通过传播影响受众舆论，但受众舆论是反映高尔夫球会形象的一面镜子。传播只是“投影过程”，“影像”的好坏归根结底取决于高尔夫球会自身的行为及其产品或服务是否完善。高尔夫球会自身的完善是良好形象的客观基础和基本内涵。

2. 高尔夫球会形象是多面的、立体的综合反映

反映一个高尔夫球会形象的角度是多面的。从不同的角度来看，会对同一家高尔夫球会得出不同的印象；在不同的时期，也会对同一家高尔夫球会产生不同的评价。而且，影响一家球会形象的自身因素也是多方面的，可以将一家球会的总体形象分解为各种形象要素。一家高尔夫球会的良好形象不仅取决于先进的设施、设备和优质的服务，还取决于其经营方针、管理效率、员工素质、名称、徽记和会所、球场设施等因素。受众往往会根据不完全的证据，如一个员工的服务态度或每一位球童的服务技能等，而对高尔夫球会形成某种印象（特别是第一印象）。所以，不应忽略任何细节，任何一个方面的不完善都可能对高尔夫球会形象产生不良影响。

3. 高尔夫球会形象是相对的

一方面，高尔夫球会面对的受众广泛而复杂，不同的受众对高尔夫球会有不同的需求和兴趣，与高尔夫球会交往的角度和关系的深度也不同，对高尔夫球会的看法和评价必然存在着各种差别。另一方面，高尔夫球会所建立起来的形象也不是一成不变的，会随着内外部受众舆论环境的变化而变化，需要时刻从各个方面不断地加以完善和创新。

第二节　高尔夫球会形象构成要素

认知、信赖和好感是构成高尔夫球会形象的三大要素。

高尔夫球会的形象往往通过对外界的信息传递而形成。信息传递必须得到消费者的认知，消费者需通过对球会的认知，才能进一步产生好感和信赖。而只有产生好感和信赖的消费者，才有可能成为购买高尔夫球会产品的忠实消费者。

销售是信息传递过程中的最终阶段，也是经营活动的最终目的。要达到销售的目的，就需要加深信赖感和好感的程度，而要达到这一目的，就应加强高尔夫球会被认知的程度。

认知、信赖和好感是构成高尔夫球会形象的三大要素，球会的“基本形象”与其在市场上的占有率以及销售额的大小等都有着十分密切的关系。因此，高尔夫球会要通过各种方式开展各种活动，让广大消费者认知并对其产生信赖和好感，最终达到扩大销售和树立球会形象的目的。

一、受众认识和了解服务与产品过程

（1）认知是高尔夫球会形象策划中的第一个构成要素。在通常情况下，消费者在购买高尔夫球会产品之前，必须对高尔夫球会产品或高尔夫球会产生好感和信赖。要使消费者对其产生信赖和好感，又必须先使他们了解高尔夫球会产品的性能和高尔夫球会的存在，所以认知是高尔夫球会形象中应该考虑的首要问题。

（2）认知就是受众认识和知道高尔夫球会服务与产品的过程，也就是受众要了解高尔夫球会服务与产品的存在。认知包括多种情况：知道得很详细、很清楚；只停留在表面的认识，而不清楚具体内容；没有亲自住店的体验，只听过他人简单介绍；虽然不是很了解，但知道它的存在等。

（3）以上除了第一种认知以外，其他都是浅层次的认识，只是得到信息而已，还没有涉及对高尔夫球会服务与产品的感觉和评价，只是获得某些信息，但也意味着已经把信息传入了人的大脑。这是一个从不知到认知的飞跃，实现的是一个质的飞跃。所以，认知是高尔夫球会形象中的第一基本要素。

二、受众对认知加强

（1）信赖是高尔夫球会形象另一个构成要素。随着“认知”的不断加强，信息不断传入，逐渐形成了确定的信号——信赖。

（2）信赖的形成还有各种不同的程度和各个不同的阶段。但一般来讲，认识程度越深，就越能加强“信赖感”。

三、服务与产品得到评价

（1）好感和信赖一样，同是高尔夫球会形象的构成要素。

（2）好感是指高尔夫球会或高尔夫球会产品已经得到了肯定的评价。认知程度越深，好感程度越强。

（3）好感和信赖有相似之处，有时两者可以产生相同的作用。只是信赖往往与高尔夫球会的实力相呼应，而好感则多一些主观的感情色彩。

第三节　高尔夫球会形象构成主、客体及媒体

高尔夫球会形象的策划过程，实质上是某一主体通过特定的传播手段，向受众传递信息，调节主体与受众（客体）之间关系的一种活动。其关系可表示为：

一、高尔夫球会形象策划的主体

高尔夫球会形象策划，其主体性的发挥应该表现在策划的具体目标与高尔夫球会的总目标一致上。

高尔夫球会是由人组成的，怎样进一步调动每个成员的积极性，是策划高尔夫球会形象的一个重要任务。为了实现高尔夫球会的总目标，必须实现高尔夫球会内部的稳定与和谐。高尔夫球会良好形象的树立将会增强高尔夫球会的凝聚力，并激发职工的积极性和创造性——为高尔夫球会的发展而努力工作。

高尔夫球会作为社会组织的一类，也有自己的目的。高尔夫球会的目的就是为社会提供康体、娱乐、饮食、住宿、购物消费等综合性的接待服务，高尔夫球会的各个部门应围绕球会接待服务的诸环节开展工作。高尔夫球会形象的策划应该与高尔夫球会的总目标相一致，例如：为使高尔夫球会产品能得到广大消费者的了解和接受，就要通过广告进行宣传；为使其不断增加客源和扩大市场，就要通过各种公共关系活动来协调各种关系，并通过各种媒介，树立高尔夫球会的良好形象。

二、高尔夫球会形象策划的客体

高尔夫球会形象的客体是受众，这里的受众是指面对某个共同的问题而形成的社会群体。

高尔夫球会的受众是那些购买高尔夫球会产品和接受高尔夫球会服务的消费群体。不同的高尔夫球会有不同的受众，即不同档次、不同类型的高尔夫球会，其消费群体也不相同。高尔夫球会的消费群体既是高尔夫球会的受众，也是高尔夫球会形象的受众。因此，高尔夫球会形象的受众在数量上是变动的。由此可见，受众的形成取决于共同问题的出现。具有相似目标和性质的高尔夫球会，往往拥有相似的受众，如相同档次和相同类型的高尔夫球会拥有相同的消费群体，也就是相同的受众。而高尔夫球会形象的作用在于以自己特有的视觉识别和活动识别来吸引更多的受众。

对一家高尔夫球会而言，它有已形成的受众，还有潜在的受众。不可忽视潜在受众的作用，它是高尔夫球会形象策划的主要对象。如某高尔夫球会提供新的服务项目，就是要吸引更多的潜在受众。高尔夫球会形象策划的任务就在于采取一系列措施，吸引这部分潜在受众的注意力，尽快使这部分潜在受众变成现实受众。

高尔夫球会应针对不同受众，采用不同的方式和方法，以协调作为主体的企业和作为客体的受众之间的关系，为策划高尔夫球会的良好形象而努力。

第四节 高尔夫球会形象构成内容

一、高尔夫球会形象策划的媒体

高尔夫球会形象策划的过程，实际上也是一种传播信息的过程。通过高尔夫球会形象把信息传递给受众，同时又把受众的反映反馈到高尔夫球会，使球会和受众之间能达到某种默契和理解，从而达到策划高尔夫球会形象的目的。

（1）符号。这是传播高尔夫球会形象信息的重要载体。它除了指文字、语言外，还包括名称、标识、颜色、字体等（称为视觉识别系统）。高尔夫球会应该熟悉并运用各种符号来准确、形象地传递各种信息。

（2）资料。提供充分、详尽的资料，是争取受众支持与合作的基本方式。每家高尔夫球会都会通过印刷精美的介绍本高尔夫球会的资料、出版高尔夫球会刊物、年季度的经营报告、举办展览、电视和公共关系广告等进行宣传。

（3）报道和活动。将本高尔夫球会的新情况和新动向通过传播媒介扩散出去，吸引受众的注意力或为受众提供服务。这种信息必须是与受众的利益密切相关，为受众所喜闻乐见的。如某球会的服务质量一度下降，顾客怨声四起，为重新赢得信誉，该球会着手改进，使质量又恢复到以前的最佳水平。高尔夫球会应及时将这个最新动态宣传出去，这样既能尽快挽回球会的声誉，对顾客也有益。

（4）态度和价值观。主要是指高尔夫球会在接待服务中，员工所持的态度和方式。同时，高尔夫球会是社会的一员，自觉地承担社会责任和义务，也是策划良好形象的重要内容。

（5）实物。策划高尔夫球会形象的任务在于：要运用各种传播手段，实事求是、准确地借助实物向受众传播高尔夫球会的信息，使受众不但了解实物，而且通过实物还能看到高尔夫球会的良好形象。实物是传播信息的一个重要渠道。对高尔夫球会而言，实物既包括高尔夫球会硬件，如球场风格、会所大楼、设备、用品、餐厅装饰、菜肴质量、球会纪念品等，也包括高尔夫球会软件，如客户所接触到的管理人员的水平和效率、服务人员的服务态度和球童技能等。

二、高尔夫球会形象的构成内容

高尔夫球会的人员形象、管理形象、实力形象以及产品和服务形象，是构成高尔夫球会整体形象的主要因素。高尔夫球会的名称、球会标识、象征物、广告语、代表色等，也是构成高尔夫球会形象的要素。

1. 高尔夫球会的人员形象

（1）高尔夫球会领导者的形象。包括领导者的资历、才能、胸襟、知识、作风、水平等。领导是高尔夫球会的代表，领导形象体现高尔夫球会的形象。领导的形象好，高尔夫球会的形象也会跟着好，这在心理学上称为“光环效应”。反之，领导的形象不太好，传出了大丑闻，高尔夫球会形象也会受到连带影响。

（2）高尔夫球会管理人员的形象。高尔夫球会管理人员的形象包括他们的品德、个性、才干、能力等。管理人员是高尔夫球会的特定代表，既是球会经营的组织者，又是实施者，是高尔夫球会直接与受众联系和交往的代表，所以也在一定程度上体现着高尔夫球会的形象。

（3）高尔夫球会员工的形象。高尔夫球会员工的形象包括他们的工作能力、服务态度、道德修养和文化程度等。由于高尔夫球会员工直接面对顾客，可以说是高尔夫球会的“门面”，所以，员工形象是高尔夫球会形象构成的一个重要方面。

2. 高尔夫球会的管理形象

高尔夫球会是一个系统，管理是一种控制，高尔夫球会管理是一种系统的控制。高尔夫球会内部的各个子系统运行正常，各要素充分发挥作用并和谐一致，显示出高尔夫球会管理水平高超，就能在受众中产生一个良好的高尔夫球会管理形象。反之，各个子系统在运行中经常出现故障，各要素经常发生冲突，也会在受众中产生不良的高尔夫球会管理形象。高尔夫球会的形象是依靠管理来策划的，高尔夫球会管理的形象反映了高尔夫球会的形象。

3. 高尔夫球会的实力形象

高尔夫球会的经济实力对形象的策划也有很大的影响。高尔夫球会的实力形象一方面反映在高尔夫球会的空间上，即高尔夫球会的球场的设计风格、会所的建筑构造、装修格调、设施设备、环境状况等，是高尔夫球会存在和发展的物质基础，是构成高尔夫球会形象的“硬件”。另一方面反映在高尔夫球会员工的待遇与福利上。员工的工资高、福利好，一般说明球会的经济效益好，实力雄厚，有凝聚力，会使员工产生归属感。所以，经济实力是高尔夫球会形象策划的物质基础。

4. 高尔夫球会的产品和服务形象

高尔夫球会的产品和服务直接与消费者发生关系，对于消费者来说是最为重要的。因此，产品形象和服务形象是高尔夫球会形象的缩影或代表。产品和服务的形象是直观的、最易受评价的。通过产品和服务形象来反映高尔夫球会形象，是树立高尔夫球会形象的主要途径。当然，高尔夫球会形象一旦形成，也会反过来影响产品和服务的形象。

第五节　高尔夫球会形象策划方法

高尔夫球会形象策划的方法是针对高尔夫球会一定的公共关系目标和任务而实施的若干具体方法与技巧。不同类型、不同规模的高尔夫球会或同一高尔夫球会的不同发展阶段，或同一阶段中针对的不同受众对象及公共关系目标和任务，需要采取不同的公共关系活动方式。

方法一：建设型策划

高尔夫球会的销售人员采取宣传和交际的方式，向受众主动作自我介绍，主动结识各方朋友，努力让更多的人知道自己、了解自己，从而进一步接近自己，这就是建设型的策划方法。

它的主要功能是提高高尔夫球会的知名度，启发和引导受众对球会的认识、好感和信赖。建设性策划法主要适用于高尔夫球会开创阶段以及某项服务、产品的初创问世阶段，为提高知名度，一般采用高姿态的传播方式，如开业广告、开业庆典、免费招待等。

方法二：维系型策划

维系型策划方法是通过各种传播媒介，以较低姿态，持续不断地向受众传送高尔夫球会的各种信息，在不知不觉中创造并维持一种有利的气氛，使球会的良好形象潜移默化地留存于受众的长期记忆系统中。这一方法适用于高尔夫球会的稳定、顺利发展时期。如保持一定的见报率，长期树立在高大建筑物上的高尔夫球会名称、标识等巨型广告；逢年过节对常客的拜访、慰问，对老关系客户实行适当的优惠或奖励制度等。

方法三：防御型策划

防御型策划方法主要是发挥高尔夫球会的内部职能，及时地向决策层和各业务部门提供外部信息，特别是反映批评意见的信息，提出改进的参考方案，协助各部门协调内部员工关系，以防为主，堵塞漏洞。防御型策划方法适用于高尔夫球会出现潜在的公共关系危机的情况。

方法四：矫正型策划

矫正型策划方法是在高尔夫球会公共关系出现严重失调、形象发生严重损害的情况下，立即采取的一系列有效措施，配合其他部门恢复被损害的形象，挽回声誉。

一般分为外部矫正和内部矫正两方面。外部矫正是指由于外在的某种误解、谣言，甚至人为的破坏，损害了高尔夫球会的形象。为此，应迅速查清原因，公布真相，澄清事实，纠正或消除损害形象的因素。内部矫正是由于高尔夫球会内在的不完善造成产品质量、服务态度、服务质量、管理政策、经营方针等方面出现问题，从而导致对外公共关系严重失调。这时，应设计暂时降低高尔夫球会知名度的方案，尽量控制影响范围，同时将外界舆论反馈给决策者和其他有关部门，分析失调的原因，提出纠正的措施，并协助有关部门解决实际问题，利用各种方式向传媒和受众及时公布纠正的措施和进展情况，平息风波，重获信任。

方法五：进攻型策划

进攻型策划方法适用于高尔夫球会系统与环境发生某种冲突、摩擦的时候，为了摆脱被动，开创新局面，抓住有利时机和条件，改变决策，迅速进行调整。该方法可使高尔夫球会避免受环境的消极影响；改变球会对原有社会环境的依赖型关系；不断拓展新的市场和开发新的产品，吸收新的顾客群；组织同行业联合会进行协作与交流，尽量减少与竞争者之间的摩擦等。

方法六：宣传型策划

宣传型策划方法的特点是主导性强、时效性强，能有效地利用传播媒介沟通高尔夫球会与受众的关系。

宣传型策划方法是利用各种传播媒介迅速地将高尔夫球会内部信息传送出去，以加强受众对球会的了解程度，形成有利的社会舆论。其具体形式包括发新闻稿、制作公共关系广告、印刷发行公共关系刊物和各种视听资料、举行各种大型活动或表演等。

方法七：交际型策划

交际型策划方法是通过无媒介的人与人的直接接触，为高尔夫球会广结良缘，建立广泛的社会关系。主要形式包括社团交际和个人交际，如高尔夫联谊赛事、宴会、座谈会、招待会、专访、慰问、电话沟通、亲笔信函等。它具有直接性、灵活性和人情味的特点，能使人际间的沟通进入“情感”的层次。

方法八：服务型策划

服务型策划方法对于一家高尔夫球会来说是至关重要的。服务型策划方法是以各种实惠的服务为媒介，向受众提供各种实在的服务，以期获得受众的了解和好评。如各种消费引导、消费培训与指导、售后服务以及各种完善的服务措施等。

方法九：社会型策划

社会型策划方法是高尔夫球会通过举办各种社会性、文化性、公益性、赞助性的活动来开展公共关系的模式。其目的在于策划高尔夫球会的企业文化形象、社区公民形象，以提高高尔夫球会整体的社会知名度和美誉度。具体形式有赞助文化、教育、体育、卫生等事业，支持社区福利慈善事业，扶持新生事物，参与国家、社区的重大活动并提供赞助等。其特点是着眼于整体形象和长远利益，公益性强、文化性强、影响力大，同时成本也比较高。

方法十：征询型策划

征询型策划方法是策划人员以搜集信息、舆论调查、民意测验、参与决策等手段，以民意代表的姿态出现，及时对民意和舆论情况作出反应，为高尔夫球会的经营管理决策提供参谋，实现高尔夫球会与社会环境之间的动态平衡。具体形式包括开办各种咨询业务，建立来访来信制度和客户意见征询制度，设立热线电话，接受和处理投诉等。征询型策划方法的特点是通过日积月累的努力，逐步形成良好的信息网络。

第六节　高尔夫球会形象策划实施流程

高尔夫球会形象设计主要是以调查研究结果为依据，进行高尔夫球会未来的定位设计，构筑理念体系，进而设计出系统的行为传播形式和视觉传播形式，以策划企业的全新形象。

一、策划高尔夫球会形象总提纲

程序一：作出形象总提纲

高尔夫球会形象的导入，需要大力宣传和灌输高尔夫球会形象知识，营造一种氛围，作出一份完整的、切实可行的高尔夫球会形象总提纲。

程序二：重新评估球会组织理念

依据高尔夫球会形象调研报告，重新评估球会组织理念，构建新的经营策略和高尔夫球会形象总方针，并作为未来管理高尔夫球会的方向，统称为高尔夫球会形象总提纲。它是有关高尔夫球会形象的策划书，是表达总体策划思想、战略方针与精神内涵的文本。

程序三：总提纲的策划

一般经过“问题提出 + 创意形成 + 理念设定 + 策略制定 + 要领设计 + 计划传播 + 提纲撰写”的过程。

程序四：确立总提纲叙述的项目

包括对调查结果的意见和建议、经营中的主要问题、组织活动及形象构筑方向、新形象概念、基础设计开发、高尔夫球会形象的有关设计项目及今后具体的推进思想等。

二、提出标志的设计方案

程序一

调查领导者的意向、意见和要求，特别是在高尔夫球会组织的未来发展方向上谋求共识。

程序二

调查员工对高尔夫球会组织形象的意见和看法，谋求认同和参与。

程序三

调查受众对高尔夫球会组织形象的评价和期望，谋求对高尔夫球会的理解和支持。

程序四

调查高尔夫球会组织的外部环境，明确约束条件，做到了如指掌，百战不殆。

程序五

提出企业形象设计的基础要素方案，特别是标志的设计方案，并进行展示和评选。

三、设计视觉识别系统

程序一

视觉识别设计，应从基本因素的设计开始，再将其运用于应用项目。

程序二

反复进行比较、分析、筛选和完善，设计出能诠释组织形象的视觉识别系统。

四、编制高尔夫球会形象手册

程序一

高尔夫球会形象手册应具备指南、保障和规范的功效。其具体内容应包括高尔夫球会应用要素视觉设计成果的记述及设计要素的实用功能、理念与情感的象征意义、审美特征、色彩规定、空间效果与尺寸缩放比例规定、组合单元应用规定、制作要求（材料、式样、规格）等内容。

程序二

将全部高尔夫球会形象内容印刷成册，作为贯彻执行、检查监督的依据。

五、实施管理与评估

程序一

向内外受众发布导入的新闻，控制新闻导向。

程序二

对员工进行必要的教育和培训，按高尔夫球会形象手册的规范严格管理，随时检查监督，落实奖惩措施。

程序三

建立专家评估、交流制度。高尔夫球会形象设计涉及文化背景分析、理念提炼、组织问诊、哲理思考、实地调查、数据分析处理、要素重新组合、概念确立、提纲撰写、框架搭构等诸多方面的运作。因此，进行高尔夫球会形象设计时，要讲求科学性、规范性，且突出统一性，最终落实到可传播性和可操作性上。

程序四

定期修正和完善设计，不断提高高尔夫球会的管理水平。

第十九章　高尔夫球会广告策划管理

第一节　高尔夫广告特点与作用

一、高尔夫广告特点鲜明

高尔夫广告是专门为高尔夫市场营销而通过公众传媒发布的企业或产品的相关信息，以扩大其影响，提高知名度，树立高尔夫形象的一种营销方式。高尔夫广告与其他市场营销方式相比较，具有其鲜明的特点。

（1）高尔夫广告作为一种实用艺术的表现形式，具有强烈的表现力和吸引力。随着科学技术的发展，大众传媒的种类愈来愈多，给广告的表现提供了更多的创作空间。与之相比较，高尔夫广告的感染力是其他市场营销方式力所不及的。

（2）高尔夫广告传播面广，采用公开的信息沟通方式。其信息覆盖面相当大，在较短的时期内，能迅速地得到广泛的传播，影响力非常强大。

（3）高尔夫广告的制定和发布成本相对较高。

（4）高尔夫广告是一种非人员接触的营销方式，因此，广告内容和方式对高尔夫消费者的影响极大。

（5）高尔夫广告效果具有一定的延时性特点。由于高尔夫广告的非人员接触性，广告需要对消费者进行数次的重复刺激，才能激发其购买行为。

二、高尔夫广告营销作用

1. 引导功能

（1）美学功能。广告是一门实用艺术，通过广告的表现形式和传播内容的完美统一，能让消费者产生美感，从而将这一美感移植到高尔夫企业和产品上去。

（2）心理功能。通过高尔夫广告的传播，可使消费者在心理上产生一种感情，扫去拒绝心理，从而提高对高尔夫企业和产品的认知度。

（3）认识功能。通过高尔夫广告的介绍，可以帮助消费者对高尔夫企业和产品、品牌、服务等有一个较为客观的认识。

（4）教育功能。高尔夫运动有着悠久的历史，形成了一种高尔夫文化。通过高尔夫广告的传播，有助于加强高尔夫消费者对高尔夫运动的深层次认识，从而产生消费的兴趣，实现购买行为。

2. 刺激需求

通过高尔夫广告的创意，很好地将高尔夫企业与产品的特点艺术地展现在消费者面前，极富感染力。通过对高尔夫消费者视觉进行不间断的反复刺激，能够使其产生一种跃跃欲试的欲望，从而激发其消费行为。

3. 传递信息

沟通高尔夫企业与消费者之间的关系是高尔夫广告的基本作用。通过广告，消费者可以对高尔夫企业及其产品有一个比较清晰的了解。

第二节　高尔夫广告媒体类别

一、广告媒体种类

（1）平面广告媒体。平面广告媒体以各类报纸和期刊为主。除此以外，画册、产品目录、传单、相关票证、电话簿、交通时刻表等都是这类广告媒体。

（2）电子广告媒体。电子广告媒体包括电视、广播、电影、幻灯片、电子显示屏、网络等。

（3）户外广告媒体。户外广告媒体包括广告路牌、大型海报、霓虹灯、条幅、车厢广告、墙绘广告、站牌广告、气球广告、飞艇广告等。

（4）展示广告媒体。展示广告媒体包括陈列橱窗、门面、柜台、实物、实物模型、人体广告等。

（5）邮寄广告。邮寄广告类别指可以通过邮局邮寄传播的一些信息资料，包括技术资料、产品说明书、宣传小册子、明信片、贺年卡、挂历以及随报直投的宣传资料等。

（6）其他载体。其他载体是一些实用性用品上依附的广告，包括火柴盒、手提包、购物袋、包装纸、纪念册、运动衫、馈赠礼品等。

二、广告媒体优点与缺点比较

广告媒体	优　点	缺　点
报纸	时效性强，较有弹性；对当地市场覆盖面广；可信度高；费用低。	延续时间短；广告表现力差；广告不易被记住。
杂志	声誉可信度高；持续时间长；广告表现力强；易于被传阅；地区与人口选择性强。	广告周期长；发行量少；价格偏高。
广播	地区覆盖面广；地区与人口选择性强；成本低；信息传播不受时间限制；及时、灵活。	缺乏视觉吸引力，表达不直观；听众记忆起来相对困难。
电视	视听并存，图文并茂，富有感染力；传播范围广泛；速度比较快。	费用高；时间短；观众选择性小，存在一定的设计制作难度。
网络	覆盖范围广；费用低廉；可以根据更加细微的个人差异将客户分类，分别传递不同信息；成交概率高；多媒体动感；快速便捷性、互动性；巨大的信息承载量。	效果评估机制不完善。
直接邮寄	灵活性强；读者的专业性高；受时空限制少。	针对性不强；限制创造性的表现；人员、时间、经济投入高；容易引起收件人的反感。
户外广告	灵活性强；可重复展示，成本低；醒目。	针对性不强；限制创造性的表现；内容表现局限性大。

第三节　广告投放操作流程

广告媒体的选择直接决定高尔夫广告的投放效果。广告的目的是为了影响消费者的行为，从而促使其采取行动。高尔夫广告包括商品与服务两大部分，最终是为了销售相关产品和服务。

广告是一种市场经济活动的信息传播手段，种类繁多，具有非人员性质，是非面对面的沟通；可以用非人员的任何形式进行介绍。广告活动必须通过一定的媒体，其对象是广告的消费者。广告是通过策划和创意形成的，不是随意的，其信息发布是有计划的；传播是广告的关键环节，广告是通过传媒来进行传播的，应有特定的广告主，并由其支付广告费用。

程序一：根据产品特性选择广告媒体

高尔夫及其产品的特性与选择广告媒体有着密切的关系，广告内容的性质如何，是产品广告还是形象广告，是创新产品还是传统产品，都应该根据广告内容的性质来决定。

程序二：根据媒体性质选择广告媒体

（1）不同的广告媒体，有相对稳定的受众群体和传播范围。

（2）媒体的性质不同，对消费者所产生的影响也不同。

（3）选择媒体不仅要了解媒体的受众对象、覆盖地区、发行量、收视率、媒体影响力等，而且还要了解详细的广告价目。如果是户外广告等，还要考虑地段、人流量、车流量等具体情况。

（4）选择媒体就要深入地了解各种媒体的性质。

程序三：根据媒体受众选择广告媒体

（1）广告媒体受众是广告信息的传播对象，是影响广告媒体选择的重要因素。

（2）媒体受众的年龄结构、性别、民族、文化水平、信仰、习惯、社会层次等因素，都直接影响高尔夫产品的广告效果。因此，发布广告时要针对那些与高尔夫目标市场相对吻合的广告媒体受众，他们是高尔夫企业真正的潜在消费者。

程序四：根据广告预算选择广告媒体

（1）高尔夫企业投入广告的资金是有一定预算的。

（2）高尔夫企业所能承担的广告费用额度就是选择媒体的一个基本要素，对广告媒体的选择产生直接影响。

（3）媒体选择应在此基础上尽可能实现广告效果的最大化。

程序五：根据媒体广告费用标准选择广告媒体

（1）不同的媒体成本不同，影响力也不同。不同的版面、时段、地域等，都有不同的广告费用标准。

（2）在媒体选择中，可能有的媒体比较适合广告发布，但费用太高，不得不放弃，另择价格和条件相对合适的媒体。

程序六：根据有效期限选择广告媒体

（1）广告媒体触及受众的时间有长有短，这就是媒体的有效期限，它也是影响选择媒体的一个重要因素。如报纸一般有效期限仅1～2天；杂志媒体为一至两个月；播放类媒体有效期限最短，因而需要反复投放。

（2）由于媒体的有限期特性，在选择媒体时，要结合广告所需的时间长度、信息传播速度与持久性等要求来进行。

第四节　广告策划与高尔夫球会市场推广操作流程

程序一：确定目标受众

（1）明确说服沟通的对象。高尔夫市场推广的第一步首先要明确说服沟通的对象：是高尔夫球会产品的潜在购买者、目前使用者，还是决策者或影响者；是个人、群体还是普通公众。

（2）进行形象分析。确定目标受众最主要的工作就是进行形象分析，评价球会、产品和竞争者在受众心目中的形象。形象分析的两个最重要的指标是（企业和产品的）知名度和美誉度。如果知名度低，则推广的首要目标是扩大知名度；如果知名度高而美誉度低，则高尔夫市场推广的重点应放在建立高尔夫球会美誉度上。

（3）注意事项。现实中许多高尔夫球会忽视了对美誉度的分析，过分重视知名度，这往往导致错误的市场推广决策。

程序二：确定沟通目标

（1）了解目标受众的反应。确定目标受众后，策划人员必须了解期望的受众反应。

（2）判断目标受众现在处于何种阶段。根据该阶段的特点制定相应的推广目标。例如，对于高尔夫球会推出的一种全新产品（或服务），大部分目标受众一无所知，此时推广的主要目标应是建立知名度，让人们了解这种产品（或服务）；如果目标受众比较了解某类产品，但对其品牌尚未形成偏爱，则高尔夫球会市场推广的目标应是说服消费者购买它的品牌。

程序三：确定推广信息

（1）确定市场推广中表述的信息需要解决四个问题：说什么（信息内容）；如何有逻辑性地说明（信息结构）；以何种形式说明（信息格式）；由谁来说明（信息来源）。

（2）从高尔夫市场推广效果的角度考察，上述四个方面都非常重要。需要注意的是，在进行高尔夫球会市场推广策划时不要忽略了其中的一个或几个方面，而过分地强调另外的方面，否则易使广告令人费解。

程序四：选择沟通渠道

策划人员需要选择有效的信息沟通渠道来传递信息。沟通渠道有人员和非人员两大类型，目前大多数高尔夫球会主要采用非人员渠道进行市场推广工作，但人员渠道也应加以重视，其作用如下：

（1）通过客户服务及其他激励措施，鼓励产品的现有客户向他人宣传和介绍企业的产品，即努力形成一种口碑效应。

（2）加强营销人员的作用。营销人员与客户的沟通对于促成客户购买产品能起到极大的作用。

程序五：制定整体市场推广预算

制定市场推广预算的最佳方法是目标任务法，即根据确立特定的目标，为实现目标所要采取的步骤、完成的任务，以及估计完成任务需要的费用来确定推广预算。以下将描述根据目标任务法制定市场推广预算的规范过程：

1. 制订年度销售计划

在深入分析形势的基础上，制订年度销售计划，建立销售目标及各种战略，并在战略的基础上预测销售额与利润。之后，要把预算初步分配给广告、消费者销售、中介公司销售。

2. 提交销售计划

将制订好的销售计划提交到高尔夫球会管理层，由管理层提出建议或作出修改，并执行修改后的计划。

3. 制定推广预算时应注意的问题

（1）确定推广预算的顺序。即需要确定营销人员销售的费用，针对中介公司、消费者销售的费用，最后确定广告预算。

（2）确定推广预算的权力。在进行各种推广活动时，既要保证高尔夫球会销售策略的整体性和战略高度，又要保证对市场形势变化作出及时反应。

程序六：确定市场推广组合

高尔夫球会都面临着五大市场推广工具——广告、销售促进、直接市场销售、公共关系及人员销售之间分配总推广预算的任务。在确定市场推广组合时，要考虑多种因素：

1. 产品市场的类型

（1）对于高尔夫球会的服务，广告作用最大，销售促进次之，然后是个人销售、公共关系。

（2）对于高尔夫用品，营销人员的销售作用最大，销售促进次之，然后是广告及公共关系。

（3）大体而言，如果产品复杂、昂贵、有风险，在市场上买主很少且是大宗买主时，更适合使用营销人员销售。

2. “推”与“拉”的策略

市场推广组合受高尔夫球会采用“推”或“拉”的策略的影响很大。在高尔夫球会服务的市场推广中，“拉”力要大于“推”力，因此许多高尔夫球会在策划和执行中非常重视广告和销售促进的作用，而将“推”力的作用看得比较小。

3. 消费者的准备阶段

在不同的消费者准备阶段，销售工具的成本效应不同。

（1）广告在产品认知阶段发挥着最重要的作用，它比营销人员的拜访或是销售促进更有效。

（2）客户知晓度主要受广告及营销人员销售的影响，客户信服度主要受营销人员销售的影响。

（3）销售成效主要受营销人员销售及销售促进影响较大。

（4）再次购买主要受营销人员销售及销售促进的影响，或多或少也受到提示性广告的影响。

4. 产品生命周期阶段

在产品生命周期的不同阶段，销售手段的成本效应也各不相同。

（1）介绍期，各种推广活动的效果都较好，重点是广告宣传。

（2）成长期，由于口碑发挥了作用，需求自然增长，各种销售手段的作用都有所减弱。

（3）成熟期和衰退期更适合采用销售促进。

5. 企业的市场地位

排名前三位的领导品牌更适合做广告，而排名第四甚至更靠后的品牌则较适合开展销售促进活动。

程序七：衡量市场推广结果

（1）在执行市场推广计划之后，高尔夫球会策划人员必须衡量其对目标受众的作用。包括询问目标对象是否可识别并回忆起推广信息，看见过多少次信息，能回忆起哪几点，对信息的感觉如何，以前及现在对企业及产品的态度如何等。

（2）高尔夫球会策划人员还需统计目标对象的行为反应，例如有多少人喜欢该产品，多少人购买，多少人向别人谈及该产品等。

程序八：组织及管理整体市场推广工作

（1）加强在高尔夫市场推广方面的学习和锻炼，掌握并熟练运用各种推广工具。

（2）不要把所有的事都委托给外界的专门机构去做。

（3）在高尔夫球会的业务组织内任命一名专门的策划经理或主管负责市场推广工作。

第二十章　高尔夫球会活动策划管理

第一节　庆典型公共关系活动策划

一、庆典型公共关系活动的特征

庆典型公共关系活动一般包括开业庆典、周年纪念、重大节日庆典、店庆、纪念日庆典等。它要求场面隆重、热烈、丰富多彩，给公众留下强烈而深刻的印象。最好能有“一石激起千重浪”的强烈反响，在社会上获得广泛的响应和支持，并以此为契机，树立高尔夫球会的优良形象，提高高尔夫球会的知名度与美誉度。

庆典型公共关系活动要求具有轰动效应，产生“人人都知道我”、“人人都爱我”的效果，因此传播尤其重要。庆典型公共关系活动离不开传播，而且传播的频率要快、渠道要广、方式要新、内容要奇。

庆典的程序一般为迎接、签到、宣布典礼开始、宣读重要来宾名单、致辞、剪彩等。但为了吸引公众、烘托气氛，也可以安排文艺表演、乐队、游戏、宴请、趣味有奖征答、赠送礼品等。庆典既可以在高尔夫球会本部举行，也可以在富有深刻寓意的某地热热闹闹地开场。必须注意庆典活动要形式多样、具有特色和感召力。

庆典型公共关系活动要气氛热烈、场面壮观。为了使热闹非凡的庆典活动井然有序，必须要有周密严谨的实施步骤与程序，要考虑一切可能的干扰因素以及相应的应急措施，自始至终头脑要冷静，严谨有序地进行操作。

二、庆典型公共关系活动模式

庆典型公共关系活动策划多采用宣传型与交际型公共关系活动模式，其策略可概括为宣传建设型与主动进攻型两种。

宣传型公共关系活动模式主要是利用各种传播媒介对外传播，主导性和时效性强、速度快、范围广，能有效地影响公众。

交际型公共关系活动模式以无媒介的人际交往为主。目的是广交朋友、广结善缘，具有直接性、灵活性的特点，且富有人情味，可在不知不觉中实现高尔夫球会公共关系的策划目标。

庆典型公共关系策划的策略是通过宣传、报道等强有力的传播，塑造出高尔夫球会的良好形象，使传播效果深入人心，最大限度地鼓动人、影响人。方式上要主动积极地打进攻仗，为高尔夫球会夺取一个又一个成功的“高地”。

第二节 销售型公共关系活动策划

一、销售型公共关系活动的特征

销售型公共关系活动是市场营销学中独特的市场营销策略。它的主要特点是通过宣传，树立高尔夫球会形象，扩大影响、争取支持、排除障碍，为高尔夫球会经营销售创造有利条件，以间接的促销手段达到完成高尔夫球会利润指标、创收盈利的重要目的。

高尔夫球会的中心工作是服务，高尔夫球会推销就是推销服务。通过服务将高尔夫球会设施、服务技能、服务规范及菜肴出品同时展现在客户面前，客户当即就可根据自身的体验，对高尔夫球会的服务形象作出评判。因此，以提供服务设施、出售服务劳动而盈利的高尔夫球会，必须通过服务来进行销售。只有树立起优良的服务形象，高尔夫球会企业才可能获得经济效益和社会赞誉。由此可见，高尔夫球会促销的根基就在于提高服务质量。

1. 重视推销高尔夫球会形象

现代公共关系的推销观，一改传统的“跑单帮”为“全员推销”，把推销商品、推销服务的过程，看成塑造高尔夫球会形象的过程。公共关系活动推销的重点不是商品，而是高尔夫球会的各项优异成果信息，使高尔夫球会在公众心目中树立起完美的形象，获得公众的支持。良好的社会效益必然会转化为良好的经济效益，这是销售型公共关系策划应特别注意的要则。

2. 注重“名人效应”

销售型公共关系策划中，要注重以“名人效应”来促销。一般来讲，经理的知名度、高尔夫球会的知名度、服务水准的知名度当中的核心是高尔夫球会的知名度。但公众最容易接受、印象最深的却是总经理的知名度和高水平的服务质量。因此，公共关系策划中宣扬总经理的“名人”策略绝非只是个人声誉问题，而是与高尔夫球会形象密切相关的。在日常生活中，公众对总经理的看法往往不是对他个人的评价，而是对高尔夫球会的评价，总经理几乎是高尔夫球会组织的化身。如果一家知名度不高的高尔夫球会上任了一位声名显赫的高尔夫球会企业家，该高尔夫球会就能名声大振，其间的“名人效应”是不可低估的。

3. 推行全员公共关系

现代推销倡导的是高尔夫球会内人人都树立经营意识、公共关系意识。高尔夫行业是个特别需要公共关系意识的大行业，它的显著特点是生产与消费在同一地点、同一时间，服务人员的一举一动直接影响着高尔夫球会的声誉，服务工作与公共关系工作紧密相连。提高服务质量，树立公共关系意识，既是技术上、业务上的要求，也是公共关系工作的要求。因此，全员公共关系意识是高尔夫球会公共关系策划中不容忽视的重要因素。

4. 提高服务质量

在高尔夫球会行业里，服务质量既是开展公共关系工作的基础，又是进行公共关系工作的内容。销售型公共关系策划应特别注意提高服务质量。完善的服务是密切高尔夫球会与公众之间关系的桥梁，它包含的不仅是完善的售前、售后服务，还有服务工作中的技能和技巧。同时，完善的服务还应考虑顾客的个性体验、心理需求等多方面因素。

二、销售型公共关系活动模式

（1）高尔夫球会销售型公共关系策划所采取的活动模式，应以服务型公共关系活动模式为主，其公共关系策略有实惠型与服务型两种。

（2）实惠型公共关系活动，是以提供各种实惠服务（如高尔夫球会消费指导、高尔夫球会产品介绍、服务指南、优惠消费等）为主，以此获取社会公众的了解与好评。实惠型公共关系活动中的一点一滴都渗透着高尔夫球会的真诚与爱心。

（3）服务型公共关系活动就是一切从顾客出发、一切为顾客着想，以实实在在的行动获得顾客的好感而达到促销的目的。

第三节　危机型公共关系活动策划

一、危机型公共关系活动的特征

高尔夫球会在与内外环境的关系中，不可避免地会发生摩擦和冲突，这些矛盾与冲突构成了危机。高尔夫球会危机表现最多的是投诉，投诉者中最多的是顾客，当然还包括竞争对手、社区、员工、股东等。

投诉的原因有两种：一种是自身工作没做好，造成不良后果；另一种是公众的误解，个别公众的诬陷与诽谤。两种原因造成的后果都是对高尔夫球会形象的损害。

危机型公共关系活动的目的就是面对高尔夫球会形象的损害，设法澄清事实，扭转偏见，将损失降低到最低程度，努力重整旗鼓，将坏事变为好事，维持高尔夫球会的声誉，扩大高尔夫球会的影响。

1. 实事求是

客观地面对事实，让投诉者把话讲完。实事求是地对待投诉是成功解决问题的前提。如果是高尔夫球会的责任，要诚恳道歉并承担一切损失；如果是外部原因或公众误解，就应在调查研究的基础上，掌握充分的证据，澄清事实，消除误会，并感谢投诉者为高尔夫球会工作提出宝贵意见。

2. 重视公众利益

公众投诉一般是因个人利益严重受损，难以忍受而产生的一种维护个人正当权益的法律行为。此时，投诉者往往不可避免地会出现言辞激烈，甚至行为失控的现象。公共关系人员应设身处地为公众着想，站在投诉者的位置上思考问题、分析问题，充分理解投诉者的过激表现，要表现出耐心与诚恳。当高尔夫球会组织利益与公众利益发生冲突时，应自觉地将公众利益置于高尔夫球会利益之上，这是危机型公共关系策划应遵循的要旨。

3. 引导舆论

这是危机型公共关系策划所必须重视的要点。危机产生后，势必影响高尔夫球会形象，损害高尔夫球会声誉。公众舆论可以淹没企业。因此危机型公共关系尤其要重视舆论的力量，在公共关系策划中着意于引导舆论，求得公众的谅解，帮助高尔夫球会重振声誉。在引导公众舆论的过程中，首先应本着实事求是、有错就改的态度，在良好的态度基础上，积极将高尔夫球会的有关信息通报给社会公众，获得公众情感上的谅解。然后采取积极措施，主动改进工作，这样才能使高尔夫球会渡过风险、转危为安。

二、危机型公共关系活动模式

（1）危机型公共关系活动一般采用防御型与矫正型两种公共关系活动模式。

（2）防御型公共关系活动模式，是在高尔夫球会与内外公众发生矛盾的初期，及时采取相应的调整措施，争取主动，防患于未然，避免严重损害高尔夫球会形象事件的产生。

（3）矫正型公共关系活动模式，是在高尔夫球会公共关系状态严重失调，“形象事故”已经构成的情况下，公共关系人员采取一系列有效措施，将不利因素尽量减少，通过与社会其他部门（如新闻界、公共关系公司、专业技术机构）协同作战，组织修正被损害的形象，挽回高尔夫球会声誉的活动。

第四节　赞助型公共关系活动策划

一、赞助型公共关系活动的特征

赞助型公共关系活动的显著特征，是高尔夫球会通过某些经济上的资助，获得公众信誉与投资效果。赞助是一种有效的公共关系活动，通过对社会的捐赠，表现了高尔夫球会的社会责任感和奉献精神。这是在公众心目中塑造良好形象的重要途径，也是通过实际行动扩大高尔夫球会影响、增强广告说服力的有效方式。

（1）赞助活动必须有积极的社会意义和广泛的影响力，并能获得良好的社会效果。赞助希望工程、福利慈善事业、生态环境事业，既承担了社会义务，又容易得到社会的好感。

（2）赞助活动必须有利于提高高尔夫球会的知名度。高尔夫球会对一些体育比赛、文艺演出和各种大型竞赛提供赞助，在提高歌手、选手知名度的同时，也能收到提高企业知名度、扩大企业影响力的效果。

（3）赞助要量力而行，必须考虑高尔夫球会组织的经济承受能力。赞助的开支不能超过预算，不能影响正常营业。遇到不能满足其要求的征募者，应坦率而耐心地加以解释，争取谅解与日后合作。

二、赞助型公共关系活动模式

社会性、公益性是赞助型公共关系策划的基点，其活动模式一般有以下几种：

（1）组建运动队。国际、国内一些大企业、大财团都有国际水准的体育运动队，可以此鼓舞士气、获得卓著声誉。

（2）承办有影响的大型文艺演出。树立自身的“文化形象”，既可为社会推出文艺新秀，繁荣社会文化生活，又可扩大高尔夫球会的影响。

（3）点播电视剧、歌曲。通过培养与公众的良好感情，提高高尔夫球会的知名度。

（4）赞助社会活动。通过大众传播媒介，赞助一些知识性、趣味性强，又是社会公众热点的有奖竞猜、有奖竞赛、有奖征文等活动，或利用公众关心的社会热点问题，开展公共关系工作，提高高尔夫球会在社会公众中的感召力和吸引力。

（5）大力捐助科学与教育事业。

第五节　召开记者招待会操作流程

记者招待会和新闻发布会，是专题活动中最常见也是最有效的传播沟通形式。记者招待会一般是利用某种特殊活动，有目的、有计划地举行，通过沟通信息、联络感情，达到传播高尔夫球会形象的目的。新闻发布会一般由高尔夫球会召集新闻机构的记者，公开宣布某项消息，通过新闻记者的提问和发言人的回答，向社会公众传播信息。

一、会议前准备工作

程序一：确定会议主题

如宣布什么消息、作何种解释以及解释的范围、程度和方法等，都要做到心中有数。

程序二：确定举行地点和时间

（1）确定地点时要注意为记者采访创造良好条件。确定时间要避开重大节假日和其他社会活动，以保证会议人员能按时参加。

（2）选定招待会地点，会前要与宴会部人员进行场地检查。

程序三：确定邀请记者范围

（1）送请柬，确认。送请柬还是电话邀请，可酌情而定，但要落实出席的人员。

（2）根据会议的主题，确定邀请哪些相关的新闻机构出席。当规定了邀请的范围之后，应提前发出邀请。

（3）日期选定后，应提早3～4天把请柬送到邀请对象手中，便于记者们在会前有充足的准备。会期前一天，再次与被邀请者联系，探询其能否出席。

程序四：选定好主持人和发言人

（1）会议主持人一般应请有专业水平的公共关系人员担任。

（2）会议发言人应该是具有法定代表人资格的高尔夫球会最高领导人，只有最高领导人的发言才具有权威性。

程序五：准备与会议有关的辅助材料

（1）辅助材料能对有关事项的来龙去脉及相关背景作详尽的说明，使会议的信息得到更广泛的传播，从而达到召开会议的目的。

（2）准备足够数量的高尔夫球会资料或照片；排定并摆好桌上名牌，既要分清主次，又要注意一视同仁，以避免出现纷乱和不愉快。

（3）编排会议议程并印发给参会人员，能保证参加会议的工作人员和记者对会议内容心中有数，令会议秩序有条不紊。

（4）妥善安排本高尔夫球会领导和嘉宾的坐席，如有社会名流出席，应突出其身份，借以扩大影响。

（5）置备适当礼品或纪念品，赠送给出席者。

二、会议进行期间

程序一：安排摄影

安排一名以上的摄影人员，专门拍摄会场情况，以便进行宣传和留作纪念。

程序二：程序编排

招待会程序编排宜尽量紧凑，时间不宜拖久，编排程序时注意冷场或混乱。

程序三：发挥组织和协调作用

（1）会议期间，公共关系人员应充分发挥组织和协调作用。

（2）主持人应掌握会议进程，避免离题太远，影响会议的正常进行。

（3）主持人的语言和态度应始终平稳，注意随时调节和缓和会场气氛，努力达到良好效果，使会议圆满结束。

三、会议结束与稿件收集

程序一：整理会议纪要

（1）会议结束之前，要及时整理会议纪要，发布的会议纪要信息应准确无误。

（2）要整理好到会人员名单，以便查询到会记者在报刊上发的稿，并注意归类分析。

（3）会议结束后，可安排小型宴请，在轻松愉快的气氛中，进一步解决招待会上亟待解决的问题。

程序二：安排参观

（1）安排必要的参观，以加深记者们的印象。

（2）注意听取出席者的反应，检查招待会筹备、组织工作状况。

程序三：稿件收集

（1）全面收集各到会记者所发稿件，进行归类、分析，以评估传播效果，并注意发现会议内容的疏漏、失误，以便及时补救。

（2）对照签到簿，核查发稿率，供日后选择邀请对象时参考。

（3）对已发的新闻稿中上乘稿件的作者，应给予特别的联系并致谢意。

第六节　宴请酒会操作流程

一、宴请常见形式

宴请是最常见的一种交际型公共关系活动方式。它一般分为正式宴会、便宴、冷餐会、酒会、茶会、工作餐等。宴请活动方式往往可以收到工作场合意想不到的效果。许多生意、协作都是在这种气氛轻松的环境中达成的，其主要原因是通过深层次的交流使得感情融洽了，许多事情就好办了。

1. 正式宴会

为招待来宾及各种庆祝活动而举行的宴会。十分讲究排场，有时安排乐队奏席间乐。宾主双方均按身份排位就座，对餐具、酒水、菜肴道数及上菜程序、服务员装束、仪表、服务方式均有一定的规定和要求。中西宴会有所不同，各具特色。

2. 便宴

一种非正式宴会，常见的有午宴、晚宴，有时亦有早宴。这类宴会形式简单，可不排座位，不作正式讲话，菜肴数量可丰可俭，有时也可以自助餐形式进行。便宴气氛较随和、亲切，便于人际交往和友好往来。

3. 冷餐会

这种宴会形式又称“自助餐会”，特点是不排座位，菜肴以冷食为主，也可冷、热兼备，客户站立进餐。菜肴及餐具陈放在桌上或由服务员托盘送上，客户可自由活动，自取菜肴及酒水，边谈边用。通常于中午或下午举办。这种宴会一般场面较大，适于接待人数众多的来宾。

4. 酒会

这种宴会形式又称“鸡尾酒会”。以酒水为主，略备小吃、菜点，不设座椅，仅设小桌或茶几。举行时间在中午、下午、晚上均可，十分灵活。客户可在任何时候入席、退席，来去自由。这种形式较为灵活、随便，利于广泛交谈和接待，是国际上常用的招待形式。

5. 茶会

这种宴会形式是一种更为简便的招待形式，以茶为主，略备点心和风味小吃。茶会地点常设在会议室等处，厅内设茶几、座椅，不排席位，入座时可有意识地安排宾主同主人坐在一起，其他出席者随意就座。茶会对茶叶、茶具及递茶均有规定和讲究，一般用陶瓷器具和地方名茶，也有选用咖啡作为主饮料的。举行的时间一般在下午 4 点或上午 10 点左右。

6. 工作餐

现代国际交往中常用的一种非正式宴请形式，利用进餐时间，边用餐边谈工作，其特点是省时简便，常因日程安排不开而采用这种形式。工作餐一般可分为工作早餐、工作午餐和工作晚餐。此类活动只请与工作有关的人员，一般不请配偶参加。如果是双方工作进餐，可用长桌安排席位，按会谈位次顺序排列入座，以便主宾双方商谈。

二、宴请酒会操作流程

程序一：席前准备工作

席前准备工作，主要涉及宴请场所的布置、宴会的餐具、摆台以及服务人员的准备工作等。

（1）宴会厅或餐厅的布置与装饰。取决于宴请的规格、标准、餐别等。对宴请场所的设备、服务用具等应逐一检查，并根据场地大小及人数等，调整好餐台和座椅的布局，摆上座位卡及菜单。如果是大型宴会，应在宴会厅前陈列宴会简图或印出全场席位示意图。同时还要整理、布置好休息厅、衣帽间等。

（2）宴会的餐具与摆台。摆台是宴请活动中必不可少的礼仪程序。根据餐别，将不同的餐具、酒具及用餐必备的其他器具，按一定规范摆放在席桌上。由于国家及民族的习俗不同，中式和西式的餐具摆台自然也有所不同。

（3）服务人员自身的准备。主要是两个方面：一是要注意明确宴会的性质、规格、人数及形式等，了解来宾的国籍、宗教信仰及生活习俗；二是要注意熟悉菜点及特色菜，做好上菜、派菜及介绍特色菜的知识准备，并备好酒水、调味品及做好餐具的卫生工作等。

程序二：席前迎宾

1. 迎接宾主

根据宴会开席时间，服务人员、工作人员应提前在各自的岗位上恭候宾客光临。当客户到达时，主人热情上前迎接，主动招呼问好。服务接待人员应面带微笑，向客户致意，并协助来宾脱、挂外套、帽子。

2. 客户宴前休息

按先女宾后男宾、先主宾后一般来宾的顺序，服务人员引客户进入休息厅或会客厅。厅内应有相应身份人员陪同、照料来宾。服务接待人员依来宾不同的生活习俗，热情送茶或派酒或及时递送饮料、毛巾，并视情况为吸烟的客户点火。

3. 引宾入席

主人陪同主宾进入宴会厅主桌，接待人员随即引导其他客户相继入厅，引请客户入座。如宴会规模较大，可先请主桌以外的客户就座，贵宾席后入座，宴会即可开始。

4. 席间服务

（1）致辞。正式宴会均有致辞，一般习惯于在热菜之后甜食之前由主人致辞，接着来宾致答辞；也有的一入席双方即致辞。主宾双方致辞时，服务人员应保持肃静，停止上菜、斟酒等活动，不能发出任何响声；致辞完毕后通常是祝酒，服务人员应在致辞行将结束时迅速把酒斟足，供主宾双方祝酒用。

（2）上菜、派菜、分汤。上菜、派菜、分汤的侍应次序，按国际惯例是从男主人右侧的女宾或男主宾开始，接着是男主人，然后由右向左按顺时针方向进行。若宴会规格高，须由两人担任侍应，其中一人按上述顺序开始，至女主人或第二主人右侧的客户为止；另一侍应人员则从女主人或第二主人开始，依次向右，至前一侍者开始的邻座为止。中餐上菜顺序一般是冷盘、热菜、汤菜，最后上甜食、水果。一个整套的西餐全餐，则按开胃菜、面包、汤、各式菜肴、甜点水果、咖啡或红茶的先后顺序依次上桌。

（3）席中用酒。大多数宴会上只用一种酒。中式宴会从开始上冷盘即开始饮酒。西式的正式宴会，各种酒不是同时上桌，而是上一道菜，换一种酒。上桌的酒水，可由服务员斟好后再端上来，也可按一定顺序摆放在餐桌上，由服务员或男主人为客户斟酒。斟酒时，应将酒的品牌商标对向客户，走到客户右侧。除啤酒外，所有酒类均不满斟，只斟入酒杯容量的3/4即可。

5. 席后的整理工作

（1）离席服务。主人与主宾吃完水果后起立之时，宴会即告结束。服务人员应及时为宾客移开座椅，以方便离座行走。如来宾需要在会客厅或休息厅叙谈、抽烟或休息，可视实际情况为客户上茶或咖啡，递送毛巾等。

（2）礼貌送客。来宾离别时，服务人员及时、准确地将衣帽递给客户，并主动、热情地协助穿戴。主人把主宾送至门口，主宾离去后，原迎宾人员按顺序排列，与其他客户握手告别。服务人员可视情况目送。

三、总经理酒会操作流程

程序一：准备

（1）和餐饮部联络，确认本次总经理酒会的具体地点。

（2）从电脑中打印被邀请客户名单。

（3）将每位应该邀请的客户名字用黄荧光笔在名单中画出。

（4）将本次总经理酒会的具体地点通知其他有关部门及有关经理。

程序二：邀请

（1）打印邀请卡和信封。

（2）将打印好的邀请信交给前台问讯，一边用电脑核对。

程序三：接待与交流

（1）在总经理酒会开始前，公关部的相关人员应作为接待员在酒会门口迎宾。

（2）总经理酒会进行过程中，公关部经理及人员应到会与客户交流，听取他们的建议和要求。

程序四：反馈

客户的建议和要求应及时呈报有关经理，以保证下情上达。

第七节 联谊活动操作流程

联谊活动也是沟通信息、交流感情的好形式，一般有交谊舞会、联欢会、文艺演出、员工集体婚礼、集体生日晚会、节日庆祝活动、电影招待会、音乐会等。其主要特点是气氛轻松、愉快。

一、联谊活动的主题

联谊活动的主题必须鲜明并富有特色，可根据高尔夫球会的历史、文化、经营特色和客户消费特点而定。

高尔夫球会可以用“酒会”形式拉开“高球同乐日”、“会员生日派对”、“家庭同乐日”、“美食品尝周”、“高尔夫球会员工日”等的帷幕，以制造气氛。节日往往是高尔夫球会举行联谊活动的有利时机，喜庆佳节均是高尔夫球会进行联谊活动的最佳时间和最好主题。

除了高球竞技类节庆外，每年的圣诞节、复活节、母亲节、父亲节、情人节、春节、元宵节、端午节、中秋节、重阳节、元旦、国庆节等，都可作为联谊活动的主题。

二、联谊活动的对象与类型

联谊是一种双边活动，必须是联谊双方或多方都有联谊的愿望和要求，并有联谊的条件和能力，相互以对方为己方开展公共关系工作的目标，如与合作伙伴的联谊，与同行竞争对手的联谊，与新闻界、体育界、教育界公众的联谊，与高尔夫球会内部员工的联谊等。

1. 感情型联谊

这种联谊的目的是初步建立良好的印象，为日后进一步联系奠定感情基础，可以互递名片、互致信函、个别交谈或邀请出席高尔夫球会的某项庆祝活动，并互赠联谊的纪念品等。

2. 信息型联谊

这种联谊是以沟通信息为主要内容和手段，以谋求各方建立合作伙伴关系为目的，互助互利，建立信息网络的一种公关交际形式。

3. 合作型联谊

联谊工会是一种以联谊各方直接合作为内容的高层次的联谊活动，通过合作联谊能实现各方的共同目的，既能增进彼此间的友谊，又能相互促进工作业务的开展。

三、联谊活动的注意事宜

（1）联谊活动一般以两三个小时为宜，不宜过长。

（2）被邀请参加联谊活动的人员，应衣冠整齐、仪态端庄；与人交谈时应彬彬有礼、落落大方；参加活动时不得大声喧哗、打闹、影响秩序。

（3）公共关系人员应准备好舞会中客户用的茶点。

（4）专场文艺演出还应准备好节目单和简介。

（5）注意陪同主要客户入场，中途不能提前退场或随意走动。

第八节　典礼活动操作流程

典礼是高尔夫球会经常进行的一种与同业人员和公众沟通的形式，一般有开业典礼、纪念典礼、奠基典礼和节日庆典等。这种沟通形式可充分展示公共关系人员的组织能力、社交水平及业务能力，往往能给公众留下深刻印象。典礼时间不长，形式也不复杂，但要办得隆重热烈、丰富多彩也很不容易。

一、拟定被邀请人员名单

程序一

被邀请人员一般应包括政府机关负责人、协作单位负责人、新闻记者、球会会员代表、员工代表以及相关公众代表。

程序二

名单确定以后应提前将请柬送至被邀请人手中。

程序三

剪彩人员除有主办方负责人外，还应邀请客方中地位、职务、声望较高的知名人士担当。

二、拟定典礼程序

程序一

典礼应按事先拟定好的议程有序地进行。典礼一般程序为：宣布典礼开始；宣读重要来宾名单；客户代表致贺词；高尔夫球会负责人致谢词；剪彩（或举行奠基颁奖等仪式）；助兴节目，如奏乐、燃放烟花、举行酒会、文艺演出、戏剧或电影招待会等；组织客户参观或留言、留影等。

程序二

在典礼开始前要做好迎接、签到、佩花等准备工作。

三、确定主持人和主宾人员

程序一

主持人一般由有丰富经验的公共关系人员担任。通常由高尔夫球会的上级主管负责人或客户中职务最高者致贺词，高尔夫球会主要负责人如总经理致谢词。

程序二

贺词和谢词应简单明了，只求达到增进了解、沟通感情的目的，应由高尔夫球会公共关系人员预先拟好讲稿，提早送达致辞人。

四、其他有关事项

程序一

为了烘托气氛，还可以根据典礼的特点，安排礼仪小姐迎宾，使典礼气氛欢快、热烈。

程序二

任何一种典礼仪式均需策划，使之热烈隆重、丰富多彩，给人留下深刻印象。要安排好各项接待事宜，诸如来宾签到、专人接送、播音和灯光设备的安排，以及摄影录像等方面的工作，使各项工作都有专人负责，并且保证他们在典礼仪式开始前进入指定岗位。

程序三

典礼仪式结束后，信息反馈也非常重要。高尔夫球会必须预先设置好客户留言簿或布置好座谈会的环境设施和会议用品，以加深感情交流和广泛征求意见。

第九节　高尔夫赛事活动操作流程

一、会员比赛操作流程

程序一：赛前准备

（1）每年 12 月制定下一年度的赛事安排，并作好球场、开球时间及宴会场地的预订。
（2）赛前一个半月印刷报名表，提前一个月寄出。
（3）赛前一个月将报名表刊登于发给会员的电子信件及球会杂志上。
（4）赛前半个月申请奖杯。
（5）赛前十天传真排组表及确认书。

程序二：关注球场养护安排

随时关注球场养护安排，如维护工作将影响比赛，须立即请场地养护部改期。

程序三：准备赛事辅助材料

赛前一天制作车仔纸、记分卡、球包卡、旗子及相关资料。

程序四：明确赛事工作要求

向各相关分部发出赛事安排，明确赛事的每一项工作要求，并致电确认。

程序五：赛事执行

（1）提前两小时到达比赛现场，检查所有赛事所需物品是否已到位，安排球童、球车及球包。
（2）登记处与赛事排车处保持密切沟通，确保所有信息得到及时传达。
（3）根据组别设置灵活并组，安排参赛会员下场。
（4）客户下场后至少两次巡视球场，发现慢打及时提醒。
（5）提前两小时布置好颁奖现场。
（6）提前两小时布置好记分卡收集处，当客户回来时迎候客户并收集记分卡。
（7）快速、准确地输入比赛成绩，确定获奖名单，然后颁奖。
（8）赛事结束后两小时内清理所有赛事物品。
（9）及时发出赛事总结及比赛结果。

二、团体比赛操作流程

程序一：赛前准备

（1）每周日之前制作未来两周的团体预报及下一周每个球场的团体分布情况。

（2）紧密跟进预报表里的每个团体，收阅营销部门发出的团体资料，明确资料中提到的所有细节及要求。

程序二：关注球场养护安排

随时关注球场养护安排，如场地养护工作将影响比赛，须立即请场地养护部门改期。

程序三：准备赛事辅助材料

赛前一天根据最新名单制作车仔纸、记分卡、球包卡、旗子及相关资料。

程序四：明确赛事工作要求

向各相关分部发出赛事安排，明确赛事的每一项工作要求，并致电确认。

程序五：赛事执行

（1）提前两小时到达比赛现场，检查所有赛事所需物品是否已到位，安排球童、球车及球包。

（2）登记处与赛事排车处保持密切沟通，确保所有信息得到及时传达。

（3）协助组办方进行并组，然后安排参赛客户下场。

（4）客户下场后至少两次巡视球场，发现慢打及时提醒。

（5）提前两小时布置好记分卡收集处，当客户回来时迎候客户并收集记分卡。

（6）快速、准确地输入比赛成绩，确定获奖名单并交给赛事主办方。

程序六：总结工作

（1）赛事结束后两小时内清理所有赛事物品。

（2）当天进行赛事总结。

三、会员比赛及团体比赛当日工作流程

程序一：现场安排

（1）确保签到处已按要求摆设，所需物品已全部到位，负责签到的前台已就位。

（2）关注会所门口是否已安排足够人手接包，提醒接包人员将球包卡标签贴在球包卡上，及时将球包送至赛事排车处。

（3）呼叫巡场员，确认比赛旗子已插好，球场上的背景板已装好。

（4）球童主管按时就位，提前安排足够时间排车、摆放车仔纸、安排球童及上包，确保球童始终保持良好的秩序。

（5）及时派发比赛物资。

（6）如果比赛安排有开球礼，需确保音响设备及时到位。

（7）提醒巡场员于出发前到达赛事排车处，出发时引领客户前往开球洞。

程序二：调换组别

（1）会员比赛：根据组别设置进行调组，只能在同一组别内调换位置，会员不可私自换组。

（2）团体比赛：所有调组均由赛事组委会负责，赛事协办人员可予以协助。

程序三：收集记分卡

（1）提前两小时迂回场处设置记分卡收集处。

（2）认真检查每一张记分卡，确保字迹清晰，否则须当面与客户确认。

（3）确保每张记分卡均有记分员及球手的签名。

（4）将记分卡送至记分处，由记分员及时录入系统，按照记分方式选出获胜名单。

程序四：颁奖

（1）主要指会员比赛颁奖现场的布置。

（2）现场必备：演讲台、奖颁杯台及音响设备。

（3）奖杯及奖品的摆放：先女士后男士，奖项由低至高，奖品摆放于奖杯的前方。

（4）人员安排：一人递送奖杯，一人派发奖杯盒，一人照相。

（5）颁奖结束后立即将比赛结果（包括比赛旗子）张贴到成绩板上。

（6）随时解答客户提出的任何问题。

程序五：赛事总结

（1）会员比赛：制作比赛结果海报，填写 ISO 表格，针对整体运作进行赛事总结，并发出。

（2）团体比赛：针对整体运作进行赛事总结，并发出。

第十节　展览与会籍推广活动操作流程

展览会、会籍推广会，一般通过实物展览、图片资料以及专人讲演与示范的方式，生动、具体、直接、客观地宣传高尔夫球会形象与产品形象。由于运用各种传播媒介，图文并茂、生动形象，能给人留下深刻的印象。很多高尔夫球会都会运用举办展览会、会籍推广会的方式来塑造高尔夫球会形象，扩大高尔夫球会影响，与公众建立广泛的联系，谋求长期而稳定的客源市场。

一、展览会与会籍推广会特点

1. 以实物展出为主，同时运用多种媒介配合传播

如文字注解、印刷材料等文字媒介；照片、幻灯、录像等图像媒介；讲解、录音、广播等声音媒介；示范、表演等形体媒介，这些都是形象而生动地传播高尔夫球会形象的有效途径。

2. 高尔夫球会实力的显示

参展高尔夫球会一般都将自己最优秀的成果、最杰出的形象公之于众。这有助于高尔夫球会间相互促进、共同提高，也有助于高尔夫球会组织了解新情况、捕捉新信息。

3. 直接与客商进行面对面的交流，及时了解反馈信息

高尔夫球会可根据公众对高尔夫球会形象、服务形象及产品质量的意见，随时改进工作。这种双向沟通直接具体，针对性强，效果很明显。

4. 影响范围广

展览会与会籍推广会，往往是全国乃至国际性的综合型大型活动，影响面宽，涉及的范围广，是新闻媒介追踪的对象和竞相报道的中心。因此，高尔夫球会可以利用参展的机会，时时亮相，广交朋友，甚至可以运用公共关系技巧制造新闻，引起社会各界的广泛注意，扩大高尔夫球会的影响。

二、展览会与会籍推广会类型

展览会与会籍推广会的形式与种类很多，可以作综合性的整体宣传，也可就某一专题进行专门性的宣传。前者给人一种整体、概括、全面、周到的印象；后者给人一种专业性、专题性的微观印象。展览会与会籍推广会的类型有：

1. 综合性展览会

综合性展览会既要求内容全面，有一定的整体性和概括性，又要求重点突出，以点带面地使参观者对组织的特定情况既有全面的了解，又留下深刻的印象，如“××高尔夫球会十周年回顾展”等展览。

2. 专题性展览会

它是围绕一个主题或一项专题举办的展览活动。要求主题鲜明，内容集中深刻，可以从纵的方面表现高尔夫球会的某些特点和成就，如“高尔夫与养生展览会”、“球童服务与技艺展评”等。

3. 商品展览会

这类展览，既展又销，商品味非常浓。具体做法是：把展销的商品分类，设立专柜，标明生产单位，让公众在评比中选购。这类展览能促进消费，高尔夫球会的会所可定期或不定期地举办商品展览会。

4. 博览会

这是大型的展览会，如“中国高尔夫博览会”、“亚洲高尔夫博览会”等。高尔夫球会经常参加这类博览会，有助于提高高尔夫球会的知名度和扩大社会影响，适用于会籍推广活动。

5. 陈列室

陈列室是小型的展览会，它能清晰地展示高尔夫球会的发展过程和荣誉成果。

6. 橱窗

橱窗展览属于微型展览，它有两种形式：商品橱窗和宣传橱窗。商品橱窗是为配合营销而设置的，被称为高尔夫球会的“门面”、“广告”，可以吸引顾客，引导消费。宣传橱窗则是为了进行社会宣传而设立的，如“高尔夫球会服务介绍一览”等。

三、展览会与会籍推广会操作流程

程序一：确定参展目的

（1）明确参展的主题思想，围绕目的来组织有关材料。

（2）根据参展的目的，确定展览的内容、沟通方式和接待形式。

程序二：组建展览班子

（1）根据展览的目的和类型，组建相应的专门班子。

（2）由专人策划展览风格，写出展览脚本，反复论证、分析和比较，确定展览计划。

（3）由专业人员，如摄影人员、美工人员进行布局与安排。

程序三：培训人员

（1）展览会的工作人员，如讲解员、接待员、服务员自身的业务素质和展览的业务技能，将对展览会的成败产生重要影响。

（2）除了对工作人员进行公共关系培训外，还要进行有关展览项目的专业知识培训，以保证展览获得理想的效果。

程序四：选择展览地点

（1）展览地点力求醒目、吸引人，注意环境与主题的协调。

（2）为了方便参观者，可考虑设置咨询台和签到处，张贴展览平面图。

（3）附上鲜明的标志，甚至可以用简洁的文字写成“参观指南”，强化参观者的印象。

程序五：成立宣传机构

（1）成立专门的宣传机构，准备好展览会必需的辅助宣传材料，如文字资料、幻灯、录像等；与新闻媒介广泛接触，时时注重公共关系宣传。

（2）要善于发掘材料、捕捉有新闻价值的信息，策划相应的公共关系宣传，争取最大限度地扩大展览会的影响。

程序六：制作纪念品

根据展览会、展销会的主题，制作展览会徽章和小礼品（纪念品），便于在业务洽谈时赠送，以达到传播信息、加深理解、联络感情的目的。

程序七：编制预算

展览会经费一般包含场地费、设计费、陈列装修费、工作人员劳务费、交际费、宣传广告费、运输费和保险费等。

第十一节　高尔夫球会赞助活动

赞助是高尔夫球会形象塑造的最佳公共关系活动之一，赞助活动能体现高尔夫球会强烈的社会责任心，显示高尔夫球会的雄厚实力。它向社会表明，高尔夫球会维护企业利益的同时，积极承担必要的社会义务，乐于为社会作出应有的贡献，从而建立起优良的高尔夫球会形象。

一、赞助的范围与内容

（1）赞助体育比赛。由于体育活动具有极强的竞争性和群众性，体育比赛常常是最能引人注目的时刻。高尔夫球会除了经营高尔夫项目的赛事活动外，还赞助一些具有深远意义的体育比赛，通过媒介、体育界的传播效应，能引起公众对高尔夫球会的关注和好评。

（2）赞助文艺活动。文化艺术活动主要包括音乐会、演唱会、影视节目制作、学术研究、艺术探索、优秀出版物发行等内容。对这方面的赞助，通常能引起公众的广泛关注。特别是有影响力的文艺竞赛，会产生新的歌星、舞星、影星，在这些新秀获得公众认可的同时，赞助单位也因此拥有了公众；获得广泛赞誉的同时，也提高了高尔夫球会的知名度。

（3）赞助慈善事业。孤、老、病、残都是生活的弱者，都是社会同情、帮助的对象，高尔夫球会对这些人承担部分责任，符合中华民族的传统美德，会获得社会的好评。

（4）对教育的赞助。国家的强盛在于国民素质的提高，而国民素质的提高，必须依靠教育。教育是将科学技术投入再生产的过程。它是今天的投资，明天的效益，对推动生产力的发展具有重要的战略意义。高尔夫球会对教育的赞助，是利国利民、广受赞誉的好事，具有深远的社会意义。

二、赞助活动实施流程

程序一：确定赞助的方向和政策

（1）高尔夫球会公共关系部门应协助高尔夫球会领导对赞助进行研究。

（2）根据高尔夫球会的总体目标以及相关的公共关系目标，确定赞助的方向和政策。

程序二：制订全年赞助计划

制订全年赞助计划，其中包括赞助的金额、赞助的范围以及预期要达到的赞助效果等。

程序三：进行审核与评议

对外界的赞助要求进行审核与评议，决定赞助金额和赞助的时机。

程序四：扩大社会影响

在赞助项目实施过程中，要有效地运用各种手段，通过赞助活动扩大高尔夫球会的社会影响。

程序五：评估效果

当赞助活动结束后，对赞助的效果进行评估，了解反馈信息，总结经验，指导今后的赞助工作。

第十二节　案例分析：高尔夫赛事公关策划与执行

一、案例介绍

2002 年的“TCL 高尔夫精英赛”作为一项亚洲高尔夫最高赛事，是自从中国在 1995 年承办了“世界杯”高尔夫大赛后，时隔 7 年，为整个亚洲地区高尔夫运动水平的全面提高树立的又一个里程碑，为高尔夫运动在中国的发展发挥了重要作用。

TCL 提供高达 100 万美元的巨额奖金冠名赞助的“TCL 高尔夫精英赛”，是亚巡赛的重要赛事之一。作为中国大陆有史以来举办过的最高奖金额的巡回赛事，此次比赛不但能全面提升高尔夫运动在大陆的形象，更能体现 TCL 集团在迈向国际化之路上的不懈努力。

比赛拥有来自美洲、欧洲、亚洲的 144 名职业高手参加比赛，其中包括 14 名中国球手。参赛选手中不乏当今世界顶尖好手，其中就包括达利、蒙格马利等一批世界级大腕。

此次活动是典型的高尔夫赛事公关策划，在经过一系列的调查研究之后，活动的传播目标基本明确，积极寻求各宣传要点，调动各种公关传播手段，为此次“TCL 高尔夫精英赛”制订了细致周密的公关策划方案。

二、案例分析

1. 公关策略

时　期	内　容
第一阶段	(1) 在活动前期，与赛事组织方——亚洲职业高尔夫协会（APGA）共同发布新闻，向国内外媒体宣布活动大致内容。 (2) 比赛开始前，在全国范围内开展“金杆传递”活动。活动分东、中、西三条主线，在全国12个大城市同时进行，配合当地各TCL分公司的一些市场庆祝活动，争取在全国掀起TCL高尔夫旋风，将“TCL集团赞助高尔夫赛事”的信息尽可能广泛地向社会各群体传播。
第二阶段	(1) 在2002年11月14日正式比赛开始前，召开一次媒体吹风会，向媒体宣告活动最新动态。宣布参赛选手名单，将其中的著名选手向媒体作详细介绍，利用选手的名人效应达到传播效果。在媒体的邀请上尽量选择一些较有国际知名度的平面或电子媒体，如CCTV－5、ESPN、新华社、中新社、《亚洲高尔夫球杂志》等。 (2) 向国内外高尔夫球爱好者，特别是向一些国际知名企业负责人发出邀请函，请其前来观摩比赛，在赛场展示TCL产品实物。 (3) 正式比赛前一天，进行由来自世界各地的企业精英与国外职业选手自由组合的配对赛、让分赛，由职业选手对各嘉宾进行现场指导，同时对获胜者颁发TCL产品以作奖励，进行体育公关。 (4) 在第一天的企业与选手的对抗赛后举行一次颁奖晚宴，通过晚宴的节目安排，力求表现TCL的国际化形象。晚宴前举行鸡尾酒会，为参加宴会的各嘉宾提供一个良好的社交公关环境，同时现场布置上体现TCL集团的国际化元素。
第三阶段	(1) 正式比赛阶段，由国内外各专业媒体及大众媒体每日播发大量赛事新闻花絮，保证传播效果。 (2) 将四天的比赛划分为四个轮次，每天淘汰若干选手，直到17日决出百万美元奖金的归属。 (3) 在赛场内外设置TCL标识，令参赛选手及现场观摩的嘉宾加深对TCL品牌的印象。 (4) 2002年11月17日正式比赛结束后，由TCL集团负责人等为获奖运动员颁奖，新闻消息由各大小媒体同时在国内外媒体上刊发。
第四阶段	将此次活动的主体部分制作成物料、宣传品、影视光盘等，在全球各售点播放、发送，以强化品牌形象。

2. 项目执行

执行时期	项目内容
第一阶段：前期准备及推介阶段（2002年10—11月初）	(1) 2002年10月份，向全球各大媒体通报此次赛事的主要信息，通过国内外诸多媒体将此项赛事向全球推介。 (2) 从10月上旬开始，在全国范围内进行“金杆传递”活动，历经全国12个一级城市，最后三支纯金的高尔夫球杆在广东东莞的海逸高尔夫球会汇合。在活动过程中，许多城市市民争相前来目睹金杆传递的场景，极大地扩大了TCL品牌的影响力。

（续上表）

执行时期	项目内容
第二阶段：比赛前夕阶段（2002年11月10—14日）	（1）2002年11月11日在东莞举行媒体通气会，向各媒体记者通报最新情况，通过对参赛选手的详细介绍和推介，记者们都纷纷感觉到这确实是一次货真价实的国际水准赛事，极大地提升了各媒体的报道、转播兴趣。 （2）赛事其他赞助商，如飞利浦、EPSON、香港南太、中国农业银行等国内外知名企业及接到邀请的国际企业的领导人均来到球场，或与球手切磋球技，或在旁观摩比赛。一时间，场内外气氛活跃异常，在得到诸多国际顶尖高手的亲手点拨后，许多人的成绩顿时飙升不少。 （3）2002年11月12日晚，在东莞虎门龙泉大酒店国际厅举行了“TCL高尔夫精英赛”颁奖晚会（gala dinner），为当天的让分赛、表演赛的球手和嘉宾颁奖。共有来自TCL集团、飞利浦、微控公司、LG集团、TOSHIBA、EPSON、香港南太、和记黄埔、中国农业银行的企业界精英，参赛的达利、蒙格马利、张连伟等国内外顶尖球手，包括中央电视台体育中心、《体育界》、《中国体育报》、新华社、《高尔夫》杂志社、*Golf Digest*等在内的全球数十家媒体的记者共数百人参加晚宴。中西方精华交渗的节目，周到、细致、严谨的组织服务令到场嘉宾体验了一种来自TCL的国际化思潮冲击。
第三阶段：比赛进行阶段（2002年11月14—17日）	（1）在东莞海逸高尔夫球会所设置了一个TCL产品展示厅，向到场嘉宾介绍TCL的产品、企业理念及文化、人才资源、营销网络等，展现TCL集团进军全球的国际化战略目标。 （2）由CCTV-5、ESPN、辽宁电视台等国内外电视媒体对赛事进行现场直播，《亚洲高尔夫球杂志》、中国体育报、新华社等报纸媒体对每天的赛况赛果进行报道，新华网、新浪网、搜狐网、中华网、亚洲高尔夫网、世界高尔夫协会网等网络媒体每天对赛况进行实时刷新，让诸多高尔夫球爱好者和体育迷及时了解赛事进程。 （3）2002年11月17日，由TCL集团总裁李东生在香港为获得百万大奖的蒙格马利等选手颁奖，并召开新闻发布会，向全世界宣布比赛最终结果。
第四阶段：比赛后总结评估阶段（2002年11月18—30日）	将此次活动包装制作成宣传物料，向TCL客户散发。同时将摄录的活动过程制作成光盘，在TCL的全球各终端售点播放。对这一举动，相当消费者对此表现出浓厚的兴趣，特别是在海外市场，消费者对于TCL集团能举办这样一次大规模的高尔夫球赛事表现出惊异，从而树立了TCL的品牌形象，提高了TCL产品的公信度。

三、案例启示

（1）在“TCL高尔夫精英赛”活动策划案中，突出了公关目标：

①借助此次国际名流云集的机会，将TCL品牌推向国际化。

②借高尔夫这一运动形象，将TCL与高贵、时尚的品牌形象连接起来。

③以种种方式向国内外名流展示TCL集团的实力。

④利用国内外众多媒体的报道，传播TCL品牌形象。

⑤TCL移动通信打入国际市场，进军全球5强。

（2）在媒体的选择上，活动中充分注重了对媒体质量的选择，对传播的内容及方式、时间、涉及人物事件等进行掌控：

①从接受信息的公众数量的角度来看，CCTV-5的全国总收视人口近3 200万，加上全国各地的

各类媒体登载、转载，新华社的通稿，国内大陆部分信息接受人群总计在 2 亿人上下。同时 ESPN 在全球进行同步直播，全球收视人口在 3 亿人以上（除中国大陆地区），全球受众约在 5 亿人以上，加上美联社及法新社的转载，媒体覆盖范围占到全球一半以上的地区，受众约占全世界人口的 10%。

②从转变态度的公众数量上分析：根据收视率及 TCL 销售网络的反馈，国内受众基本上对 TCL 品牌的形象有了很大的转变，TCL 由一个称雄国内的家电品牌转变为一个国际化品牌形象。国外受众对 TCL 品牌的感受由认识向认知和认同转化，对 TCL 产品有了一定的接受度。

③在产生的具体行为的公众数量上分析：可以参考德勤会计师事务所 2002 年末发布的一份“亚太地区高科技高成长 500 强”企业排名榜显示，TCL 移动通信公司在过去三个财政年度的营业额增幅高达 26.33%，名列榜首，从一个侧面反映了消费者对 TCL 品牌的认同感。

通过对这次“TCL 高尔夫精英赛”进行的一系列公关活动，TCL 集团在全球树立了一个健康向上、努力创新、不断奋进的良好的国际化品牌形象，巩固了 TCL 在国内市场的领先地位，增强了 TCL 的全球知名度和信誉度，为下一步开拓国际市场奠定了良好的基础。

第二十一章　高尔夫球会营销定价策略

第一节　影响高尔夫球会营销定价的因素

一、价格在营销策划中的作用

由于目前高尔夫球会的定价缺乏明确的定价机制，许多球会的定价策略缺乏变化和创新。高尔夫球会提供的服务不同于其他行业，影响其价格的因素多且复杂。因此，在制定服务价格策略时，除了要考虑到球会的营销战略外，还应采用适当的定价策略，具体应结合球会自身和市场情况，选取适当策略和多种定价方法，以适应市场竞争，使球会立于不败之地。

价格是市场营销组合中十分敏感而又难以控制的因素，直接关系到市场对产品的接受程度，影响着市场的需求和企业的利润。定价策略是市场营销组合策略中极其重要的组成部分。如果定价方面出现问题，可能会导致整个产品的销售出现严重问题，更有可能使得企业出现危机。在服务市场上，各种有形产品定价的概念和方法均适用于服务产品定价。但是，由于服务产品受产品特征的影响，而且企业和消费者之间的关系比较复杂，所以服务营销定价不单单是给所提供服务的一个价格如此简单，它要考虑的因素很多，影响它的因素也很多。而服务营销定价策略，必须综合考虑众多因素，并结合企业自身的特点和情况。

二、影响定价的因素

1. 基本因素

主要包括成本、需求、竞争、服务特征对服务定价的影响。

2. 服务价格信息的不对称性

服务价格的不对称性源于消费者对服务成本及服务参考价格的了解程度，产生这种差别的原因在于：

（1）服务的异质性对价格信息的影响。由于提供的服务是无形的，服务在形态上具有很大的灵活性从而导致定价机制的复杂。

（2）服务商不愿评估价格。

（3）价格信息在服务中是不可见的。

3. 服务价格构成的复杂性

主要包括时间成本、搜寻成本、精神成本。

4. 服务质量衡量的差异性

由于服务受经验和信任支配，价格对于服务质量的传达具有明显的差异性。因此在服务营销定价中，消费者很可能将价格作为衡量服务成本及质量的标准。除了要支付成本或与竞争者抗衡外，价格的制定必须传达适当的质量信号。

第二节 高尔夫球会营销定价策略

定价策略是定价主体在一定的主客观条件下，为实现其定价目标所采取的定价计策和谋略。在价格行为中，缺乏定价策略，价格的制定与调整就会变得僵化、呆滞或盲从。高尔夫球会的经营，在制定服务价格策略时首先要考虑整体营销战略，其次要借鉴竞争对手，确定其成本、价格和利润率的方法，这将有助于球会制定适宜的价格策略。

一、差别定价策略

根据交易对象的不同、服务数量、时间、地点等条件差异，制定针对不同消费群体的不同价格。高尔夫球会尤其适合这种定价策略。

二、关系定价策略

关系营销包括建立、保持和加强与消费者的长期关系。一般来说，关系定价策略可以采用长期合同和多购优惠两种方式。

由于它的获利潜力和对消费者的吸引力相当之大，越来越被认为是一种理想的营销策略。高尔夫球会如果能较长期地为现有的消费者提供更多的服务，那么它肯定会从中获利。高尔夫球会营销策划就是要制定一个有助于与消费者形成持久合作关系的具有创造性的定价策略。这种定价策略能够刺激消费者在球会多消费而抵制竞争者提供的服务。营销人员首先要理解消费者与球会发展长期关系的需要和动机，其次也要分析潜在竞争者的获利举动。

三、以满意为基础的定价策略

1. 服务保证

如果一项服务进行直接保证，对于消费者来说可能是一个非常有力的保险。即使消费者体验完服务后表示不满意，这个保证也将给予他们一个补偿，通常是降低价格或者是全部偿还。但是，任何一家高尔夫球会都不应该轻率地采用这种方式。然而，一项服务保证是勇敢的一步，它要求球会对作出选择的原因进行彻底分析，并且还要充分考虑风险。通过服务保证来减少消费者有关服务方面的风险，同时也激励球会员工充分理解和满足消费者的需求。

2. 不变价格定价

不变价格定价是通过事先在价格方面达成一致来减轻消费者的购买风险，高尔夫球会承担了任何成本超支的风险。不变价格定价取得成功要具备三个条件：

（1）不变的价格必须是具有竞争力的。

（2）高尔夫球会必须发展和维持一个高度有效的成本结构来为不可预测成本超支提供一些缓冲。

（3）关系营销的潜力必须很大。

四、基于服务价值感知的定价策略

由于消费者的知识结构、消费偏好和购买能力具有很大的差异，消费者对服务价值的感知会有很大的不同。因此，高尔夫球会的营销必须综合考虑各方面因素：

1. 价格主导的定价策略

当货币价格对消费者来说是最重要的价值决定因素时，高尔夫球会的服务营销应该重点关注价格。球会必须评估消费者对不同价格的敏感程度，并且清楚消费者在此范畴上对目标服务价格的了解程度，准确反映服务对潜在消费群体的净价值和他们的支付能力。

2. 质量主导的定价策略

价格对于传达服务质量具有巨大作用，由于大部分消费者都不具有准确的服务参考价格，自然会把高价格同服务要素更高水平的表现联系起来。因此，在这种定价策略下，应使质量水平与价格水平相匹配。

3. 体验主导的定价策略

当消费者首先考虑的是从服务中获得的因素，其所关注更多的是体验服务所带来的身份、地位的体现，货币价格便不再是最主要的关注点了。高尔夫球会提供特定服务所具有的理想内在特质越多，服务就会越被当作具有高价值并且可以指定相当高的价格。

五、效率定价策略

理解成本、管理成本以及降低成本是效率定价的基石。

成本节约的部分可全部让利给消费者。对于较低的成本结构，竞争对手在短期内模仿将是非常困难的。效率定价策略的执行者几乎一直是这个行业的标新立异者，它一直避开遵循传统经营实践而通过创新寻找可持久的成本优势。

在高尔夫球会的营销运作中，成功的营销策划将日益增加运用以满意度为基础的定价策略、关系定价策略、效率定价策略来暴露和充分利用竞争对手定价策略的不合理之处。高尔夫球会的营销策划，应该把各种定价策略有机结合起来。

第三节　高尔夫球会营销定价操作流程

一、高尔夫部分

包括果岭费、球童费、球车费、更衣柜费、灯光费、球具出租保管费、练习场收费等。

程序一：调研

（1）充分深入地了解 200 千米范围内其他球场的营业价格、体系及效果。

（2）充分深入地了解所提供的服务项目的平均成本、费用。

（3）充分深入地了解现有会员对价格的敏感度和影响力。

（4）充分深入地了解市场需求。

（5）预测确定或调整价格后的可能反应。

程序二：定价及审批

（1）根据调研结果，拟出定价报告，报告应涵盖所有高尔夫收费项目在不同状态、不同时段和突发情况下的收费价格模式。

（2）球会经营管理班子及董事会讨论、审批报告。

（3）送交会员自律机构（如果有）审议。

（4）如不获通过，则根据各方审核意见进行修改；如获通过，则进入执行程序。

程序三：执行

（1）确定执行日期。
（2）设计、印刷价格表及辅助文件。
（3）知会有关部门。
（4）调校电子收费系统及梳理收费流程。
（5）培训相关员工。
（6）公示。

程序四：反馈及改进

收集营业价格的执行情况，如发现有错漏，可进行微调，并为下一次定价做好前期准备。

二、非高尔夫部分

包括餐厅、专卖店、小卖店、客房及其他娱乐设施等部分的收费。

程序一：调研

（1）充分深入地了解200千米范围内其他球场的非高尔夫部分营业价格、体系及效果。
（2）充分深入地了解最靠近中心城市的餐饮、酒店、商品销售、娱乐服务业收费价格情况。
（3）充分深入地了解最靠近中心城市的各人群消费水平、习惯和趋向。
（4）充分深入地了解所提供的营业服务项目的真实成本和费用。
（5）充分深入地了解市场需求。
（6）预测确定或调整价格后的可能反应。

程序二：定价及审批

（1）根据调研结果，拟出定价报告，报告应涵盖所有出品不同品类、不同规格、不同时段的收费价格模式。
（2）球会经营管理班子及董事会讨论、审批报告。
（3）报送当地政府相关价格管理部门（如果有）备案或审批。
（4）如不获通过，则根据各方审核意见进行修改；如获通过，则进入执行程序。

程序三：执行

（1）确定执行日期。
（2）设计、印刷价格表及宣传资料。
（3）知会有关部门。
（4）调校电子收费系统及梳理收费流程。
（5）培训相关员工。
（6）公示。

程序四：反馈及改进

收集营业价格的执行情况，如发现有错漏，可进行微调，并为下一次定价做好前期准备。

第二十二章　高尔夫会籍产品营销策划管理

第一节　高尔夫球会会籍产品营销特点

消费者购买高尔夫球会会籍，很多时候不是为了获得产品的功能价值，而是为了获得一种心理价值，如荣耀、尊贵、地位象征、面子、圈子、唯一等。消费者对高尔夫会籍的价格敏感度低。拥有高尔夫会籍的消费者为消费支付的价格远远高于一般人能接受的价格，他们对产品价格的变化非常缺乏弹性。由于高尔夫会籍的价格非常昂贵，价格远远超过产品本身功能所带来的消费价值，这导致高尔夫会籍的消费人群非常的小。

一、产品特色鲜明

由于消费者购买高尔夫会籍的目的不仅仅是为了产品本身所提供的功能，所以高尔夫会籍的设计、内容、相关的售后服务，以及附加的一些增值服务对高尔夫会籍是否能够成功销售，也非常重要。

二、品牌档次高

品牌能给消费者一种信任感，拥有高尔夫会籍的消费人群非常在乎高尔夫球会品牌，球会品牌的打造是高尔夫会籍营销成功的重要前提。高尔夫会籍的营销需要提炼出一个球会品牌的核心价值，围绕核心价值确定品牌的定位，打造一个高档的球会品牌形象。具体是什么品牌形象和品牌个性，需要根据不同的产品来定。在球会品牌建立之后，需要对高尔夫会籍的品牌进行长期的管理。许多高尔夫球会由于缺乏品牌管理，造成了自身品牌资产的流失。

三、分众传播手段

由于高尔夫会籍的消费人群比较小，所以大众的传播手段对于高尔夫会籍传播作用效果不大。需要采取分众的传播手段，如行业杂志、高档休闲杂志等有针对性地对目标顾客进行营销，才能达到效果。

四、促销手段独特

高尔夫会籍由于品牌的重要性，一般情况下不会采取降价打折等促销手段，因为这会损害自身球会的品牌形象。促销手段方面，高尔夫会籍更多的时候是采取会员附属卡、增值服务等形式对产品进行促销。

五、渠道终端简化

高尔夫会籍的销售由于品牌的重要性，大部分采取直营的方式进行销售，直营渠道的采用可以很好地保护品牌，同时对高尔夫球会品牌的管理也更容易些。终端方面为了维护品牌形象，高尔夫会籍只通过高尔夫球会直接销售。

第二节　高尔夫球会会籍产品开发流程

高尔夫球会会籍的客户以使用型、置产型、投资型为主。高尔夫球会会籍产品的开发过程一般要通过创意构思、筛选创意、形成产品概念、制定市场营销策略、商业分析、产品开发、市场测试、推向市场等步骤。

程序一：创意构思

1. 高尔夫球会会籍产品开发，从创意构思开始

创意构思就是对会籍产品的基本轮廓的设想。在这一阶段应该创意构思出尽可能多的会籍产品方案，虽然并不是所有的构思都能变成产品，但多种方案可为完善会籍产品提供更多的选择余地。

2. 创意构思的产品应具有明确的指向性

高尔夫球会在进行会籍产品构思时，应当明确球会开发会籍产品的意图、开发会籍产品要达到的目的、计划投入的资金、目标市场的确立、产品的定位、资源的配置、会籍产品对球会其他产品的影响、竞争对手的经营状况等。

3. 会籍产品的创意来源

（1）消费者。消费者需求是高尔夫球会开发会籍产品创意构思的主要来源。道理很简单，任何产品都是提供给消费者的，只有适合消费者，而又被消费者看好的产品才能引起其购买欲。从消费者那里得到的启示，最能体现市场发展的趋向，其创意的成功率也就比较高。

（2）专家提示。专家提示就是有关专家依据市场规律，提出产品发展方向的提示。专家的提示一般都是经过了市场研究，对产品的前景进行了科学而又细致的分析后提出的，符合经济发展的基本规律，因而具有较高的准确性。

（3）竞争对手。分析和研究竞争对手的产品，了解其吸引消费者的特征，能够发现和联想出新的创意亮点，构思出新型的产品，从而形成球会自身的产品特色。

（4）创意构思的来源也可以来自球会内部、专门策划机构、广告代理商、大专院校和国外高尔夫球会的成功经验等。

4. 创意构思的主要方法

（1）产品属性分析法：高尔夫球会对现有产品的属性进行分析，寻找产品与市场关系的接点，从而发现产品的不足之处，然后提出改进其属性的方法，推出新的会籍产品。

（2）消费者意见分析法：通过消费者对高尔夫产品的意见，分析产品与市场的脱节点，找到克服问题的方法，提出会籍产品创意构思的方案。

（3）群体构思法：球会营销人员和一些专业人员聚集在一起座谈，畅想和寻找会籍产品的创意亮点，构思会籍产品的整体轮廓，各自提出自己的想法，然后集中整理，转化为创意。

（4）事物关联法：将与高尔夫有关的事物，如节假日、纪念日、重大活动、民俗文化及消费习惯等联系起来，构想它们之间的有机结合点，从中引出会籍产品创意的源泉。

程序二：筛选创意

（1）通过构思，高尔夫球会获得了许多创意，但哪些创意是有价值的和可行的，则需要球会根据自身资源和条件对所有的创意加以评估，然后进行筛选，挑选出可行性较高的创意再进一步开发。筛选的目的就是放弃那些不可行的或可行性较小的创意，将球会有限的资源集中于挑选出的创意上。

（2）在筛选的过程中，要防止两种倾向。一是“误弃”，就是对创意没有进行认真评估，而是仅凭直觉将一些有发展潜力的创意轻易放弃；二是“误用”，就是将看似很好，却没有实际价值的创意轻率地采纳。究其原因，也是没有认真评估和全面衡量的结果。

（3）正确的筛选应是建立在一套适用性的标准之上的，这主要从两个方面考虑：

①创意是否与球会发展目标相适用，表现为利润目标、销售目标、球会形象目标等方面。

②球会是否有足够的能力来开发这种创意，表现为资金能力、人力资源、销售能力等。

程序三：形成产品概念

（1）高尔夫球会经过筛选过的产品创意，需要进一步形成比较完整的产品概念，就是球会能够向市场提供的产品构思。

（2）形成产品概念就是球会从消费者的角度出发，对这一创意所作的详尽的描述，通过描述而形成产品形象。

（3）高尔夫球会会籍产品创意，必须对产品的目标群体、产品带给消费者的价值、产品的消费环境等进行描述。通过这样的描述，使产品形成一定的概念，界定了产品的属性，使产品能够在消费者心目中形成产品形象。

程序四：市场营销分析

产品的概念形成后，就要进行市场营销分析，其目的是评估会籍产品的开发价值。

（1）目标市场的规模、产品的定位、市场占有率、利润目标等。

（2）成本核算，分析生产成本和销售成本，促销费用，从而形成产品价格。

（3）会籍产品生命周期，周期各阶段的销售目标和利润，为实现这一目标采取的策略和措施，竞争者对会籍产品构成威胁的可能性以及应对方法等。

程序五：设计产品消费流程

（1）根据形成的产品概念设计产品消费流程，产品的消费流程必须与形成的产品概念相吻合。

（2）投入资金，配备相关设施，构成产品的有形要素，建立会籍产品销售系统。

（3）确定宣传定位，进行营销创意。

（4）针对会籍产品的特征，培训服务人员。

程序六：市场测试

（1）会籍产品开发出来后，先投入市场进行测试。

（2）对于高尔夫产品的试销，应分步进行。

①球会可组织部分忠诚度较高的消费者有目的地进行，即高尔夫球会将试销目的告知消费者，希望消费者通过消费，对会籍产品提出实质性意见。

②通过小范围推销，进一步扩大试销队伍。

③经过数次反馈各种意见和建议，对产品作出适当调整和补充，以达到满意的效果。

程序七：推向市场

（1）经过市场试销，球会获得了足够的信心，决定将产品推向市场。

（2）在推向市场时，高尔夫球会应根据会籍产品的市场营销分析制定推向市场策略。

①选择推出产品的最佳时期。

②选择会籍产品的首推目标群体。

③制订会籍产品的市场营销计划。

④决定推出的方式。

第三节　高尔夫会籍产品价格制定策略

任何高尔夫会籍产品都具有一定的新鲜感，消费者既感觉有新意，又感到陌生。因而针对不同性质的产品制定不同的价格是有效吸引消费者的重要手段。

一、高价维持定价

采用高价维持定价策略的优点：一是有利于吸引消费者的好奇心，激发其消费热情；二是有利于高尔夫球会尽快占领市场，获取最大利润；三是能尽早收回投资，一旦有竞争者介入，可采用降价策略。这一策略的指导思想就是针对一部分消费者追求时髦、猎奇求新的心理，以超出会籍产品实际价值许多的价格对外销售，以期获取较高的利润。

实行高价维持定价策略应具有以下条件：

（1）会籍产品符合当前消费潮流，与其他产品相比有明显的差异性。能迎合某一目标群体的消费心理，为消费者带来较大的利益。

（2）具有足够的市场容量，诉求目标群体有按高价位的初始价格来消费会籍产品的能力。

（3）会籍产品具有某种技术设施上的优势和独特性（如灯光球场），新的竞争者难以介入。

（4）消费者认同产品的高价位，认为高价格与产品的价值相符。

（5）会籍产品的需求价格弹性比较小。

二、渗透定价

与高价维持定价策略相反，渗透定价策略就是利用消费者求廉、求实的心理，以较低的价位推出会籍产品，将其价格制定在预期价格以下。其目的就是为了尽可能地扩大在高尔夫市场的影响，抢占市场份额。当产品的声望和品牌价值建立起来以后，再逐渐提高价格。

采用渗透定价策略的条件是：

（1）会籍产品的生产和营销成本不是很高，能给产品的低价位创造条件。

（2）会籍产品的需求价格弹性较大，产品所诉求的目标群体具有较强的价格意识，价格的高低直接关系消费需求的大小。

（3）高尔夫球会应该具有足够的资源和能力来实行这一低价位的渗透定价策略。

（4）产品的品质和服务并不因为低价位而受损。

采用渗透定价策略的优点在于：一是实行低价位策略可阻止其他高尔夫企业的介入，有利于减少竞争压力；二是有利于会籍产品迅速占领市场。但是，由于运用这种低价位策略制定的价格低于预期价格，所以产品的投资回收期相对较长。而且一旦遇到实力强劲的竞争对手介入，对球会营销的打击将是致命的。

三、高尔夫会籍产品价格制定操作流程

程序一：调研

（1）充分深入地了解200千米范围内其他球场的高尔夫会籍品种、价格、体系及效果。

（2）充分深入地了解最靠近中心城市的经济发展情况、人口资产状况、投资环境、城市生活质量、周边旅游服务设施等。

（3）充分深入地了解最靠近中心城市的各人群消费水平、习惯、趋向和价值观念。

（4）正确评估本球会的档次、类型、性质以及提供软硬件服务的数量和质量。

（5）了解市场需求及对会籍价格预期。

（6）预测确定价格后的可能反应。

程序二：策划

（1）拟定会籍定位和品种体系。

（2）拟定各品种会籍权益及其对应价格。

（3）拟定会籍推广、销售时间、方式、预算。

（4）起草、设计会籍销售法律文件及推广资料。

程序三：研究及确定

（1）汇总策划成果，交球会经营管理班子及董事会讨论、研究。

（2）根据各方意见，修改完善方案。

（3）最终方案由有关责任人签字确认。

（4）正式推出会籍。

程序四：反馈

收集会籍销售情况，为球会日后发展方向提供依据。

第六篇

高尔夫球会营销策划部门工作流程控制

阅读重点

高尔夫球会市场策划调研流程
市场调查业务管理流程
项目策划工作流程
高尔夫球会公关宣传部工作内容
高尔夫球会公关宣传部工作流程
信息管理工作流程
信息资源部电脑保养工作流程
营销策划与市场调研
市场营销与客户服务跟踪
高尔夫球会预订工作业务流程
客户信息管理
营销合同档案管理
客户关系维护管理
高尔夫球会营销部门管理规则
高尔夫球会信息资源部门管理规则
高尔夫球会客户交往管理规则
高尔夫球会市场策划部门管理规则

第二十三章　市场策划部工作内容与操作流程

为了充分发挥市场策划的职能，使市场策划工作富有成效，高尔夫球会市场策划必须遵循一定的工作程序，有步骤、分阶段地进行。一般来说，高尔夫球会市场策划的工作程序分为四个阶段：调查研究、制订计划、组织实施和检测评估。这就是通常所说的“四步工作方法”。

高尔夫球会市场策划从调查研究、制订计划、组织实施到评估评价，是组成一个完整过程的四个不同程序。严格按照这四个程序开展市场策划活动，是提高市场策划工作效率和效益的基础。

调查研究是市场策划人员收集与高尔夫球会有关的各种信息，了解市场策划状态的过程，是制订市场策划活动计划的依据。

高尔夫球会市场策划人员经过调查研究，收集到必要的信息，发现并确认问题之后，即可着手思考对策，制订市场策划的活动计划。

由于大多数市场策划是对目标公众展开的信息进行传播活动，因而市场策划的实施，就是组织运用各种现代传播技术及各种沟通手段，把预期的信息传达给目标公众，改变或促成他们的态度或行为，创造对高尔夫球会自身有利的各种环境。

市场策划实施过程中，信息传播活动是一项复杂的工作，它会遇到各种因素的影响和干扰，有时甚至难以预料。市场策划人员在进行传播活动前，要事先进行细致的调查分析，做好充分的准备工作；传播过程中，也应密切注意公众意向和发展趋势，及时纠正和补充传播信息的内容，这样才能取得理想的传播效果。

市场策划活动组织实施的结果如何，是高尔夫球会市场策划部门和决策部门共同关心的问题。这就需要在市场策划活动实施与传播后，进行信息反馈，对市场策划活动的影响和结果进行评估。

第一节　高尔夫球会市场策划调研流程

一、考察高尔夫业内动态

程序一：确定问题与假设

（1）由于市场研究的主要目的是收集与分析资料以帮助策划人员解决有关市场管理或决策的问题，因此应首先了解问题的所在。

（2）拟定假设的主要原因是限定研究或调查的范围，可用调查所得的资料来鉴定所作的假设是否成立。

程序二：确定所需资料与收集资料的方式

（1）研究问题与假设拟定之后，下一步就应决定应收集哪些资料，这当然应与研究或调查的目的有关。

（2）如果无适用的现成资料，收集原始资料是必需的步骤，问题是采取何种方式收集资料。

程序三：进行抽样设计

市场调查是一种抽样调查，在研究设计阶段便应决定以抽查对象为准。

（1）究竟应采取何种抽样方式，采用几率抽样法抑或非几率抽样法，要视该研究所要求的准确程度而定。几率抽样的估计准确性较高，且可估计抽样误差；非几率抽样设计简单，可节省时间与费用。

（2）另一个必须决定的问题是样本数目，而这又需考虑到统计与经济效率，样本数目大，调查误差减少，但费用增高。

（3）市场调查工作必须通过调查员来完成。调查员的素质会影响到调查结果的正确性。

（4）调查员以相关专业的高学历人员最为理想，因为他们已受过调查技术与理论的训练，可降低调查误差。

程序四：制订计划

（1）根据以往资料分类制订业内考察计划。

（2）查阅市内可比性球会目录，确定电话查询范围以及查询时间，保证每天电话联系可比性同档次球会。

（3）制订《外出拜访球会计划》，确定本周外出考察球会的数量、次序以及方式，每周保证安排3～5天外出到同级别的球会考察，主要包括高尔夫赛事举办、球会会籍种类设置及价格组成、会所餐饮、康乐及球会举办的主题活动等，重点是近期反应较好的项目。

（4）确定资料查询目录、时间以及方式。

程序五：咨询考察

1. 电话咨询

每日打电话联系本区域可比性球会，了解同行昨日客户打球与会所营业情况，包括打球人数、团队会议、会所住房入住率及营业价格。

2. 外出考察

（1）外出前到部门填写《拜访客户明细》和《调研人员外出时间表》，注明外出考察时间及单位。

（2）按照计划外出考察。

3. 资料查询

依据计划阅读报刊资料。

4. 考察球会业内动态，了解新增营业项目和流行活动

程序六：分析资料

（1）资料收集后，应检查答案，不完整的答案应考虑剔除，或者再次访问该应答者，要求补填。

（2）研究者应将分析结果编成统计表或统计图，方便阅读者了解分析结果，并从表中资料看出与研究假设之间的关系。

（3）研究者还应将分析结果计算出各类资料的百分率与平均数，使阅读者对分析结果有清晰的认识。

（4）市场研究者可运用一些统计方法来作一些分析工作，如相关分析、回归分析及变异数分析等。

程序七：撰写研究报告

撰写研究报告一般是指写成书面研究报告形式。它可分为专门性报告和通俗性报告。

1. 专门性报告纲要

（1）研究结果的摘要。将研究的主要发现予以摘要说明。

（2）研究目的。研究的目的及各种研究假设。

（3）研究方法。研究设计、资料收集方法与抽样方法。

（4）资料分析。

（5）结论与建议。研究结果的摘要，并说明其限制，从研究结果对研究问题（例如销售量下降）作一策略性的建议。

（6）附录。凡未列入研究报告主要部分的有关资料，例如一些附表等，均可列于附录。

2. 通俗性报告纲要

（1）研究发现与结果。主要说明研究发现与结果。

（2）建议行动。根据研究结果作若干决策性的建议。

（3）研究目的。说明研究目的所在。

（4）研究方法。非技术性的说明研究方法，避免用专业术语。

（5）研究结果。作为报告的主要部分，必须非常清楚，避免用技术性术语。

（6）附录。有关研究方法与研究结果的较详细资料。

3. 填写报告

（1）电话咨询后，填写《同行营业情况日报表》。

（2）外出考察后，填写《调研人员外出时间表》，并注明回归时间。

（3）根据外出拜访情况，填写《拜访客户明细》。

（4）根据考察情况填写《考察报告》。

（5）将获取的业界新增项目和流行活动信息结合本球会的特点，分析开展类似经营项目的可行性，预测客源情况及投入产出比，作出《可行性分析报告》。

程序八：报送存档

（1）每天18：00以前，将3份《同行销售情况日报表》复印件分别报送营销策划总监、市场策划部经理及市场营销部经理。

（2）将《同行销售情况日报表》原件存于部门指定文件存档处。

（3）每周六9：00以前将《考察报告》上交至部门经理。

（4）报告完成三日内，向部门经理提交《可行性分析报告》。

二、市场分析与预测

程序一：确定目标

（1）根据球会年度、季度和月度工作重点，确定要考察分析的目标市场。

（2）依据同业市场特点，预测今年市场动向。

（3）考察本区域客源潜力、消费能力、交通运力及市场容量等。

（4）考察分析同级别球会经营活动的重点和特色。

（5）市场考察重点以“我”为主，以史为鉴，找准市场缺口，深入钻研分析。

（6）目标市场既包括当前目标市场，也包括潜在客源市场。

程序二：收集资料

（1）收集整理球会历年来同期经营的数据。
（2）考察高尔夫球会高球运作部、餐饮部、会员之家、商贸部及康体娱乐部的经营状况。
（3）掌握同级别球会近期工作重点，以及为了开拓、维护重点市场所做的主要工作。
（4）考察同级别球会高球运作部、餐饮部、会员之家、商贸部及康体娱乐部等方面的运作情况。
（5）收集同级别球会市场策划、市场营销方案，借鉴、吸收其精华。
（6）了解本区域客源的流向与流量，掌握重大活动的各项要求。
（7）了解高尔夫同业的总体发展趋势，以及政府对本行业新出台的政策等。

程序三：分析总结归纳

1. 内部分析

（1）分析球会工作重点与实际市场运作之间是否存在差距。
（2）根据各业务部门的经营状况，进行内部供给能力分析。
（3）估算每个部门盈余点以及贡献率。
（4）总结市场策划和营销方面的经验教训。

2. 外部分析

（1）依据国家和地方政府的政策法规以及市场规律，预测市场未来变动情况，提前做好对新市场的各项资料收集、整理、分析及预测工作。
（2）对比分析本球会与同级别球会的各自优势，掌握球会可以借鉴吸收的方面。
（3）对比分析本球会与同级别球会经营的不足点，研究如何弥补球会的不足之处。

3. 总结归纳

（1）分析本球会重点市场在行业市场中所占的份额比重。
（2）明确本球会市场定位，分析市场机会，掌握市场新卖点，预测未来市场机会。
（3）预测未来市场动态可能会给本球会经营带来的挑战及机遇，提前做好应对措施，根据环境变化不断调整。

程序四：提交报告

（1）整理完成《市场分析、预测报告》，上报经理。
（2）根据市场策划部例会讨论的意见和建议，修改报告。
（3）将整理完善的《市场分析、预测报告》复印一份，将原件上报营销策划总监。
（4）将复印件交部门文员存档保管。

三、调研客户信息

程序一：确定目标

（1）根据市场营销部等职能部门的需要，确定调研目标。
（2）根据调研目标，选择目标顾客。
（3）制定调研问卷。

程序二：调研客户信息

1. 邮寄信函

（1）查阅客户档案或资料，按行业、系统选择出调查对象。

（2）选择恰当的产品介绍资料和客户信息反馈表，装入信封。

（3）准确书写信封。

（4）在《市场策划部信函记录表》上登记。

（5）请文员将信件送交总经理办公室发送。

（6）对回函及时处理、回复。

（7）在《市场策划部信函记录表》上注明回函信息。

2. 电话咨询

（1）查阅客户档案或资料，按行业、系统选择出调查对象。

（2）首先作自我介绍，运用礼貌语言与对方沟通，了解顾客信息。

（3）与客户道别，感谢客户的大力支持。

（4）将通话内容记录在《市场策划部电话记录表》上。

3. 电子邮件

（1）查阅客户档案或资料，按行业、系统选择出调查对象。

（2）输入信件内容。

（3）根据电子邮箱地址寄发电子邮件。

（4）寄发后，在《市场策划部电子邮件记录表》上注明。

（5）对回函及时处理、回复。

（6）在《市场策划部电子邮件记录表》上注明回复信息。

程序三：提交报告

（1）将从不同渠道获取的客户信息进行整理分类。

（2）根据企业内部需求对信息进行分析，提炼出有价值的信息，作为各业务部门完善服务质量的依据。

（3）完成调研报告，并报送营销策划总监。

四、分析客源结构

程序一：获取消费信息

（1）市场营销部文员所做的《经营状况报表》。

（2）前台收银员所做的《球会日经营分析报表》。

（3）前台接待员所做的《经营统计分析表》。

程序二：整理消费信息

（1）根据每日的《球会当日消费表》作出所有消费客户的整个月的消费总明细。

（2）每月 5 日前作出《月份客户消费统计明细表》。

（3）根据消费额列出 A、B、C 三类客户。

（4）根据客户的回头率列出 A、B、C 三类客户。

（5）根据市场划分列出每大板块市场的 A、B、C 三类客户。

程序三：分析客源信息

（1）根据整理的消费信息分析本月与上月、本月与去年同期的数据比：

①客户消费额的增减及其原因。

②新客户的增减率及其原因。

③客户消费方向（高尔夫运作、餐饮、康体娱乐部、商贸、会员之家等消费比重）的变动。

④客户的打球消费喜好，每段开球时间的消费额。

⑤客户回头率的增减及其原因。

⑥客户的流失率及其原因。

⑦客户的意见和建议及投诉的增减率。

（2）每月 10 日前配合部门经理召开球会经营统计分析大会，分析造成以上数字的原因，总结经验教训。

程序四：总结客源结构

（1）写出《客源结构分析总结报告》。

①本月客源市场状况及其与上月、去年同期的对比。

②客源市场的萎缩与扩张情况及其原因。

③同行的客源结构状况。

④维护客源市场的方式、方法。

（2）每月 15 日前报送部门经理。

五、广告策划与测定广告效果

程序一：掌握市场动向

（1）广泛收集市场信息，了解流行消费趋势，为策划员进行广告设计提供信息支持。

（2）把握消费者心理，了解切合消费者心理的广告类型。

（3）分析同级别球会在市场营销方面所做广告的效果。

程序二：参与广告设计

（1）与策划员共同协商广告创意，为工艺制作员制作提供参考意见。

（2）学习媒体制作广告的方法，掌握广告制作过程。

程序三：分析广告效果

（1）采取电话采访、信函调研及面谈等形式，了解球会广告的效果。

（2）广告投放后，根据球会经营效益的变化，确认广告收益率。

（3）对广告的效果进行评议，总结经验教训，注重阶段性成果和综合性成果的结合分析。

程序四：上报考察报告

（1）填写《广告效果评议报告》，分别上报市场策划部经理、市场营销部经理、营销策划总监及总经理。

（2）将《广告效果评议报告》复印，交文员存档。

第二节 市场调查业务管理流程

一、信函调研业务流程图

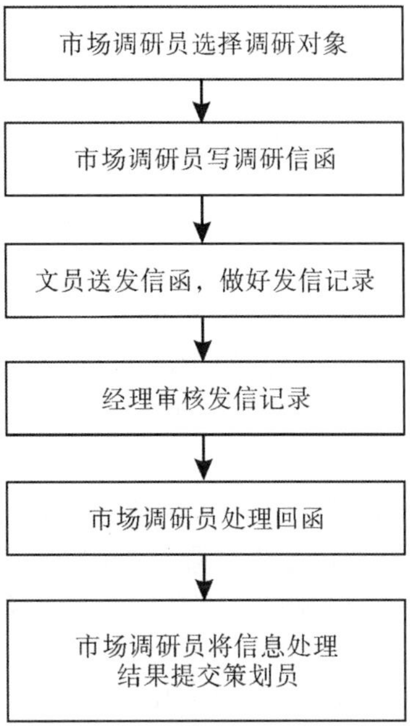

二、市场调查方案拟订

程序一：确定调查目的

（1）一个完整的调查方案是从调查目的的确定开始的。在确定调查目的时候，要有针对性地选择具有全面意义的问题进行调查，要明确、具体、中心突出、主次分明。

（2）确定调查目的是把企业在实际运作之前大规模了解和决定的市场营销问题转化为有待调查的各种因素，划出范围，明确目的，写成书面形式，它是市场调查的起点和开始。

（3）调查目的的确定要准确，做到有的放矢，否则，将浪费大量人力、财力、物力，造成不应有的损失。

程序二：确定调查对象和范围

（1）确定要调查的具体部门和人员，并根据其特点研究调查范围。要确定对谁进行调查，在哪里进行调查。

（2）市场营销调查要包括市场营销环境调查、市场产品信息调查、市场营销价格信息调查、市场营销分销渠道调查、市场营销促销调查、市场竞争对手调查及目标顾客调查等。

（3）市场调查的范围主要包括市场环境、市场动态、营销实务、竞争环境等四大方面。每个企业在进行市场调查时一般是突出重点、兼顾全面，以调查的目的为主要侧重点进行。

程序三：拟定调查项目

（1）拟定调查项目就是把已确定的调查目的和范围具体化。这是市场调查过程中较具体、较务实的工作。

（2）调研人员充分把握调查的尺度，明确调查范围的主次，而且在拟定调查项目时，要注意调查项目的数量应根据所需调查资料的多少来确定。

（3）项目太少，不能取得足够的资料，也就无法为决策提供可靠的依据；项目太多，不仅耗费大量的调查人力，也会使决策者因材料太多而无法作出正确的决策。

程序四：确定及整理资料来源

调查资料的来源是不同的，有些资料来源于企业内部，有些来源于企业外部。总的来说可分为第一手资料和第二手资料。

1. 第一手资料来源

第一手资料是通过实地调查或实验而取得的原始资料，是市场调查人员直接从顾客、中间商、推销员和竞争者等方面收集得来的。它包括新产品销售计划、市场定位分析、市场细分、价格反应、产品构思、广告、中间商、促销及竞争效率等方面的信息。

2. 第二手资料来源

第二手资料是通过别人收集并经过整理而得来的资料，主要涉及以下方面：目标市场数量、估计的购买者数量及家庭数量、家庭收入与国民生产总值、现有产品销售估计、市场划分、市场成本、目标市场条例管制、保护消费者条例、投资条例等。

3. 资料整理

（1）收集资料的目的是为了分析市场状况，制定营销策略，但资料是否可靠和实用，就需要进行科学的整理。

（2）对市场调研所收集的资料，无论是第二手资料还是原始资料，对其整理主要包括逻辑审核、计算审核、统计分组和汇总等几个主要阶段。

（3）在处理第二手资料和原始资料时，应采取辩证地吸收利用的态度。无论拿到什么资料，应该首先了解：这些资料是怎样收集的？为什么要收集这些资料？这些资料是什么时候收集的？采用的是哪种调查方式？这些资料与其他资料是否一致？这些资料与以前所获得的资料的异同点以及产生这些差异的原因是什么？

程序五：拟定调查报告撰写标准

（1）在取得大量的市场调查资料之后，首先要对其进行审核、订正、分类和汇总，根据调查目的进行加工整理，然后进行分析。

（2）市场调查人员还需要掌握统计分析的技术。通过分析调查结果，在弄清市场活动和过程的基础上，研究出其动向及其发展变化规律，探索解决问题的办法。

（3）汇总撰写出市场调查报告，这是市场调查成果的集中体现。

第三节　项目策划工作流程

一、策划业务流程图

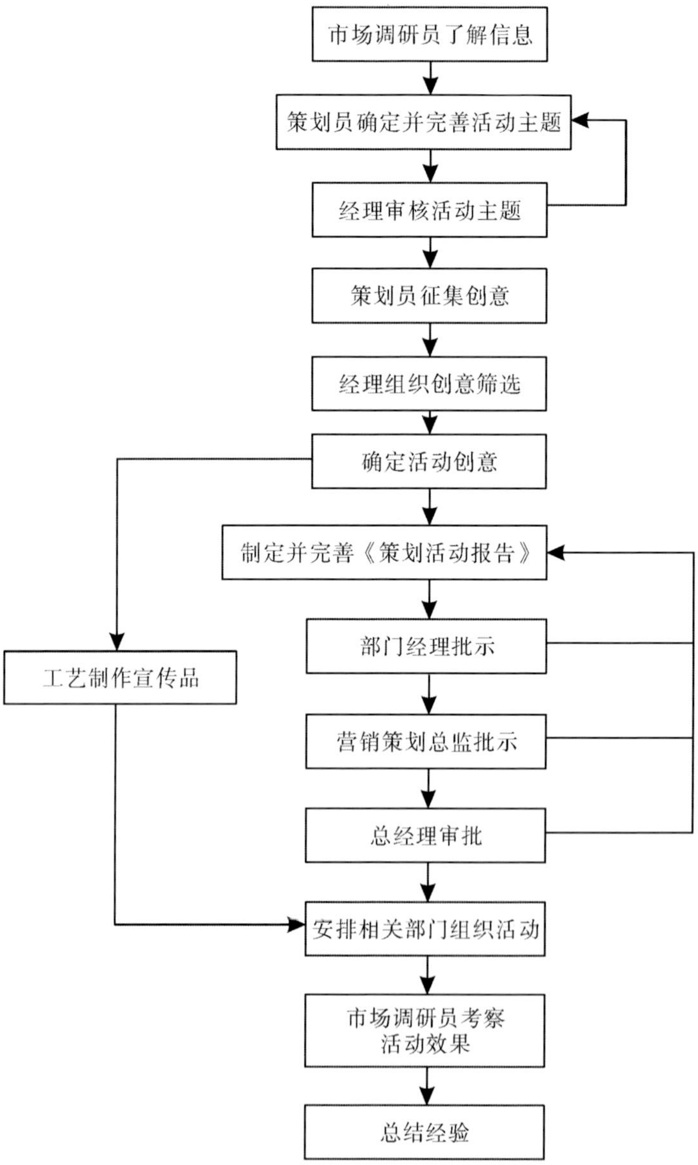

二、进行活动创意

程序一：制订计划

（1）根据节庆，确定各项活动主题。
（2）于节日前两个月进行创意主题策划。
（3）通过宣传栏，向全体员工通报活动主题。

程序二：征集创意

（1）在全球会员工中征集创意。
（2）邀请社会各界人士参与球会活动创意设计。
（3）考察成功球会举办活动的经验，进行主题创意。

程序三：创意筛选

（1）邀请球会相关部门派出人员共同筛选。
①创意的选取要根据球会产品的特点。
②考察创意的经济性，预测活动的投入与产出比。
③考察创意的社会影响力，能否成为引导消费潮流的新卖点。
（2）挑选三条最具特色和代表性的创意作为拟定修改对象。

程序四：创意修改

（1）借鉴球会举办各种活动的经验，分别修改创意的不足之处。
（2）完成《创意报告》。

程序五：确定创意

（1）将《创意报告》上报部门经理。
（2）参与球会举行的创意研讨会，解释创意。
（3）根据创意研讨会结果，确定最终创意。

三、策划球会公关活动

程序一：策划活动

（1）确定本次活动的名称。
（2）确定活动涉及的对象及活动范围。
（3）确定活动的地点和时间。
（4）确定活动的装饰要求及预期装饰效果。
（5）画出《会场设计图》。
（6）确定各部门的分工及需要完成时间。

（7）作出本次活动的费用预算。

（8）写出《策划报告》。

程序二：批示活动

（1）将《策划报告》汇报部门经理。

（2）部门经理批示后，将《策划报告》上报营销策划总监批示。

程序三：修改策划

（1）参加营销策划总监组织召开的专题会议，汇报公关活动策划方案。

（2）根据会议提出的意见和建议，对《策划报告》作进一步修改。

程序四：实施策划

（1）最终确定策划后，报送总经理办公室，转呈总经理。

（2）根据总经理的意见，修改《策划报告》，并将其存档。

四、策划市场营销方案

程序一：制订计划

（1）听取球会领导对市场营销工作的指导意见与建议。

（2）了解球会经营状况，阅读相关资料。

（3）研究市场调研员作出的市场调研报告。

（4）收集与球会市场营销有关的社会时事、政经文贸及行业信息。

（5）制订《市场营销计划》。

程序二：提出方案

（1）进行与球会市场营销策划相关的调查走访。

（2）提出《市场营销方案》，内容包括：

①球会市场营销总体战略及阶段目标。

②确定产品策略及价格策略。

③综合运用多种市场营销手段，如人员促销、广告、公共关系及营业推广等。

④明确营销活动的组织与渠道管理。

（3）量化营销活动效果评估方案。

程序三：修改方案

（1）将市场营销草案提交给经理在例会上进行讨论。

（2）根据讨论结果，对营销草案进行修改。

（3）修改完善后，将《市场营销方案》报球会领导批准实施。

五、策划专题活动

程序一：制订计划

（1）听取领导对专题活动的指导意见。
（2）明确专题的目标、要求。
（3）作出专题的预算。
（4）收集整理与专题活动有关的市场调研及信息。

程序二：提出方案

（1）市场调研与分析。
（2）专题活动的目标，包括经济利益与社会效应。
（3）专题活动内容。
（4）专题活动实施方案。
（5）投入与回报。
（6）评估方式。

程序三：修改方案

（1）将专题活动草案提交经理，在部门例会上讨论。
（2）根据讨论结果，对专题活动方案进行修改。
（3）修改完善后，将《专题活动方案》报球会领导批准实施。

程序四：通报客情

（1）通过与主办单位联系，了解客户在球会举办专题活动期间的宴请、会客和其他重要活动。

（2）了解客户对接待场地、举办赛事场地、举办宴会场地的布置要求。

（3）根据客户的整个活动日程，提前一天填写《专题活动服务计划单》，写明贵宾等级、接待标准、具体时间及在球会期间各部门应做的事项及要求。

（4）将《专题活动服务计划单》上报部门经理批示，部门经理须在计划单上签字认可。

（5）将部门经理签字确认的计划单于活动开始前一天下发给各部门，由各部门主管签字认可。

程序五：召开"一会一案"

（1）提前24小时召开本次活动的"一会一案"。
（2）通知相关部门主管级以上人员参加，说明时间、地点及本次活动名称。
（3）提前在会议地点设《签到表》，请与会者签到，迟到者在次日球会例会通报。
（4）根据《专题活动服务计划单》布置相应部门的工作任务，说明接待的标准和要求。
（5）了解各部门在活动过程中可能面临的困难，并予以协调解决。
（6）填写一式两份《"一会一案"会议纪要》，原件于次日9：00前交总经理办公室，另一份部门留存。
（7）将会议《签到表》及《"一会一案"会议纪要》统一由部门保存。

程序六：总结活动经验

（1）参加接待专题活动的工作总结会，吸收成功经验，总结失败教训。

（2）填写《专题活动总结表》。

六、广告策划业务流程图

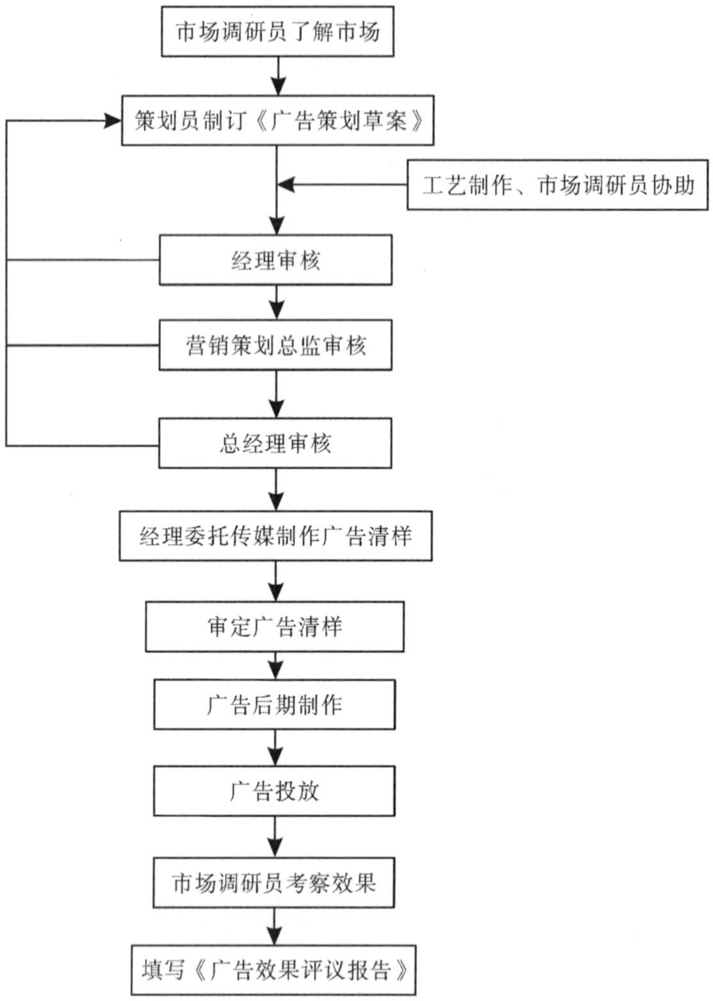

七、策划广告宣传

程序一：明确目标

（1）听取领导对球会广告宣传的指导意见。
（2）明确球会广告宣传的基本方针。
（3）明确球会广告宣传目标。

程序二：策划准备

（1）学习实用广告技巧及各种创意手法。
（2）收集与广告策划有关的市场调研资料。
（3）阅读与广告设计、制作相关的资料。

程序三：选择媒体

（1）收集各种广告宣传媒体的广告发布价格。
（2）比较各类广告媒体的宣传效果。
（3）选择适当的广告媒体。
（4）与广告媒体签订制作合同。
（5）与广告媒体共同协商《广告策划草案》。
（6）确定广告策划草案的内容。
①广告的主题、创意。
②广告所针对的目标消费群体。
③广告投放的媒体、时间及频率。
④广告预计达到的效果及评价方案。
（7）广告费用预算。

程序四：确定方案

（1）将《广告策划草案》提交给经理，在市场策划部例会上讨论。
（2）将《广告策划草案》上报营销策划总监，由总监评审。
（3）根据讨论结果及总监意见，对《广告策划草案》进行修改，完成《广告策划方案》。
（4）将《广告策划方案》报球会总经理批准实施。

程序五：制作广告

（1）根据《广告策划方案》，交设计主管或请专业广告公司制作广告清样。
（2）请球会领导、客户代表、广告专业人士审定广告清样。
（3）根据审定意见，对广告进行后期制作。
（4）投放广告。

程序六：评定效果

（1）广告心理效果测定。
①知觉度的测定：了解客户接触球会广告的途径。
②记忆度的测定：了解客户对球会产品的认知程度。
③理解度的测定：了解客户对球会广告的理解是否与广告的创意一致。
④购买动机的测定：了解客户产生购买动机的原因及购买方式。
（2）广告销售量的测定。
①了解广告投放前球会产品同期销售量。
②了解广告投放后球会产品销售量的变化。
③确定广告成本效率。
（3）填写《广告效果评议报告》，上报部门经理、营销策划总监及总经理。

第四节　案例分析：营销策划部门工作计划与执行

一、案例介绍

2008 年 11 月，一个高尔夫球会 18 洞球场即将竣工，球会会所进入装修完善阶段，计划在 2009 年年中开业，投资方筹建经营管理团队。营销策划总监入职后，制定了“营销策划管理——2009 年度部门工作计划与执行进度表”。表中列出了（12 个月/2009 年）每个月、每个责任人的工作重点及既定完成时间，对高尔夫球会开业前的工作起统筹作用。

二、案例分析

序号	责任人	项　目	工作执行时间（月份）											
			1	2	3	4	5	6	7	8	9	10	11	12
1	营销策划总监	营销策划部门办公室的设立： （1）订购办公室设备； （2）设施及文具用品； （3）秘书或文员的招聘和上岗。	●	●	●									
2		根据球会规模及营销策划部门的实际情况，制定组织架构。	●	●	●									
3		人员编制及到位时间表。	●	●	●									
4		与人力资源部经理制订整个球会的招聘计划，包括招聘时间、地点、标准、程序、初试、试题及录取条件。	●	●	●									
5		与人力资源部经理及各部门确定筹建期各部门各级员工的培训合同。			●	●	●							
6		编写营销策划部门工作职能。		●	●									
7		设计销售制度及表格。		●	●	●								
8		深入了解球会设施及场地面积，确定球会宣传口号及等级。		●	●	●								
9		制定营销用品清单并印刷制作。				●	●							
10		确定营销策划部门所需物品，制订采购计划，送采购部汇总。					●	●						
11		编制营销人员的培训课程。			●	●	●							
12		制定营销策划制度及工作程序。	●	●	●	●								
13	培训经理	实施销售及推广宣传技巧培训。				●	●	●						
14		督促员工上岗进行实地练兵。				●	●	●	●	●	●	●	●	●
15	公关经理	邀请社会各行业领导参与球会开业典礼。			●	●	●							
16		政府公关。			●	●	●	●	●	●	●	●	●	●
17		确定接待贵宾的服务程序。				●								

序号	责任人	项　目	工作执行时间（月份）											
			1	2	3	4	5	6	7	8	9	10	11	12
18	策划经理	（1）确认球会名称、球会标志。 （2）球会会籍销售资料。 （3）准备开幕式所有物品。 （4）球会 CIS 的完善。		●	●	●	●	●						
19		设计球会宣传资料。			●	●								
20		完善球会服务设施简介、价目表及宣传小册子等。			●	●								
21		全面展开球会宣传推广活动。				●	●	●	●	●	●	●	●	●
22		举办专题性公共活动，以提高球会对外知名度。					●	●	●	●	●	●	●	●
23		组织及举办新闻发布会，广泛派发球会宣传资料。						●	●	●	●	●	●	●
24		重要道路灯杆广告（LED 灯）。			●	●								
25		开业筹备。		●	●	●								
26		开业典礼。				●								
27		球会营销产品研发。			●	●	●							
28		产品销售方案确立。					●	●	●	●	●	●	●	●
29		制作产品说明会。			●	●	●	●	●	●				
30		政府公关。				●	●	●	●	●	●	●	●	●
31		媒体市场调研。				●	●	●	●	●	●	●	●	●
32	营销经理	建立球会销售通路。			●	●	●	●	●	●	●	●	●	●
33		确定市场定位、客源结构、经营方针、经营目标，确定主要竞争对手等。		●	●	●	●	●						
34		市场调查，了解市场客源。		●	●	●								
35		分析主要竞争对手的营销策略。			●	●	●							
36		草拟市场推广计划。				●								
37		草拟球会营业计划。				●	●							
38		制定球会开幕仪式的费用预算。				●								
39		领取营销策划部门所需的物品，做好记录，妥善存放。			●	●	●	●	●	●	●	●	●	●
40		完成球会开业典礼的营业销售工作。				●	●							
41		初访各大商社、旅行社、团体及个人客户，广泛派发宣传资料，全面展开球会推广工作。					●	●	●	●	●	●	●	●
42		制定球会的决策活动。		●	●	●								
43		制订球会长远发展规划。			●	●	●	●	●	●	●	●	●	●

gbmsoft
至邦软件
高 尔 夫 管 理 专 家
GBM
高尔夫球会管理之选——至邦GBMsoft软件
如果你的管理意识已过时，你的企业也可能成为历史。
鸣谢：兰星高尔夫工程有限公司提供图片
您的球会管理专家
对于球场管理而言，
不仅仅是前台接待和订场服务，
时时刻刻都应关注场地养护和多仓库存的后勤管理，
这也是我们所推荐的高尔夫专业管理软件。
GBM是高尔夫市场的领导者，
因此我们能够提供系统资料和应用程式，最完整地帮助你管理高尔夫球场。
球场营业与高球运作管理系统
场地养护管理系统
欲了解GBM成功案例，请拨打咨询热线：020-8162 4887　E-mail：GBMsoft@126.com　广州市红邦信息技术有限公司

三、案例启示

（1）没有约束的自由是没有保障的自由。必须建立一套行之有效的营销管理制度。制度是营销团队建设的纲。营销管理制度包括三类：一类是组织保障制度，一类是奖励分配制度，一类是行为约束制度。

（2）要从营销的竞争中取胜，高尔夫球会从上到下应具备一种全员营销、全员参与市场竞争的概念和意识，建立全员营销管理机制，并形成一套行之有效的全员营销模式。

（3）高尔夫球会营销队伍建设与发展，需要培育统一的团队营销文化和共同的理念。因此，在营销团队中，必须树立共同的理念和理想。每个营销个体在向同一个目标迈进时，要不断加强自身营销队伍的建设，促进整体业绩的提升。以球会企业文化为指导，建立和谐统一的营销文化与企业文化。

第二十四章　公关宣传部工作内容与操作流程

第一节　高尔夫球会公关宣传部工作内容

高尔夫球会公关宣传部的工作内容极为丰富，一般而言，大体包括日常工作、定期工作和专门活动三个方面。

一、日常工作内容

序号	工作内容
1	随时收集高尔夫球会内外公众的各种意见。
2	编写并向新闻界散发新闻稿、照片和特写文章，汇编有关报刊目录。
3	协同摄影制作人员拍摄、整理、保存资料图片。
4	与各种传播媒介的新闻记者保持密切的联系。
5	与有业务往来的公共关系顾问公司保持联系。
6	与主管部门和政府有关人员保持联系。
7	对高尔夫球会在公众中的形象作出评价。
8	设计、筹划、监制高尔夫球会的各种宣传品和赠品。
9	接待国家、政府代表团和重要客户时，落实各项迎接和服务事项。
10	代表球会接受公众对高尔夫球会的各种投诉和有关咨询，对合理的要求通知有关部门协助解决。

二、定期工作内容

序号	工作内容
1	组织记者招待会，接待参观访问。
2	编辑出版对外刊物。
3	负责微博、微信等平台信息的发布与维护，策划博文内容和线上活动，与粉丝积极互动，跟踪微博推广效果，分析数据并反馈，分享微博、微信推广经验。
4	编辑出版供员工阅读的报纸和刊物，组织其他各种形式的内部宣传活动。
5	编写并提供各种资料，诸如高尔夫球会历史、年度报告、介绍等。
6	参加各种管理会议，了解高尔夫球会内部的管理状况。
7	参加市场营销调研活动，了解高尔夫球会同业的竞争情况。
8	为管理部门安排各类媒体记者的采访。
9	与高尔夫球会所在社区的公众代表进行定期接触。

（续上表）

序号	工作内容
10	组织安排高尔夫球会员工的集体娱乐活动。
11	分析、评估、反馈为实现既定目标所进行的工作。

三、专门活动内容

序号	工作内容
1	设计并委托制作高尔夫球会的标志和吉祥物等。
2	筹备和组织高尔夫球会的开业典礼等庆典活动，力求使这些活动产生较大的社会影响。
3	委托制作有关球会的影视作品，诸如纪录片、配音幻灯片和录像带等，并负责编目和播放。
4	筹划和监制广告，编制广告预算，监督广告的实施，测定广告的效果。
5	在高尔夫球会内部组织各类展览和演出活动。
6	设计高尔夫球会新的服务设施、服务内容，组织高尔夫球会产品的推广和介绍活动。
7	代表高尔夫球会参加社会公益活动，力求给社会公众留下深刻印象。
8	代表高尔夫球会与社会知名人士建立和保持密切联系，邀请其参加重要活动，突出其在活动中的地位。
9	预防并及时处理高尔夫球会的意外情况和危机事件。
10	策划专题性的公共关系活动并组织实施。

第二节　高尔夫球会公关宣传部工作流程

一、公关策略制定

程序一：海外宣传策略

（1）选择在合适的金融、时尚、商业与旅游刊物及名录上刊登广告。

（2）同中介公司、旅游经营者及航空公司合作组织海外新闻界聚会。

（3）将有关的新闻稿和促销资料寄往海外的有关商务会议、旅游会议及旅游业的杂志，争取刊登。

（4）选择适当的网络平台发布信息或刊登广告。

程序二：国内宣传策略

（1）以新闻界聚会的形式将高尔夫球会介绍给本地新闻界。

（2）拜访本地报社、电台及电视台。

（3）联络本地政府机构、高尔夫协会、对外经济贸易委员会、文化局和旅游局。

（4）联系本地的外籍人士联谊会。

（5）在适当的媒体上刊登高尔夫球会主题及形象广告。

（6）准备并散发每月的高尔夫球会刊物及宣传材料。

（7）邀请重要客户及会员、潜在客户参观高尔夫球会。

（8）向重要客户及会员、潜在客户发出信函、资讯，告知每月高尔夫球会的推广活动。

（9）准备和寄发高尔夫球会活动的新闻稿。

（10）在特别场合或举行特别活动时，准备和发放高尔夫球会赠品。

二、广告策略与发布

程序一：海外广告发布

（1）海外广告主要是发布于金融、时尚、商业与旅行刊物上的高尔夫球会形象广告，其主要目的是增加营业销售额。

（2）根据高尔夫球会所瞄准的海外市场选择面向这些市场的金融、时尚、商业与旅行刊物。

程序二：本地及国内广告投放

（1）发布高尔夫球会形象广告以扩大高尔夫球会在本地区的知名度。

（2）发布高尔夫球会球场及会所设施的广告以吸引更多的客户。

（3）发布特别策划的赛事活动的广告以提高球会经营效率。

（4）发布餐饮、康体、娱乐的广告以增加会所经营收入。

（5）发布会所及宴会厅的广告以提高其使用率。

程序三：计划制订及审批

（1）每月末，与会所经营部、高球运作部、餐饮部、康体娱乐部、商贸部及会员之家配合，制定相应的广告预算。

（2）根据预算及高尔夫球会最新促销活动制订下月的广告发布计划，交营销策划总监审批。

程序四：广告设计

（1）将广告文案及图片尽量以电子版形式交予设计主管或发行公司进行设计。初稿要求不得少于2稿，以便高尔夫球会进行选择。

（2）对设计初稿进行审核，提出修改意见，并呈报营销策划总监签批。

（3）设计稿样经审批后即为定稿。

程序五：广告发布

（1）在进行广告设计的同时，要对即将发布的广告位订版，包括时间、版位、大小。

（2）将定稿交予广告公司或发行公司负责发布。

程序六：样稿存档

广告发布后，将当期或当天广告分类存档，并在有广告的版位以标签标注。

三、行业信息搜集

程序一：报刊信息搜集

（1）每日查阅本地及外地报纸，如有重要信息须复印给相关部门经理，同时存档。

（2）定期查阅杂志信息，如有重要信息须复印给相关部门经理，同时存档。

程序二：网络信息搜集

（1）每日浏览本地及国内外同业信息及政务网信息，对网上发出的需高尔夫球会配合的公告、通知等，须打印发送各相关部门，并积极配合政府工作。

（2）每日浏览其他信息网站，包括各知名预订中心网站。对网上重要信息须打印发送各相关部门。

四、印刷球会宣传品及文件与表格

程序一：登记

（1）接收部门文员转交的已由经理审核的《印刷申请单》。

（2）在《印刷申请单》上签字确认。

（3）与各使用部门讨论宣传册和印刷品的文案内容及图片的选择。

（4）按要求完工时间的先后对《印刷申请单》进行排序，在申请单上注明编号。

（5）在《印刷单登记表》上登记，注明编号、内容提要及完成时限。

（6）将登记完毕的《印刷申请单》按编号顺序放入“未完成印刷单”的表夹中存放。

程序二：设计

（1）将讨论确定的内容交设计主管或广告公司进行设计，初稿要求不得低于2稿，以便高尔夫球会进行选择。

（2）对设计初稿进行审核，提出修改意见，并呈报营销策划总监签批。

（3）设计稿样经审批后即为定稿。

程序三：费用商谈

将与需求部门讨论确定的印刷数量提报采购部，由采购部负责最后费用的商谈。

程序四：印刷

（1）每天从“未完成印刷单”的表夹中取出《印刷申请单》，按编号顺序进行印刷。

（2）印刷前，到库中取出相应规格、数量的纸张。

（3）在相应的应备卡上注明时间、用途及数量，在“制作人”栏签名。

（4）按照规定程序印刷。

（5）将印刷完的表格按部门放入相应表夹，并将印刷单放入“已完成印刷单”的表夹中。

（6）在《印刷单登记表》上注明完成时间。

程序五：收货及发放

（1）收货时，注意对质量和数量的验收。

（2）收货后，将印刷品放入仓库。通常发放的部门有会所经营部、高球运作部、餐饮部、康体娱乐部、商贸部及会员之家等。

（3）通知申请部门文员每天下午领取完成的印刷品。

（4）请领取印刷品的人员在《印刷申请单》上签字验收。

（5）在《印刷单登记表》的“完成时间”一栏注明“取走”。

程序六：检查盘点

（1）每天下班前，查看《印刷单登记表》，检查印刷工作的完成情况。

（2）每周对印刷纸库的物、卡进行一次盘点、核实。

（3）每月末对“已完成印刷单”表夹中的印刷单进行整理、存档。

（4）协助文员对印刷情况进行核查。

五、图片拍摄及存档

程序一：准备

（1）接受拍摄任务，明确拍摄主题。

（2）在《工作任务单》上签名确认。

（3）准备好相机，填写《物品申领单》。

（4）与摄影师沟通，对需要拍摄的内容提前进行布置，包括灯光及物品摆放等。

（5）保证照相机电池供电充足，以便随时可以拍摄。

（6）每次拍摄前，摄影师应在《工作记录本》上记下此次的拍摄内容。

（7）每次拍摄前，摄影师都应核对 VIP 将到达的时间以及拍摄地点。

程序二：拍照

（1）提前到达拍摄地点，选取最佳拍摄角度。

（2）根据任务要求进行拍摄。

（3）拍摄时要抓住三个关键：关键时间、关键地点、关键人物。

（4）在《工作记录本》上注明拍摄的时间、地点、内容及名称。

（5）要求同一主题的内容至少拍摄 1 ~2 张。

（6）根据需要，随时补充布置所需物品，以期达到最佳效果。

（7）提前到达拍摄地点，等待 VIP 的到来。当总经理迎接 VIP 的时候，迅速准确地拍下所需照片，并保证图像清晰，人物表情到位。

程序三：冲洗

（1）照片的冲洗由专人负责并经审核后执行。

（2）在《照片冲洗登记本》上注明送印部门、数量、日期、内容。

（3）照片冲洗完毕后，注明领取时间并签字确认。

程序四：处理照片

（1）及时将照片进行筛选处理，并报请上级确认是否张贴。

（2）及时将照片张贴于员工通道或员工休闲区域的宣传栏。

（3）根据更换时间要求，及时更换张贴的照片。

（4）根据活动时间与内容，将照片排好顺序，放入相册中。

程序五：图片选择及存档

（1）将冲印好的照片交给上级主管或需求部门经理选取最佳图片。

（2）将选好的照片根据内容分类保存，方便日后查找。

（3）在电脑中分类保存选好的照片。同时定期将分类照片刻入光盘中保存。

（4）对照片进行编辑调整，如需要，则送到洗相馆冲洗。在装洗好的照片的袋上用中英文注明其内容，方便日后查找。

程序六：图片翻印及存档

（1）把照片按顺序排好，把总经理挑选的照片重新翻印。

（2）将涉及有关部门的照片重新翻印，以便分发给各个部门。

（3）立即把照片及有关资料存入相应的文件夹内，立档和存档。

六、制作广告宣传画

程序一：准备

（1）查找有关资料，准备相应工具书，以便随时翻阅。

（2）根据有关资料，在头脑中构想几种可能的图案，并画下草图。

（3）根据主管为广告画拟的文字稿，安排其大小比例。

（4）将画好的草图报送上级审批。

程序二：制作

（1）草图通过后开始进行制作，确定广告画的摆放位置。

（2）准备一块画板，将画纸裱在画板上，按照草图放大，细致加工。

程序三：摆放

将画好的广告画摆放在应有的位置。

七、工艺制作申请流程

程序一：设计方案

（1）所有须由工艺制作完成的制作品，应首先由各业务部门填写《工艺制作申请表》，并由部门经理签批。

（2）根据上级指示和球会活动的内容、性质等拟订设计方案。

程序二：审核及派单

（1）所有申请单须由公关部经理审核签批后再派单给工艺制作员方能制作。

（2）如果由于条件所限，工艺制作员无法制作，确须交由其他专业公司制作的，由工艺制作员负责指定专人送出制作。

（3）工艺制作完成后，立即通知各业务部门前来领取。

程序三：制作样品

（1）根据要求设计好字体及大小、粗细等，在电脑上先做出小样。

（2）将小样打印并送交经理审阅。

（3）若审阅不合格，重新设计并制作。

（4）根据审定合格后的小样进行排版。

（5）选择适宜的纸张。

（6）调节刀速。

（7）测试刀压。

（8）调整纸张，使其垂直。

（9）按规定程序进行制作。

（10）把刻完的字用转印贴贴在要制作的告示牌、横幅及绶带上。

（11）调整字距、边距，使其美观得体。

（12）将设计好的样品按接到任务的先后顺序与《工艺制作单》一起摆放于指定位置。

程序四：上级审阅

（1）将制作完毕的样品交给市场策划部经理审阅。

（2）审阅不合格的须重新制作，直到市场策划部经理通过为止。

程序五：交付使用

（1）制作完毕后，填写《工作任务单》，通知使用部门文员在两天之内取走。

（2）请文员在领取时签收。

程序六：成本核算

（1）每月月终，将该月的工艺制作成本汇总，根据各部门的业务量，填制《工艺制作成本分配表》，送至各业务部门。

（2）各业务部门经理签署后收回，备存，并报送高尔夫球会财务部。

八、工艺制作业务流程图

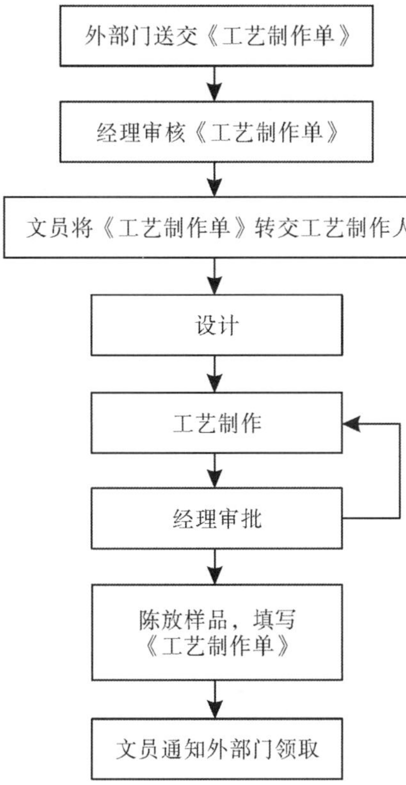

九、工艺制作资料管理

程序一：资料汇总

（1）定时汇总日常文案、美案、照片及光盘等资料。

（2）每次大型活动之后，要及时将该项活动的资料汇总、整理。

（3）资料汇总要齐全，不可有遗漏。

（4）用于宣传栏、报纸中的资料要留有底稿备份。

程序二：分类管理

（1）文案、美案及照片等要分类管理，建立相应的文件夹或档案库。

（2）根据时间顺序将资料进行统一编号，放入文件夹，并设立台账予以登记。

（3）在各项资料的显眼处用铅笔注明活动内容及项目以备查。

（4）对球会外部的资料要设专用文件夹存放，并做好外部资料目录。

（5）对于标明作废的文件不能自行处理，要统一保管。

程序三：借用管理

（1）部门员工借用工艺制作的专用资料时要在《内部文档借阅登记表》上登记，注明借用文件的名称、时间、借用人及使用时间。

（2）当外部门借用工艺制作的资料时，要经过经理审批后方可办理借用手续。

（3）外部门办理借用工艺制作资料的手续时，要持对方负责人签字的备忘录，并注明借用的原因、借用的资料名称及所需借用的时间，并在《内部文档借阅登记表》上登记文件名称、时间及借用人。

（4）工艺制作的资料归还后，查看有无遗失、破损现象，并由借用人在《内部文档借阅登记表》上签名，记录归还时间。

（5）对于到期没有归还的资料，要找该部门负责人进行催促，对于需要延长使用时间的，应办理续借手续。

程序四：销毁资料

（1）对于已到保存期限的资料，向经理请示是否销毁。

（2）经理同意后，以备忘录的形式，写明需销毁资料的名称和资料保存的起止日期，并上报经理审批签字。

（3）将经理审批签字后的备忘录报送总经理办公室进行审批。

（4）接到总经理办公室同意销毁的书面批复后方可销毁。

（5）在《文件销毁登记表》上登记销毁的资料，列明销毁时间、资料名称、资料保存的起止时间及销毁的方式。

（6）资料销毁时工作人员要在现场，确保资料真正被销毁，防止资料外流。

十、设备设施管理

程序一：设备检查

（1）设备设施主要包括计算机、扫描仪、MO 彩色喷墨打印机、刻字机、照相机和塑封机等精密仪器。

（2）每天对所有的设备设施检查一次，并填写《工艺制作室设施设备使用检查表》，发现问题应于 10 分钟内报修。

（3）工程部每月 15 日和 30 日分别对工艺制作室的设备设施进行一次保养检查，发现问题应及时维修。

程序二：设备使用

（1）工艺制作室的设备设施为美工专用，一般情况下外部门人员不得使用。

（2）工艺制作人员凭《上岗证》操作专用工艺制作的设备，无证人员不得擅自使用。

（3）工艺制作严禁做与球会业务无关的设计、绘图、拷贝及刻字等工作，坚决杜绝干私活现象。

（4）部门经理必须每日对工艺制作的工作进行监督检查。

程序三：设备报修

设备设施出现故障，应立即填写《报修单》，向工程部报修。

程序四：设备报废

按照设备报废程序操作。

程序五：设备更新

按照设备更新程序操作。

十一、易耗材料管理

程序一：盘点

（1）易耗材料主要是指一次性使用，不能再次利用的材料，如即时贴、印刷纸、塑封膜、马克笔、墨盒、打印纸、GR 墨盒、GR 油墨等。

（2）每月 30 日前对耗材进行盘点，填写《____月份易耗材料统计表》，并分别与其台账的账面数量进行核对，保证账物相符。

（3）如盘点中发现耗材短缺现象应及时查明原因并上报经理。

（4）注意对纸张、用品等常用物品实行备量管理，以应付突发事件。

程序二：编制月计划

（1）根据盘点情况及部门下月的工作计划，做出下月物品申领计划。

（2）填写一式四份的《物品月计划申报单》，写明耗材品名、规格、上月用量、本月结存、本月申报、用品单价、每种用品的申报金额，并计算累计金额。对于特殊申领的用品，要在“用途”一栏注明申领原因，在“经手人”一栏签名。

（3）各种耗材的月计划金额应控制在球会下达的月各项费用指标范围内。

程序三：上报审核

（1）将填写好的《物品月计划申报单》上报经理审批签字。

（2）将经理审批通过的《物品月计划申报单》报送仓管部。

程序四：领取

（1）持球会审批通过的《物品月计划申报单》，在规定领取物资的时间到仓管部记账员处开具《物品申领单》，并由经理签字确认。

（2）持《物品申领单》到仓管部相关库房办理物品领用手续。

程序五：登记

物品领回后，按照实际领取的用品名称及数量分别在应备卡上进行登记。

十二、宣传设施检查维修

程序一：检查

（1）检查范围包括：

①大型赛事及公关活动中的宣传招贴画、宣传板、形象会标等露天宣传用品与设施。

②球会日常工艺制作的宣传设施。

（2）对于短期大型活动中的工艺制作要做到每日一查，对于日常宣传设施要以定期检查与随机抽查相结合的方式进行。

程序二：修理

（1）对于需要修理的地方，填写《工艺制作整改单》，报经理审批。

（2）在规定的时间内妥善完成修理工作。

十三、接受宣传设施报修

程序一：接受报修

（1）外部门人员向本部门提出报修，本部门成员应予以重视，不得置之不理。

（2）对报修人员的意见要做好记录，写清地点、对象和损坏程度等情况。

程序二：检修

（1）针对报修人员提供的线索，有针对性地进行准备：

①若为轻度损坏，带好工具直接赶赴修理地点整修。

②若损坏较为严重，应先勘查现场，并上报经理，研究修改意见后再进行整修。

（2）无论损坏程度大小，都要填写《美工整改单》以备查。

程序三：总结

（1）分析损坏事故出现的原因，若为自然原因或他人损坏，应总结经验，研究保护措施。

（2）若为工艺制作偷换材料、不严格按标准设计等方面的原因，要追究相关负责人的责任。

第二十五章　信息资源部工作内容与操作流程

第一节　信息管理工作流程

一、检查市场营销部客户信息

程序一：检查数量

（1）核对当日球会客户数量与市场营销部上交的《市场营销部客户信息反馈表》中反映的数量是否一致。

（2）每日抽查记录数不得少于10份。

程序二：检查内容

（1）检查《市场营销部客户信息反馈表》的填写是否符合要求。

（2）检查《市场营销部客户信息反馈表》中客户信息内容是否已输入电脑中的客户历史档案。

（3）更改检查出的《市场营销部客户信息反馈表》与电脑中信息不相符的内容。

程序三：登记

将检查情况登记在《信息检查汇总表》上。

二、检查会所接待部客户信息

程序一：检查数量

核对当日客户接待数与会所接待部上交的《会所接待部客户信息反馈表》中反映的数量是否一致。

程序二：核对内容

（1）检查信息表填写是否认真仔细。

（2）检查信息表是否填写完整。

（3）检查信息表内容与输入电脑中的记录内容是否一致。

（4）检查当日到达的会员与老客户是否按照客户的以往消费喜好进行登记。

程序三：应用检查

（1）每日到会所接待部对客服务现场对信息使用情况进行抽查。

（2）每日抽查记录数不得少于10份。

程序四：登记

将检查情况登记在《信息检查汇总表》上。

三、检查高球运作部客户信息

程序一：检查数量

核对电脑中前日营业数量与高球运作部的《高球运作部客户信息反馈表》中反映的数量是否一致。

程序二：核对内容

（1）检查信息表填写是否认真仔细。
（2）检查信息表是否填写完整。
（3）检查信息表内容与输入电脑中的记录内容是否一致。

程序三：应用检查

（1）每日到高球运作部对客服务现场对信息使用情况进行抽查。
（2）每日抽查记录数不得少于10份。

程序四：登记

将检查情况登记在《信息检查汇总表》上。

四、检查会所餐饮服务部客户信息

程序一：检查数量

核对电脑中前日餐饮营业额与餐饮部上交的《餐饮部客户信息反馈表》中反映的数量是否一致。

程序二：核对内容

（1）检查信息表填写是否认真仔细。
（2）检查信息表是否填写完整。
（3）检查信息表内容与输入电脑中的记录内容是否一致。

程序三：应用检查

（1）每日到会所餐饮部对客服务现场对信息使用情况进行抽查。
（2）每日抽查记录数不得少于10份。

程序四：登记

将检查情况登记在《信息检查汇总表》上。

五、检查康体娱乐部客户信息

程序一：检查数量

核对电脑中前日营业数量与康体娱乐部上交的《康体娱乐部客户信息反馈表》中反映的数量是否一致。

程序二：核对内容

（1）检查信息表填写是否认真仔细。

（2）检查信息表是否填写完整。

（3）检查信息表内容与输入电脑中的记录内容是否一致。

程序三：应用检查

（1）每日到康体娱乐部对客服务现场对信息使用情况进行抽查。

（2）每日抽查记录数不得少于10份。

程序四：登记

将检查情况登记在《信息检查汇总表》上。

六、检查会员之家住客信息

程序一：准备

（1）每日16：00前打印《当日在住客户信息一览表》。

（2）准备《会员之家客户信息栏执行情况检查表》。

程序二：信息栏检查

（1）检查当日在住的客户信息是否已写在《会员之家客户信息反馈表》中。

（2）检查昨日以前入住的客户信息栏中是否已填写客户喜好等信息。

（3）对于当日入住的新客户只写客户的姓名、性别等登记单上注明的信息。

（4）对于当日入住的会员和老客户，除记录客户的姓名、性别等基本信息外，还要根据客户的历史档案写明客户以往的入住信息。

程序三：信息执行检查

（1）检查服务员是否按照信息栏的填写情况对客房进行清理。

（2）检查服务员是否按照客户的喜好进行登记。

（3）每日抽查记录数不得少于10份。

程序四：输入电脑情况检查

（1）核对《会员之家客户信息反馈表》上的内容与电脑中记录的内容是否一致。
（2）更改两者不一致的客户信息。

程序五：登记

将检查情况登记在《会员之家客户信息栏执行情况检查表》上。

七、检查会所商贸部客户信息

程序一：检查数量

核对会所商贸部上交的《会所商贸部销售信息反馈表》与当日消费中反映的数量是否一致。

程序二：核对内容

（1）检查信息表填写是否认真仔细。
（2）检查信息表是否填写完整。
（3）检查信息表内容与输入电脑中的记录内容是否一致。
（4）检查当日到达的会员与老客户是否按照客户的以往消费喜好进行登记。

程序三：应用检查

（1）每日到会所商贸部对客服务现场对信息使用情况进行抽查。
（2）每日抽查记录数不得少于 10 份。

程序四：登记

将检查情况登记在《信息检查汇总表》上。

八、信息检查业务流程

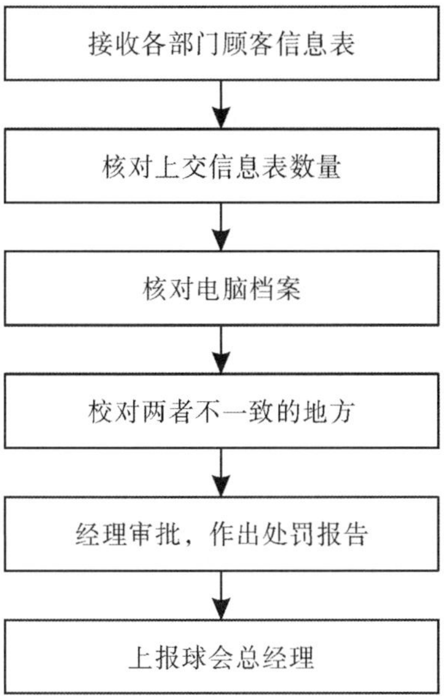

九、更新网上宣传内容

程序一：收集信息

（1）每周收集球会各营业部门的相关新政策。
（2）根据季节变化收集球会的各种相关信息。
（3）收集各种相应的宣传图片。

程序二：整理

（1）整理收集到的各种文字，使之符合球会互联网使用要求。
（2）将各种图片制作成符合球会互联网使用要求的宣传资料。

程序三：审批

（1）将各种整理好的文字及图形资料交予经理审核。
（2）请各相关部门审核其相应的宣传内容。
（3）请总经理审批各部门审核通过的各种资料。

程序四：更新

将球会总经理审批通过的互联网宣传资料进行更新。

程序五：登记

将球会互联网更新内容、日期等在《网页更新登记表》上进行登记。

十、收集与使用互联网信息

程序一：收集信息

定期上网收集与球会经营管理相关的网络信息。

程序二：确认

（1）将收集到的信息分类登记在《互联网收集信息登记表》上。
（2）请经理审阅《互联网收集信息登记表》。

程序三：使用

（1）将各部门审阅通过的各种对客信息输入电脑。
（2）按照部门分发收集到的各种营业情况信息。
（3）向球会各部门分发各种对客服务信息。
（4）各信息使用部门通过电脑系统共享使用对客信息。

第二节　信息资源部电脑保养工作流程

一、电脑软硬件维修

程序一：了解报修内容

接到报修后 2 分钟内打电话了解报修人员电脑故障的具体情况。

程序二：准备工具

（1）根据情况携带维修所需工具。
（2）基本维修工具有十字螺丝刀、一字螺丝刀、压线钳、杀毒盘、启动盘、系统盘。

程序三：维修

（1）接到报修 15 分钟内赶到报修现场。
（2）对电脑情况进行检查、维修。
（3）对不能立即修好的电脑设备应向使用部门说明情况，并用备用电脑进行更换。

（4）营业时间维修时，要尽量减少对对客服务的影响。

（5）如出现网络故障，以致影响整个系统的运行，应立即上报经理，并采取相应的措施。

程序四：作出事故报告

（1）打印机等易损件需更换时，应请使用人填写《设施设备事故分析报告》。

（2）将《设施设备事故分析报告》呈报经理审批。

二、电脑软硬件盘点

程序一：盘点前准备

（1）每月 25 日前对球会各部门的电脑软硬件进行一次全面盘点。

（2）盘点前准备好杀毒盘、十字螺丝刀、一字螺丝刀、压线钳。

程序二：盘点

（1）启动电脑后用杀毒盘杀毒。

（2）检查桌面程序、文档系统时间。

（3）检查电脑有无游戏及与工作无关的文件，如有，应立即删除。

（4）使用打印机打印测试页，检查有无断针。

（5）对检查出的问题进行维修。

程序三：记录

（1）记录检查中出现的问题。

（2）将测试页与盘点表存档。

（3）汇总各种电脑打印机的数量及运行情况。

（4）汇总检查出的设备故障及隐患。

（5）将各项检查项目记录于《设备盘点明细表》上。

三、电脑设备外修

程序一：鉴定

（1）设备在保修期内或球会内无法修复时可进行外修。

（2）报修时填写《设备外修登记表》。

（3）请经理鉴定设备是否需要外修。

（4）鉴定合格后，请经理在《设备外修登记表》上签字。

（5）填写《设施设备事故分析报告》。

程序二：送修

（1）在《出门证》上登记外修设备的规格型号及数量。

（2）请经理在《出门证》上签字。

（3）请外修单位检验设备损毁程度及预计修复时间。

（4）在《设备外修登记表》上登记预计取回时间。

（5）对于外修单位认为 3 天内不能修复的设备，征得经理同意后方可送外维修。

（6）对于损毁严重的设备，需较大数额的维修费用时，请经理审批。

程序三：跟踪

（1）提取日期前一天，征询维修单位的维修情况。

（2）对于不能按时取回的维修物品，报告经理。

程序四：取回

（1）对维修好的设备应立即前往取回。

（2）取设备时应详细检验设备的维修情况。

（3）征询设备维修单位对设备损毁原因的分析。

（4）请经理填写《设施设备事故分析报告》。

（5）将《设施设备事故分析报告》上报质量管理部。

四、电脑网络设备维护保养业务流程图

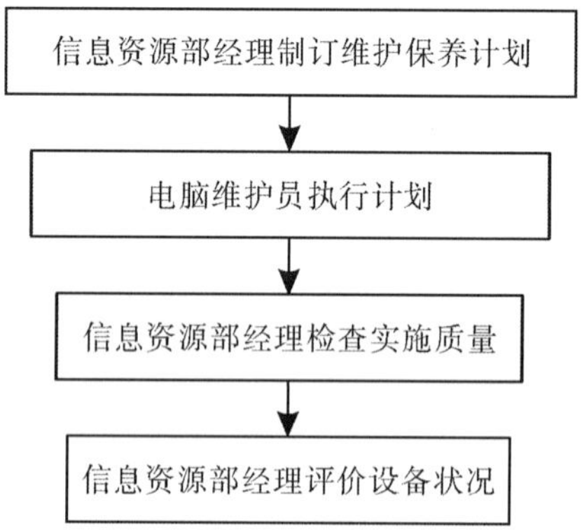

五、电脑设备档案管理

程序一：存档

（1）电脑技术资料包括《设备技术说明书》、《设备保修卡》、《出厂检验证明》以及设备附带的各种软件安装盘等。

（2）分类存放电脑的各种资料。

（3）在设备档案袋上注明档案目录、存档日期、数量、内容等。

（4）对设备档案进行核对，清点无误后进行存档。

（5）单独存放设备种保修证件。

（6）单独存放设备附机的各种软件。

程序二：使用

（1）资料借阅，请借阅人在《设备资料借阅登记表》上登记。

（2）对于需带出球会使用的设备资料，请部门经理批示。

第二十六章　市场营销部工作内容与操作流程

第一节　营销策划与市场调研

一、监督市场调研员调研工作

程序一：核查信函调研

（1）核对市场调研员上交的《市场策划部信函记录表》填写是否准确。
（2）向客户发确认信函，考察调研员是否进行了调研工作。

程序二：核查电话调研

（1）核对市场调研员上交的《市场策划部电话记录表》填写是否准确。
（2）根据通话记录与客户联系，考察调研员是否进行了调研工作。

程序三：填写抽查登记表

将抽查情况登记在《调研人员外出调研抽查登记表》上，详细注明抽查时间及联系人姓名。

二、外出调研策划业务流程图

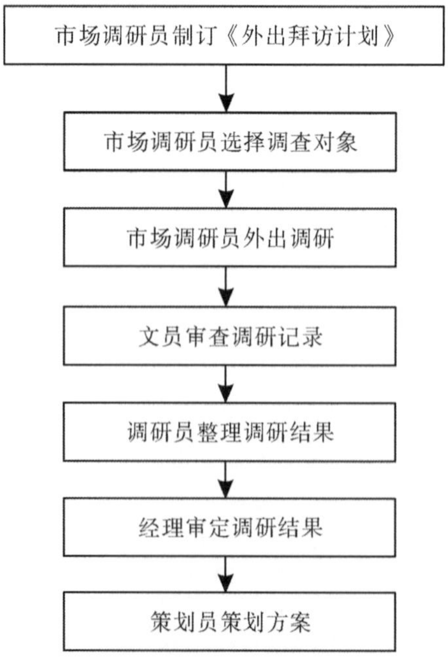

三、汇总客户意见

程序一：收集征求意见

每日下班前，收集市场调研员、策划员在调研过程中获取的客户意见和建议。

程序二：汇总征求意见

（1）每日9：00前填写前一天的《市场策划部征求客户意见汇总表》。

（2）填写意见汇总表时要注意：

①汇总的意见简洁、明了。

②意见汇总表右下方应由填表人及审核人签字。

（3）意见汇总表一式三份。

程序三：上报

（1）每日9：00球会例会前，将《市场策划部征求客户意见汇总表》原件交予总经理办公室，请总经理批阅。

（2）意见汇总表一份于9：00前送交营销策划总监审阅，另一份由部门留存，在球会例会上汇报。

程序四：信息反馈

（1）及时跟进意见和建议的落实情况。

（2）及时将球会处理结果反馈给客户。

第二节　市场营销与客户服务跟踪

一、抽查营销人员外出拜访客户情况

程序一：核对外出拜访明细

（1）核对营销人员、客户管理员上交的《市场营销部拜访客户明细表》是否有漏项，单位名称、地址及联系人是否写明。

（2）核对《市场营销部拜访客户明细表》是否写明拜访时间。

程序二：传呼营销人员

（1）营销人员、客户管理员外出后，在估计其拜访完某位客户后，给其打传呼，获取营销人员、客户管理员回电号码。

（2）营销人员、客户管理员回传呼必须用电话，不允许用手机。

（3）营销人员、客户管理员收到传呼后必须在30分钟之内回电。

程序三：确认营销人员位置

拨打营销人员、客户管理员提供的电话号码，查询其位置，核对与营销人员、客户管理员所拜访的客户位置是否相符或相近。

程序四：抽查所拜访客户

根据营销人员、客户管理员所拜访的客户电话号码，与客户联系人通电话，核实营销人员、客户管理员的拜访记录。

程序五：填写抽查登记表

将抽查情况登记在《市场营销部外出拜访客户登记抽查表》上，注明抽查时间及联系人姓名。

二、统计核对营销人员业绩

程序一：准备

每日核对高尔夫球会营业信息。

程序二：确认客户归属

（1）将所有营销人员进行编号。
（2）将当日在球会消费的客户根据《预约单》划分给相应营销人员。
（3）根据营销人员编号标注相应的消费客户。

程序三：统计业绩

（1）营销人员业绩均填写在《市场营销部____月____日预订确认表》上，每位营销人员一份。
（2）查询客户每日消费额，确认客户所享受的折扣。
（3）查询客源情况及消费类型。
（4）在《每日营销明细表》上注明日期、单位名称，在相应系数下注明客源情况及消费类型。
（5）每张营销明细表可登记连续几天的业绩。
（6）每张营销明细表登记完毕后，统计本张表的累计时间天数、消费金额和月累计时间天数、消费金额。

程序四：核对

每天对当日所统计的各营销人员业绩进行核对，确保无误。

程序五：汇总

（1）每月月末应将每位营销人员的业绩进行统计并核对计算是否正确，统计出总金额。
（2）将统计出的业绩输入《市场营销部当月业绩完成情况表》。于每月 10 日前，由部门经理签字确认后，上交财务部。

三、布置每周工作

程序一：总结工作

（1）每周三通报部门卫生大质检结果。
（2）通报本周工作重点完成情况。
（3）汇总客户意见。
（4）编排值班。
（5）进行部门周总结。
（6）总结例会纪要中安排的本部门工作事项完成情况。
（7）统计部门一周的业绩、拜访客户数量、新客户数量及新客户业绩等。
（8）确定本部门下周工作重点。

程序二：打印表格

（1）将确认的部门本周工作于周六前登记在《市场营销部周工作计划》中。
（2）打印《市场营销部周工作计划》并张贴于市场营销部工作布置栏中。
（3）注明每项工作须完成的时间。

程序三：执行

每项工作必须于规定时间内完成，每项工作完成后必须在相应位置打“√”。

程序四：存档

（1）每周六更新《市场营销部周工作计划》。
（2）将过期的表格统一保存。

四、营销工作月度总结

程序一：准备相关资料

（1）营销人员每日总结销售业绩，填写《每日工作明细》。
（2）每月末根据《每日工作明细》，计算当月的销售总额。
（3）查阅本月部门的营业总额。
（4）咨询同行同期相同市场的个人销售总额。
（5）整理应当负责的相关球会的信息。

程序二：完成月度总结

（1）根据球会的销售情况，填写《本月销售总结》，具体包括：
①填写《市场营销部每月业绩完成情况表》。
②总结本月的成绩及不足。
③总结遇到的困难及解决措施。

④制订下月计划。

（2）总结本月个人表现情况，具体包括：

①用心做事事例。

②个人处罚分数及出现的较大问题。

程序三：汇报月度总结

（1）每月 5 日前参加部门组织的月度经营分析专题会。

（2）针对自己业绩进行总结分析。

（3）根据球会经营精神，有针对性地调整下月工作重点。

（4）制订下月营销计划。

程序四：保存月度总结

将所做的《市场营销部每月业绩完成情况表》及《本月销售总结》转交部门文员保存，以备查。

第三节　高尔夫球会预订工作业务流程

一、班前准备

程序一：准备物品

（1）准备预订表格。

（2）准备办公用品。

程序二：查看记录

（1）查看《预订员交接班日志》有无客户交办事项或工作注意事项。

（2）在《预订员交接班日志》上签字确认。

（3）查看客户预订记录及客史档案。

二、接受电话预订

程序一：接听电话

（1）电话铃响三声内必须接起电话。

（2）用中英文向客户问候并报出自己的部门。

（3）询问客户的需求并尽量给予满足。

程序二：推销球会相关活动及营销项目

耐心回答客户对球会服务项目、价格等的询问，抓住时机推销高尔夫球会相关活动及营销项目。

程序三：接受预订

（1）询问客户预订要求，并做好记录，注意明确以下内容：

①客户抵达球会的具体日期、时间及乘坐的交通工具。

②预订的消费种类、价格及数量。

③根据预订要求查看相应的营业部门预订情况，明确在客户要求的消费期间是否有服务时段可以出售。

（2）客户确认预订时，记录下列内容：

①消费客户的姓名、性别、是否会员、会籍编号、公司名称及联系电话。

②询问客户是否需要其他项目的服务，并说明收费标准。

③说明预订项目的保留时间。

程序四：确认预订

（1）复述客户预订内容，向客户核对确认。

（2）确认后，向客户表示感谢。

程序五：存档

（1）根据预订要求，填写《预约单》。

（2）将预订信息录入电脑系统。

（3）将《预约单》按日期存入预订文档夹中。

三、接受传真预订

程序一：了解预订信息

（1）收到传真预订后，仔细阅读传真内容，清楚地了解客户预订的要求。

（2）根据预订要求查看相应的营业部门预订情况，明确在客户要求预订期间是否有服务的时段可以出售。

程序二：回复传真

（1）如果预订期内无客户预订的服务项目或服务时段，建议客户预订其他种类的项目或时段，以书面形式回复传真并道歉。

（2）如果预订期内有客户预订的服务项目或服务时段，回复传真时应注明价格、为客户保留的时间、预付金的数额、付款方式及取消预订的规定等。

（3）如果传真上有“加急”字样，必须马上予以回复。

（4）如果传真上无“加急”字样，应1小时内予以回复。

（5）如果传真上注明回复时间，必须于规定的时间内予以回复。

（6）如果顾客要求当日回复传真，必须当日予以回复。

（7）每个传真预订都必须以书面形式回复。

程序三：存档

（1）根据传真要求，填写《预约单》。

（2）将预订信息录入电脑系统。

（3）将传真和《预约单》附在一起，按日期存入预订文档夹中。

四、更改预订

程序一：了解信息

接到客户更改预订的电话时，仔细询问要求更改的内容，并做好记录。

程序二：更改预订

（1）得知客户要更改预订服务项目或服务时段时，要先查询相应营业部门的预订情况。

（2）如果客户需要更改日期，而球会当时服务项目或服务时段已预订满，应及时向客户解释。

（3）告诉客户预订可以暂时登记在《候补预订登记表》上，如有服务项目或服务时段马上与其联系。

（4）在有服务项目或服务时段的情况下，可以请客户确认更改预订，并填写《预约单》。

（5）记录更改预订代理人的姓名及联系电话。

程序三：存档

（1）找出原始《预约单》，把更改后的放在上面，其上注明“更改”字样，避免混淆。

（2）将更改信息输入电脑系统。

（3）把两张《预约单》订在一起。

（4）将《预约单》按更改后的日期存入预订文档夹中。

五、取消预订

程序一：了解信息

接到客户取消预订的电话时，仔细询问取消预订客户的姓名及日期。

程序二：取消预订

（1）按照客户提供的信息进行查询。

（2）询问取消预订代理人的姓名及联系电话。

（3）在《预约单》上做好记录。

（4）感谢客户将取消预订的信息及时通知球会。

（5）询问客户是否要做下一阶段的预订。

（6）如果需要，按照“电话预订”的程序进行。

程序三：存档

（1）在《预约单》上加盖“取消”字样的印章，作为取消的依据，并写上操作人的姓名和时间。

（2）将信息输入电脑系统。

（3）将《预约单》按日期存档保管。

六、预订信息审核

程序一：确认服务项目或服务时段

（1）预订员在接收《预约单》时，首先要确认服务项目或服务时段。

（2）如服务项目或服务时段已满，可作为候补《预约单》，并汇报当班主管处理。

程序二：审核预订

（1）检查《预约单》填写内容是否符合要求。

（2）如果已填写清楚，可签字接受预订。

（3）将《预约单》的第二联交给营销人员，第一及第三联留存。

程序三：输入电脑系统

（1）将《预约单》上的每一项内容认真输入电脑。

（2）如是团队预订，在团队抵达的前一天，与营销人员再次确认服务项目、服务时段及其他事项。

（3）在团队到达的前一天，给团队每个消费项目建立一个账号并仔细检查。

（4）按照《预约单》上的预订日期存入预订文档中。

七、预订工作交接班

程序一：阅读交接班日志

（1）每日在交接班时应先阅读《预订员交接班日志》，掌握并熟记交接事宜。

（2）阅读后，对交接不清楚或字迹不清的事项应当面逐条了解清楚，便于本班次处理落实。

（3）要特别注意上班次对当日工作的提示。

程序二：处理待解决问题

（1）本班次可解决的问题应在最短的时间内解决。

（2）将处理情况详细记录在《预订员交接班日志》上并签字确认。

程序三：交代待解决问题

下班前，在《预订员交接班日志》上，记录下班次待解决的问题。

程序四：交接事项

（1）交接当日接受的预订情况及《预约单》上尚未落实的事宜。
（2）交接下发的《专题活动计划单》，并将内容记录在《预订员交接班日志》上。
（3）交接当日会员、VIP、团队、专题活动客户的预订情况。
（4）交接球会和各部门下发的有关文件。

程序五：签字确认

在《预订员交接班日志》中注明交接日期和时间，并由交班人和接班人签字确认。

第二十七章　客户服务部工作内容与操作流程

第一节　客户信息管理

一、客户信息管理业务流程图

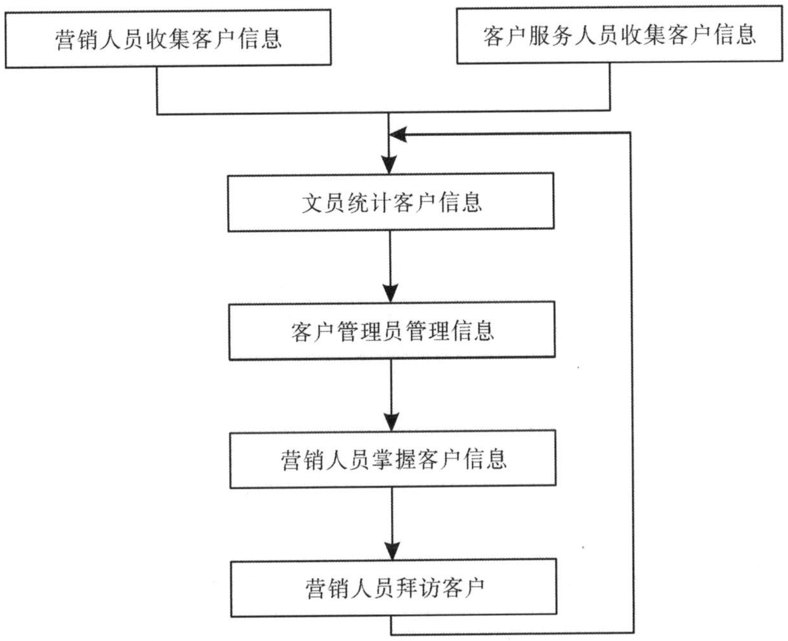

二、客户档案管理

程序一：收集资料

（1）于每天下班前，收集资料并填写《客户迎送客表》。

（2）于每天下班前，收集营销人员提供的访客信息，填写《征求客户意见表》。

（3）从各营业部门收集客户相关信息。

程序二：管理资料

（1）将所有客史资料输入计算机客户资料库中，建立客户资源系统，实行统一管理。

（2）及时更新所获取的客户信息。

（3）统计客户在球会的消费情况。

①了解内容包括消费时间、地点、人数、消费额及结账方式等。

②统计客户消费情况，汇总会员及老客户来球会消费次数及消费总额等。

（4）每月对客户资料进行一次全面整理。

程序三：使用资料

（1）对所有人员进行客户档案资料使用培训。

（2）客户进入球会时，先查询客户档案。

①若是会员及老客户，在《预约单》上注明客户特殊爱好及特殊需求。

②若是曾经投诉的老客户再来消费，在《预约单》上注明投诉原因。

③若是新客户，及时建立新客户档案。

（3）给每位营销人员、客户服务人员设定相应的《市场营销部客户明细名单》，首页为客户明细目录，分页注明每位客户的名称、联系电话及联系人。

第二节　营销合同档案管理

一、合同管理业务流程图

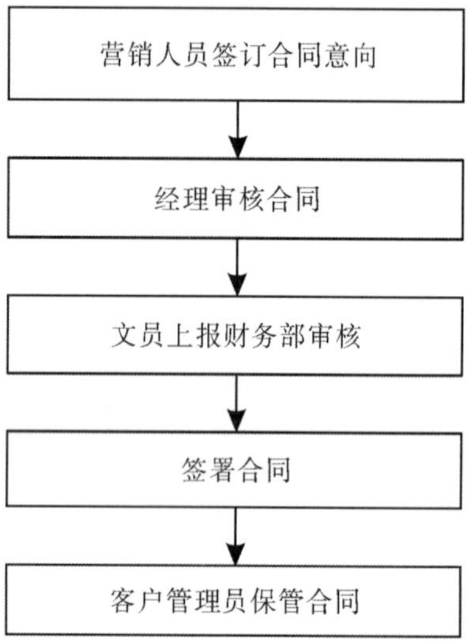

二、订单合同管理

程序一：审核

（1）审核合同填写是否规范。

（2）审核合同是否有漏项。

（3）审核合同表意是否清晰恰当。

（4）审核合同的有效期。

程序二：保存

（1）将一份合同复印件放入《市场营销部合同记录表》，并统一编号登记。

（2）合同原件上交财务部，并请接收人在《市场营销部合同记录表》上签收。

程序三：定期整理

（1）每月底对合同进行整理，检查合同是否到期、是否需要进行更改。
（2）对需续签或更改的合同，立即通知责任人。

程序四：合同评审

（1）在合同签订一个月后，对所签的合同进行评审。
（2）填写《合同评审记录》，附于合同复印件之后。

第三节　客户关系维护管理

一、拜访会员与老客户

程序一：预约会员与老客户

（1）于每日下班前，列出次日计划拜访客户名单。
（2）预约计划拜访客户，约定见面时间、地点。
（3）填写《拜访客户明细表》，交予部门指定文件存放处。

程序二：拜访老客户

（1）外出前填写《营销人员外出时间表》，注明外出拜访时间。
（2）提前 10 分钟到达预约地点，迎候客户。
（3）向客户介绍球会近况，了解客户需求，听取客户对球会的意见和建议，推销球会产品。
（4）向客户赠送球会宣传册和纪念品。
（5）感谢客户对球会的支持，礼貌道别。
（6）回球会后填写《营销人员外出时间表》，注明回归时间。

程序三：总结拜访情况

（1）填写《市场营销部实际拜访客户明细表》，注明实际拜访客户的大约时段。
（2）根据客户提供的信息，填写《征求客户意见表》。
（3）将客户提出的意见、建议及投诉等反馈到相关部门。
（4）对反馈信息进行跟进处理。
（5）将球会的处理结果反馈给客户。

程序四：汇总拜访情况

（1）及时记录拜访客户情况以及对客户意见的处理结果。

（2）根据每天填写的《征求客户意见表》，于每月 30 日填写《市场营销部征求客户意见汇总表》。

（3）将《市场营销部征求客户意见汇总表》交给文员存档。

二、发放生日卡给会员及客户

程序一：打印名单

（1）每天查询 5 日内过生日的客户名单。

（2）查找"历史客户"档案，按照页数打印《高尔夫球会历史客户生日一览表》并统一装订。

程序二：填写生日卡

（1）每月发放一定数量的空白生日卡。

（2）根据《高尔夫球会历史客户生日一览表》，查询客户姓名、地址及邮编，填写信封。

（3）在生日卡上填写客户姓名、祝福语及寄信人姓名"高尔夫球会营销策划部"和寄信日期。

（4）将填写好的生日卡核对无误后放入信封内，将封口粘贴好。

程序三：寄发生日卡

（1）在《市场营销部生日卡发放登记表》上登记所发放的生日卡，包括客户姓名、地址、邮编及单位等。

（2）每日统一登记预发送的生日卡并交予总经理办公室，在《发文登记本》上登记后统一寄出。

程序四：处理退卡

（1）每日查询是否有退回的生日卡。

（2）对退回的生日卡在《市场营销部生日卡发放登记表》中标注。

（3）打电话查明退卡原因，更改相应的客史档案。

三、汇总客户意见

程序一：收集征求意见

（1）收集各营销人员每日征求到的客户意见。

（2）收集客户服务人员每日迎送客户后填写的《客户迎送表》。

程序二：审核征求意见

（1）确定审核标准。

①有效意见指的是：每条意见或建议必须是针对球会出现的失误或有助于球会发展的建设性建议。

②每位营销人员每日拜访客户后至少提出一条有效意见。

③每位客户服务人员每日迎送客户后至少提出两条有效意见。

（2）根据标准审核意见与建议。

程序三：汇总征求意见

（1）每日根据审核通过的征求意见，填写《市场营销部征求客户意见汇总表》。

（2）汇总意见表的要求：

①汇总的意见简洁、明了。

②汇总意见表右下方应由填表人及审核人签字。

（3）汇总意见表一式三份。

程序四：上报

（1）每日球会例会之前，将汇总表原件交予总经理办公室，请总经理批阅。

（2）汇总表另一份送交营销策划总监审阅。

（3）另一份部门留存，在球会例会上汇报。

程序五：信息反馈

（1）责任人应及时跟进意见或建议的落实情况。

（2）及时将球会处理结果反馈给客户。

第二十八章　高尔夫球会营销策划部门管理规则

第一节　高尔夫球会营销部门管理规则

一、营销人员业绩划分规定

管理目的：确保对营销人员的业绩考核质量。
制约范围：市场营销策划总监、市场营销部经理、营销人员、客户管理员、文员。

规定内容	标　准	核查媒介
任务划分	（1）营销人员： ①主要负责球会新客户的开发工作。 ②市场营销部经理对市场进行划分，并由各营销人员负责开发管理。 （2）客户管理员： ①客户管理员主要负责维护球会老客户，提高顾客忠诚度。 ②营销人员开发新客户之后，由客户管理员负责跟进、拜访。 ③主要负责接待球会客户，进一步激发客户消费需求，与客户建立良好的关系。	
业绩考核	（1）营销人员： ①成功获取客户后，填写《营销人员每日营销明细表》予以确认。 ②客户管理员根据营销人员与新客户签订的合同，确认营销人员开发新客户业绩，并将新客户信息输入客户档案。 ③文员及时将新客户名单上报部门经理，作为考核营销人员业绩的凭证。 ④营销人员开发新客户后，新客户前五次到球会消费的业绩属于该营销人员，后续消费的业绩归于市场营销部。 （2）客户管理员： ①客户管理员填写《拜访客户明细表》，注明客户需求。 ②文员根据老客户的消费情况，判断客户管理员维护老客户的业绩。 ③对于重要客户，经理应随同客户管理员前往拜访。	

二、营销人员业绩考核规定

管理目的：确保对营销人员的业绩考核质量。
制约范围：总经理、市场营销策划总监、市场营销部经理、营销人员、客户管理员、文员。

规定内容	标　准	核查媒介
客户划分	(1) 协议客户前五次以内的消费，依据各营销人员分管的市场划分业绩。 (2) 协议客户后续消费，业绩划归部门。 (3) 非协议客户，第一次到球会消费业绩划归部门，经理根据市场划分标准将非协议客户划分给相应营销人员，由该营销人员跟进、洽谈及签协议。	
业绩考核	(1) 营销人员委托预订员为协议客户下《预订单》，根据业务开展情况填写《营销人员预订明细表》。 (2) 文员依据各营销人员的《营销人员每日预订明细表》，写明具体消费资讯及营销人员对协议客户的拜访情况，填写《市场营销部____月____日销售确认表》。 (3)《市场营销部____月____日销售确认表》一式三份，一份上报总经理审阅，一份上报市场营销策划总监审阅，一份部门留存。	
业绩审查	(1) 市场营销部经理对文员的《市场营销部____月____日销售确认表》进行检查。 (2) 文员在每月10日前，依据《营销人员当期销售明细表》，统计《营销人员____月工作总结配表》、《市场营销部____月份经营状况表》，报经理审核。 (3) 文员将经理审核后的《市场营销部____月份经营状况报表》上报市场营销总监。 (4) 文员将市场营销总监签字确认的《市场营销部____月份经营状况表》上报总经理，并转送财务部经理。	《营销人员____月工作总结配表》、《市场营销部____月份经营状况表》

三、市场营销部日常管理规定

管理目的：加强内部管理，提高整体形象。

制约范围：市场营销部全体人员。

规定内容	标　准	核查媒介
考勤	(1) 每日营销人员、客户管理员外出前必须先到部门报到。 (2) 若晚上拜访时间超过22：00而赶不回球会，应打电话通知部门，部门补单给人事部。	
外出拜访	(1) 营销人员、客户管理员离开部门去球会办事须填写《员工离岗去向跟踪调查表》。 (2) 离开球会外出，须填写《营销人员外出时间表》，去向与填写内容要吻合。 (3) 外出拜访必须穿工服，工服必须整洁。 (4) 外出拜访客户前填写《拜访客户明细表》，拜访客户之后，根据拜访情况填写《实际拜访客户明细表》。	
招待客户	(1) 营销人员因工作需要在球会营业场所用餐与设施消费，须提前报经理审批，凭《球会款待通知单》用餐与设施消费，不允许先做后报。 (2) 营销人员不允许在大堂沙发处坐等客户。 (3) 不陪客户时，营销人员严禁使用客用电梯，不能走大堂正门，只能走员工通道。	
接待访客	(1) 注意礼貌用语，接电话先说“您好，市场营销部”，主动为客户倒茶，遇见客户要主动问好。 (2) 如无紧急事情，禁止在办公室打私人电话。 (3) 接听私人电话时间不允许超过三分钟。	

四、市场营销部开发新客户的规定

管理目的：加强对开发新客户的重视，维持球会持续稳定发展。
制约范围：营销人员。

规定内容	标　准	核查媒介
制订计划	（1）每位营销人员应制订长期的开发新客户计划。 （2）部门鼓励开发新客户，并在营销政策上给予优惠。	
开发行动	（1）营销人员要按时按质完成部门所规定的开发新客户的任务。 （2）开发非所辖区域的新客户前，营销人员应提前通知市场营销部，市场营销部经理批准后方可开发。 （3）营销人员要开发其他市场的新客户前，负责该市场的营销人员有知情及解释需要保留的权利。 （4）所开发的新客户的市场划分由部门及相关营销人员协商解决。 （5）所开发新客户的最终市场划分由市场营销部决定，营销人员在得到非所辖市场的新客户的信息后，应立即将此信息报告部门经理或相关市场的营销人员。	

五、接待工作管理规定

管理目的：确保接待质量，提高球会声誉。
制约范围：总经理、市场营销策划总监、市场营销部经理、文员、客户管理员、公关宣传部经理。

规定内容	标　准	核查媒介
审批	（1）市场营销部经理根据球会发展需要，代表球会总经理，邀请有关人士到球会进行参观、访问。 （2）经理负责对申请来访者进行资格审核，确定允许来访人员。 （3）文员根据来访者身份和目的确定接待的规格和参观的范围，上报经理批准，严格履行审批手续。 （4）接待 VIP 客户须备齐有关文件资料，文员根据政府有关部门的指示和客户的身份填写《贵宾、团体接待服务计划单》，上报总经理审批后严格按规定执行。	《贵宾、团体接待服务计划单》
接待	（1）一般客户由公关部经理负责接待，VIP 客户由市场营销部经理亲自接待。 （2）接待人员在接待过程中严格履行接待工作制度和球会有关规定，自觉维护国家的尊严和球会的声誉。 （3）若情况有变化，接待人员须及时向上级请示汇报，填写《贵宾、团体接待服务计划单》，不得擅自更改接待计划。 （4）如情况紧急，事前来不及请示，事后应及时报告，并补办有关审批手续。	《贵宾、团体接待服务计划单》
协调	（1）经理负责部门之间的协调工作。 （2）当涉及部门协调问题时，接待人员须及时向经理请示，不可越权处理。	
总结	（1）接待工作一旦完成，接待人员填写《贵宾、团体接待服务计划单》，及时记录工作中出现的各种问题，落实责任人。 （2）市场营销部经理召开总结会议，作出接待总结报告，交市场营销部存档。	《贵宾、团体接待服务计划单》

六、资料信息管理规定

管理目的：提高工作效率，适应市场竞争。
制约范围：文员、客户管理员、营销人员、公关宣传部经理、预订员。

规定内容	标　准	核查媒介
职责划分	（1）资料保管人：文员、客户管理员。 （2）文员负责保管的资料：球会基本情况介绍、宣传小册子、餐饮促销资料、新产品简介、设施消费价格表、明信片、电话、传真、信件、各种报表等。 （3）客户管理员负责保管的资料：协议书、合同副本、客户档案及其他电脑资料。	
建立索引	（1）文员、客户管理员设立专门的资料档案柜，存放各种档案文书。 （2）文员、客户管理员对各自负责的资料根据索引顺序排列文档。 （3）电脑存储的资料由客户管理员负责建立索引。	
保管和使用	（1）公用资料及不涉及球会商业秘密的资料，如宣传册、产品介绍等，由营销人员从文员处领取、保管和使用。 （2）拜访客户前，到客户管理员处查阅客户资料。 （3）预订员接受预订后，查询客史档案。 （4）本部门人员借阅资料必须当日归还，不得复印。 （5）外部门人员借阅有关资料，必须经过市场营销部经理批准，方可办理借阅手续，重要资料必须当天归还。 （6）不得在部门电脑上复制资料，开机密码由客户管理员和经理负责掌握。	

七、球会宣传品使用管理规定

管理目的：防止浪费，更好地利用球会的宣传品。
制约范围：市场营销部经理、营销人员、客户管理员、文员、公关宣传部经理。

规定内容	标　准	核查媒介
申报	（1）文员根据宣传品消耗情况，制订《宣传品领用计划》。 （2）文员上报计划，经理审批。 （3）文员将领回的宣传品登记在《市场营销部宣传品发放记录表》上。	《宣传品领用计划》
领用	（1）营销人员、客户管理员每日根据自己的应备从文员处领用球会宣传品。 （2）在《市场营销部宣传品发放记录表》上签字。	《市场营销部宣传品发放记录表》
整理	（1）文员每月对各种宣传品的发放情况及备量情况进行核对。 （2）对于过期不用的宣传品，文员及时清理退库。	《宣传品领用计划》

八、球会预订部信息传递管理规定

管理目的：预订部对预订信息传递的管理。通过规范信息的管理及对信息的有效传递，充分发挥预订工作的桥梁作用，为实现高效优质服务做好铺垫。

制约范围：市场营销部经理、营销人员、客户管理员、文员。

规定内容	标　准	核查媒介
高球预订信息传递	（1）以《高尔夫球预订报表》为预订信息的主要载体，预订文员在完成一个预订时，应以口头形式、传真或电子邮件向客户确认所作的预订。 （2）对于次日的高尔夫球预订，预订文员应在每天18：00前对《高尔夫球预订报表》进行进一步检查，会所前台、高球运作部前台可以通过公司资源共享的方式查看次日的预订。 （3）每日19：30后，预订文员根据电脑预订报表对十日内高尔夫球预订人数做好统计，经预订部经理核对后，电邮给高球运作部、会所前台等相关部门。 （4）对于逾期取消预订应收罚款者，由预订部文员填写报告表，经预订部经理签署，传真给客户后，交由预订部经理（一周内若无特殊情况）转交财务部。	
球会设施消费预订信息传递	（1）以《设施消费预订单》为根据，预订文员在完成一个预订时，以口头形式、填写《预订确认表格》通过传真或电子邮件形式向客户确认所作的预订。 （2）预订文员将《设施消费预订单》资料输入到球会管理系统，通过公司内部网络与相关部门实现资料共享，并于每天18：00前复核次日《设施消费预订单》后交予球会前台。 （3）对三日内的VIP、会员的打球预订进行统计，由预订文员制作报告表，电邮给高球运作部、会员事务部、公关部、场地养护部门。 （4）打印由电脑根据《设施消费预订单》的输入自动统计的一个月内的报表，传递予会所餐饮服务部、会员之家、康体娱乐部、销售部等相关部门。 （5）客户传真或电邮过来的订单信息与真正的信息不符时，员工应及时用电话、传真或电邮的方式回复客户真正的信息，并请客户确认回传或请对方修改之前的订单内容，再重新传真或电邮到本部门。预订部要书面回复客户并将以上信息保存，作为日后依据。	
交通（车辆）预订信息传递	（1）预订文员完成一个预订时，根据预订情况，以口头形式、传真或电子邮件形式向客户确认预订。 （2）预订文员在20：00后将次日的车辆预订报表打印出来并传真给相应的部门。	

第二节　高尔夫球会信息资源部门管理规则

一、电脑网络系统维护制度

管理目的：完善网络系统维护制度，保障系统正常运行，为服务提供快捷方式。
制约范围：公司范围内所有电脑网络运用系统。

规定内容	标　准	核查媒介
日常检查	（1）检查每天的系统备份。检查服务器的状态和上次运行时间是否正确，如果检查发现备份不正确，应立即报告当值经理。 （2）检查机房温度器是否正常并记录在工作本上，超过规定温度立即通知工程部，如果正常，清除昨天的记录。 （3）检查前一天晚上系统的备份情况。 （4）检查工作状态。打开 Internet 浏览器，检查摄影图像是否正常。如果检查发现有不正常的现象，应立即前去检查，并把结果报告当值经理。 （5）检查会员之家电话计费系统的工作状态。 （6）更换每日备份客户资料。 （7）每天检查会所大堂、更衣室、会员酒廊等公众地方的客用电脑是否正常，整理电脑垃圾文件和检查更新病毒库。 （8）每项工作必须在每天工作记录本和每天工作报告中详细记录。	
日常维护	（1）每天早班工作人员在日常检查过程中如发现异常现象，应及时处理并记录，遇困难不能处理时，报告技术经理或系统经理处理。 （2）每天所有工作人员在完成日常工作时，要留在办公室值班，为所有的用户提供技术支持和技术咨询；所有的技术人员在接到用户工作请求外出处理时要进行记录。 （3）所有部门对于电脑设备、软件、系统资源的维修、安装、使用，须按信息资源部的要求填写维修申请单。 （4）所有部门送交的工作申请单由技术经理、系统经理安排处理。 （5）关于各部门需要购买电脑及相关设备的申请须统一审核安排。 （6）所有送信息资源部维修的电脑及相关设备，在保修期内的，由技术经理联系安排供应商保修；过保修期的，由信息资源部自行维修以及更换配件；不能自行维修的电脑及相关设备，由技术经理联系采购部安排外部维修。 （7）用户在使用电脑、相关设备以及软件程序时遇到问题，工作人员必须及时提供技术支持和解答。当值工作人员不能解决时，应及时报告技术经理、系统经理解决。 （8）所有工作人员或用户对系统使用和操作有疑问时，可在信息资源部查阅相关的系统资料或使用手册。	
紧急事故处理	（1）当球会电脑系统出现紧急事故时，由当值工作人员及时处理，并报告当值信息资源部技术经理和系统经理。 （2）信息资源部工作人员无法当即处理时，立即联系信息资源部技术经理和系统经理到场处理，将处理结果同时上报给集团信息资源部经理。	

二、电脑设备使用管理规定

管理目的：明确电脑操作规定，保障电脑系统安全正常运行。
制约范围：公司范围内各电脑操作系统。

规定内容	标准	核查媒介
设备使用	（1）当离开计算机时，必须关机。 （2）当不使用时必须关上计算机及打印机。 （3）不可擅自打开计算机及打印机机盖作维修或其他用途。 （4）液体、手提电话或磁石不可放于计算机附近。 （5）订书钉要远离键盘。 （6）用户每天最少要清洁计算机、键盘、鼠标及显示屏表面一次。 （7）用户需自行更换纸张、色带及碳粉，如有需要，计算机部可提供培训。	
资讯维护	（1）所有计算机密码必须保持机密，不可告知他人。 （2）每月最少清理硬盘一次，将无用的档案删除。 （3）为了控制计算机病毒传播，不可使用私人移动盘。 （4）定期发送最新病毒库数据，用户收到后须马上更新，并检查计算机是否被病毒感染，若是，应立刻删除病毒。 （5）不可开启陌生人的电脑。 （6）每天必须清理电子邮箱一次，删除无用的邮件。	
设备保养	（1）不可于公司内打印私人文件。 （2）不可于公司计算机内建立个人档案。 （3）不可使用公司计算机进行游戏、聊天、股票买卖等活动，情节严重者可予开除。 （4）必须根据用户说明书正常关机。 （5）不可私自更改计算机各设备的设定。 （6）用户不可安装私人软件/硬件于公司计算机上。 （7）未经管理层同意，不可非法连接到公司的网络及系统上。	

三、电脑维修响应时间规定

管理目的：规范电脑维修管理，提高服务水平及工作效率。
制约范围：适用于公司范围内的电脑维修。

规定内容	标准	核查媒介
维修响应	（1）一般任务：1 小时内响应处理。 （2）尽快处理：30 分钟内响应处理。 （3）紧急处理：10 分钟内响应处理。	
区域划分	（1）会所一线地区（会所前台、专卖店、餐厅、球童部、宴会厅、商务中心、康体娱乐部、会员之家）为紧急处理。 （2）后勤部二线员工区（财务部、采购部、餐饮部办公室、人事部、高球运作部办公室、后勤管家部）为尽快处理。 （3）其他地区（保安部、仓库、场地养护部等）为一般任务。	

第三节　高尔夫球会客户交往管理规则

一、客户拜访区域规划与管理规定

管理目的：提高客户拜访工作效率，掌握渠道，完成客户拜访任务，进一步了解客户的需求。

制约范围：营销策划总监、市场营销部经理、市场策划部经理、公关宣传部经理、客户服务部经理、销售员、公关专员、客户服务专员、市场调研员、策划员、工艺制作员、广告设计员、文员。

规定内容	标　准	核查媒介
拜访区域规划	（1）可行性。区域规划应该要是工作人员经过努力可以实现的预期目标。 （2）顺序性。目标的设置要体现出实现目标过程中的努力因素。 （3）全面性。必须进行科学、全面规划，将所有客户包括其中。 （4）易读性。尽量实现数字化，表述明确，容易让人理解。	
明确区域边界	（1）明确客户拜访区域的边界，避免重复工作及与其他区域的业务摩擦。 （2）合理的客户拜访顺序。距离短、客户数多、用时少、拜访效率高。 （3）适宜的地理区域规划。地理条件、特殊限制、行政管制区域。 （4）有效的市场区域规划。市场反馈、销售区域、客户满意、同行业动态、渠道组织发展。 （5）高效的成本效益，适当的交通工具。以节省时间为目的，以节约经费为原则。	
客户资料分析	（1）根据策划资料及工作人员获得的客户登记资料，列出客户明细资料，填写统一的客户拜访表，内容包括拜访客户的基本信息、拜访目的、拜访区域、拜访日期和拜访顺序。 （2）工作人员注销无效客户，对客户明细资料进行修改、确认，对客户基本信息、拜访时间、交通时间及等效客户进行确认。	
时间分析	（1）明确各渠道客户数量或频次。确认拜访客户时间、拜访客户频次。 （2）工作人员说明重新规划的目的，听取建议。	
画图作业	（1）将区域内客户标注在地图上，目标明确、线路明晰。 （2）以节约时间为原则。考察交通情况，主要考虑配送便利程度。	
按客户数量划分路线	（1）按客户数量划分路线，满足交通、配送、拜访频次要求。 （2）运用管理科学的知识优化工作人员每日拜访客户的路线；确定路线；根据工作要求，确认路线拜访标准。	
根据实际情况调整	根据实际工作状况及时调整拜访内容、拜访频次。	

二、拜访客户管理规定

管理目的：加强员工管理，规范员工行为。

制约范围：营销策划总监、市场营销部经理、市场策划部经理、公关宣传部经理、客户服务部经理、销售员、公关专员、客户服务专员、市场调研员、策划员、广告设计员、文员。

规定内容	标　准	核查媒介
拜访前准备	（1）整理好个人仪表，以良好的个人形象向客户展示品牌形象和企业形象。 （2）制订客户拜访计划，明确拜访目的，确定拜访目标。 （3）熟悉当月促销政策，掌握拜访客户技巧，以专业的方法开展拜访工作。 （4）带全必备的拜访工具，包括企业宣传资料、名片、笔记本、钢笔、客户信息一览表、宣传品、馈赠礼品和客户记录工具等。	
了解客户情况	（1）了解接待者的职务、姓名及接待者对今后的项目合作是否有决策权。 （2）了解客户自己认为企业目前的需求和存在的问题。 （3）对于规模较大或拜访难度较大的客户，可以通过地方协会、展销会、与客户重要领导人见面等方式进行拜访。	
拜访工作实施	（1）保持自信，面带微笑，请出负责人并与其打招呼，寻找恰当时机、地点，说明拜访目的。 （2）了解客户对球会产品的态度和需求。 （3）只有了解客户的具体需求，才能发现问题，进行指导，做好服务工作。要及时记录客户对球会的要求和建议。 （4）球会标志、广告宣传资料要准备齐全，环境要整洁、清爽。	
收集信息	（1）掌握客户资料。高尔夫球会的客户队伍是不断调整的，应了解在当地市场上潜在客户的资料。当球会调整客户时，就会有后备的客户资源。 （2）巡访客户和其他媒介。调查了解竞争对手的服务工作是如何开展的，如服务方式、服务流程、服务人员的素质等；了解并落实现场指导，从而达到帮助客户的目的；调查客户资讯及其变动情况。	
强化关系	（1）在了解客户的需求情况的基础上，回答客户提出的问题，处理客户的异议。 （2）根据情况赠送礼品，以强化与客户之间的关系。	
与客户沟通	（1）介绍企业信息。让客户了解球会的情况和最近的动态，向客户描述高尔夫球会的发展前景，有助于树立客户的信心。 （2）让客户了解球会动态，既可以使客户发掘新的机会，又可以在客户心中树立形象。 （3）介绍活动信息。向客户介绍成功经验，给客户介绍一些优惠政策。 （4）产品信息。向客户了解竞争对手的情况，并向客户强调球会的优点。	
帮助发现与解决问题	（1）每次拜访客户时，抽出时间指导客户，多给客户出主意、想办法。 （2）成为客户问题的解决者。当客户遇到问题时，能帮助客户解决难题，才会赢得客户尊重。 （3）处理客户异议。了解客户需求，聆听异议，对异议进行处理；根据客户现状，提供有针对性的专业化、个性化的服务。	
填写拜访报告	（1）填写拜访报告及拜访客户记录卡。 （2）落实对客户的承诺。	

三、客户参观接待管理规定

管理目的：加强员工管理，规范员工行为。

制约范围：营销策划总监、市场营销部经理、市场策划部经理、公关宣传部经理、客户服务部经理、销售员、公关专员、客户服务专员、市场调研员、策划员、文员。

规定内容	标　准	核查媒介
客户参观种类	（1）定时参观，客户先以公文或电话形式预先约定参观时间与范围。定时参观又分为三种： ①重点客户参观，球会的大客户、社会名流以及国内外大企业负责人经允准前来参观。 ②团体客户参观，由客户团体或社会团体约定来球会参观。 ③普通客户参观，一般客户或有关销售人员来球会参观。 （2）临时参观，因业务需要临时决定来企业参观。	
接待方式	（1）重点客户参观：按照通知，以咖啡、糕点、冷饮或其他方式招待，并由公关专员及市场营销部经理陪同。 （2）团体客户参观：凡参观的客户能在会客室容纳者，均以茶点招待，否则一律免予招待，陪同人员由市场营销部经理根据客户的等级决定。 （3）普通客户参观：以茶点招待，由公关专员陪同。 （4）临时参观：同普通客户参观相同接待。	
参观规则	（1）重点客户参观及团体客户参观。由经理核准并于参观前 3 天将参观通知单填送各部门，作为办理接待的凭证；意外时应先以电话通知，后补通知单。 （2）普通客户参观。由客户服务经理核准，于参观前 1 天将参观通知单填送相关部门，以利于接待。 （3）临时参观。由经理核定，于参观前 1 小时以电话通知负责接待任务的工作人员。 （4）未经经理核准的参观客户，一律拒绝参观，擅自率领客户参观的，按泄露商业机密论处。 （5）参观的客户除经经理特准者，一律谢绝拍照，并由陪同参观的工作人员委婉说明。	
申请与许可	（1）参观球会的客户必须事先联系，填写《客户参观申请书》，并正式提出申请。 （2）经理对《客户参观申请书》进行审核，填写参观内容、范围与路线。	《客户参观申请书》
许可资格	（1）凡持有《客户参观许可证》的客户，有资格进入球会参观。 （2）凡事先用电话或其他方式联系，并经经理批准者，有资格进入球会参观。 （3）凡合乎下列条件，并经许可者，有资格进入客户服务部参观： ①事先与客户服务部联系过，并得到经理许可的客户。 ②球会的重要客户或经常发生业务往来的客户。 ③其他希望参观的客户。	《客户参观许可证》
客户参观胸卡	（1）客户必须出示《客户参观许可证》及《客户参观申请书》，领取客户参观胸卡。 （2）客户服务部应在《客户参观申请书》上填写许可编号，转交门卫。	客户参观胸卡
拍照	（1）一般情况下，禁止客户在现场拍照。 （2）重点客户如果对所参观的事物有拍照的必要，并认为拍照有助于其产品推广与市场开拓时，必须向经理请示。部门经理可以在获得企业总经理同意的前提下，指定专人进行拍照，并以公文形式把照片寄给客户。 （3）为了防止所拍摄照片被过量复制，应由公关宣传部门保管底片。 （4）有关球会的参观照片，不得擅自公开刊登，如果有必要刊登，必须事先请示公关宣传部门经理。	

四、客户接待会议管理规定

管理目的：合理有序地安排客户接待会议时间，提高接待会议质量，更好、更周到地接待客户。

制约范围：营销策划总监、市场营销部经理、市场策划部经理、公关宣传部经理、客户服务部经理、销售员、公关专员、客户服务专员、市场调研员、策划员、文员。

规定内容	标　准	核查媒介
接待会议安排	(1) 为避免客户接待会议过多或重复，应合理安排每个客户接待会议，确定客户接待会议的时间、地点、内容等。 (2) 凡已列入计划的客户接待会议，如需改期，或遇特殊情况需安排新的其他接待会议时，应提前2天报请调整接待会议计划。未经同意，任何人不得擅自打乱正常接待会议计划。 (3) 对于准备不充分，或重复性、实际作用不大的客户接待会议，有权拒绝安排，对于客户相同、内容接近、时间相同的几个客户接待会议，有权安排合并召开。	
指定专人主持	(1) 应根据客户的实际情况指定专人主持会议，通知工作人员做好客户接待会议准备工作。 (2) 客户接待会议实施布置前，必须考虑周详，确定接待会议方案，制定出客户接待会议的每个操作步骤。	
布置会议任务	(1) 拟订客户接待会议议程，收集、整理客户资料和接待会议记录。 (2) 总结汇报接待会议的提纲，记录客户的发言要点，拟订接待会议工作计划草案。 (3) 落实客户接待会议现场，根据客户的实际情况，备好座位、茶具、茶水、奖品、纪念品，通知与会人。	
现场布置	(1) 根据客户接待会议的需要，指定工作人员负责会议接待工作，做好明确分工。 (2) 在进行现场布置时，必须按客户接待方案备好花木、材料等，务必速度快捷、动作利落、影响面小。 (3) 根据客户的实际情况，做好接待会议现场的清洁保护工作；对接待会议现场的布置要统一指挥、统一行动，超重作业要切实注意安全操作。 (4) 根据客户接待会议通知单，按时、按客户接待方案做好绿化、花卉布置工作。绿化布置力求整齐、美观，植物干净、无尘、无虫口、无黄叶，花盆、机架得体，台面插花要求绝对卫生清洁、色彩鲜艳、造型端庄。 (5) 会议现场布置使用的一切车辆、工具，必须洗净并抹干水，操作时要“三轻”，即轻声、轻拿、轻放，注意礼让客户。 (6) 布置完毕应清理好接待会议现场，再重新清理、喷水一次，确认无误，征求验收意见，以取得最佳布置效果。	
会议期间	(1) 指定专人负责与会议的沟通、联络工作，及时跟进，确保客户接待会议服务的统一指挥与协调。 (2) 要有极强的组织能力，能及时、有效地处理接待会议中的紧急需求，保证客户接待会议的正常进行。 (3) 要顺应客户的心理，组织各种形式的留念活动。	
会议结束	(1) 接待会议结束后，要做好各种接待费用的结算工作，确保每笔费用清清楚楚，方便结账。 (2) 做好跟踪调查。将收集到的本次客户接待会议的各类客户的信息资料归类、分析、整理并存档，从中发现客户的潜在问题，并且找出规律性的东西和客户的需求，作为提高客户服务水平和改进服务工序的依据。 (3) 将接待会议客户的资料归档，同时要认真做好会议现场的清理工作。	

五、客户招待用餐管理规定

管理目的：以适量、节俭为原则，对客户招待用餐进行管理，要使客户得到热情、周到、安全的服务。

制约范围：营销策划总监、市场营销部经理、市场策划部经理、公关宣传部经理、客户服务部经理、销售员、公关专员、客户服务专员、市场调研员、策划员、文员。

规定内容	标　准	核查媒介
招待与陪同	（1）接待过程中的客餐，应按规定安排，特殊情况需要宴请时，须经批准。 （2）经理出面接待的客户，由专门的工作人员负责客户接待工作安排，包括订餐规格、陪餐人数等。	
开支标准	（1）宴请重要客户标准（中、西餐同一标准）： ①由经理出面举办宴请可到“××餐厅”进行，每人每餐按××元标准控制；由各部门工作专员出面举办的宴请每人每餐控制在××元之内。 ②冷餐、酒会、茶会，每人每次分别为××元、××元、××元；工作人员组织客户到郊区参观、游览，需要在外用餐时，每人每餐××元。 ③宴请重要客户时所花费的宴请、便宴、冷餐所用酒、饮料、水果等费用，不得超过全部费用的1/3；陪餐人员一般不得超过客户人数，客户在5人以下的，陪餐人员不得超过3人，客户在10人以内的，陪餐人员不得超过5人。 （2）宴请一般客户标准： ①举办宴请每人每餐××元，特殊情况下可到“××餐厅”就餐；工作人员组织客户到郊区参观、游览，需要在外用餐，每人每餐××元。 ②宴请一般客户时所花费的酒、饮料、水果等费用以及陪餐人数可参照宴请重要客户时的标准灵活掌握。	
用餐程序	（1）安排客户招待用餐时，须报批准，应提前将客户用餐安排报告送交。报告要列明招待客户单位、时间、标准、人数及餐厅名称。 （2）经批准后，在招待一般客户用餐时，直接领取餐券用餐，在紧急情况下，工作人员可口头请示部门经理，经同意后可先用餐，再补办手续。	
用餐后核算	（1）所有客户招待用餐和饮料的费用，经理须及时注明并签字，客户接待用餐统一按照批示的标准进行安排。 （2）每月底接待餐厅报来的客户招待用餐费用，须经审核并结算，未办理客餐审批手续而自行安排的客餐，若不补办手续，不予报销。	

六、客户接待费用管理规定

管理目的：以精简、节约、高效为原则，规范客户服务部的客户接待费用管理工作。

制约范围：营销策划总监、市场营销部经理、市场策划部经理、公关宣传部经理、客户服务部经理、销售员、公关专员、客户服务专员、市场调研员、策划员、文员。

规定内容	标　准	核查媒介
费用区分	（1）有关客户的交际费用、接待费用和招待费用统称为接待费。 （2）凡应邀来访的客户，应根据协议或互惠原则，把客户接待费用区分为全部执行、部分执行和自费三部分。 （3）客户接待的目的可分为如下几类： ①招待新的合作客户。 ②庆祝与新客户合作关系的建立。 ③客户来访时的招待与客服人员出访时的请客。 ④与客户合作结束后的致谢，接纳各种客户建议后的致谢。 ⑤达到各种目的后的致谢，重要的节日或庆典。 （4）客户接待场所根据接待档次确定，分为高、中、低三类场所。高档：主要指高级饭店、餐馆、美食中心；中档：主要指略低于高档水平的中高档餐馆；低档：主要指中低档大众用餐场所。	
费用申报	（1）有关客户接待费用的申请、批准、记账、结算等，一律按规定的手续办理。凡不按规定办理者，任何对外接待与交际的客户接待费用，客户服务部一概不负责。 （2）无论客户服务经理、客户服务部各项专员，还是客服人员，一律按规定执行，不得擅自或任意动用客户接待和交际费用开支。 （3）客户接待费用预算经客户服务经理批准后，要交客户服务部统一安排，严格控制，不得超标。 （4）本规定所指客户接待费用，包括客户招待费用、交际费用、客户接待会议开支费用、研讨费用、典礼费用、礼品的捐赠开支费用等。	客户接待申请
注意事项	（1）必须注意客户接待费支出项目与客户接待用途及目的一致，任何客户接待上的开支不得背离服务工作的目的与要求。 （2）必须注意每一次客户接待的目的和方法，有效地使用客户接待的经费开支。 （3）必须充分审核每一次客户接待任务与客户接待方式，给予客户接待任务的执行者以适当的指示。	
总结与核算	（1）在客户接待费用的预算范围内进行开支。 （2）客户接待费用的预算按过去的平均实绩确定。同样内容与对象的客户接待应尽量避免，不要造成重复接待。客户接待次数原则上每人每月不得超过×次。 （3）对重要客户要设立客户接待卡，详细记载重要客户的嗜好、兴趣与特点等。有关客户接待卡的填写与保管，由客户服务部负责。 （4）根据具体情况，判断是否需要接待或招待客户，并填写《客户接待申请及报告书》，向经理提出申请，允许后加盖印章。 （5）在客户接待工作结束后 15 天内，对各收据或开文凭证进行核对，呈交经理审批。 （6）要严格执行客户接待规定及标准，不得擅自接待或超标开支。否则，不予报销或在报销时予以核减。	

七、潜在高尔夫会籍客户申报管理规定

管理目的：避免争抢客源，恶性竞争，保证高尔夫会籍营销工作顺利开展。
制约范围：营销策划总监、市场营销部经理、会籍营销人员、会籍销售代理商及合作伙伴。

规定内容	标　准	核查媒介
申报程序	(1) 领取《客户申报表》。 (2) 按要求详细填写《客户申报表》，否则视为无效。 (3) 每周五上午上报。 (4)《客户申报表》中要对客户进行客观评估。 (5)《客户申报表》一份上报会籍营销信息中心，一份保留以备客户跟进时使用。	《客户申报表》
客户确定	(1) 对客户重复的情况采用先申报先锁定客户的原则。 (2) 已申报的客户三个月内每周进行跟进汇报。 (3) 三个月没有收单的客户，会籍营销经理有权对该客户进行评估，确定继续跟单或调整跟单营销人员。	
客户评估标准	(1) 营销人员是否积极地与客户保持良好的联系。 (2) 客户跟踪拜访的次数和拜访记录。 (3) 客户对该营销人员有无投诉。 (4) 会籍营销部经理对营销人员及客户的抽查情况。 (5) 营销人员在营销技术上有无非正当行为。 (6) 营销人员工作遇到困难交上级处理，上级应予以支持，业绩和佣金归营销人员所有。 (7) 对团体客户要在申报的同时作出工作安排实施计划。 (8) 客户申报时应本着实事求是的原则，不得弄虚作假。	
仲裁原则	(1) 对有客户跟进三次记录以上而未收单的情况，收单者与跟进者平分佣金，业绩也平分。 (2) 发生争执，由仲裁小组作出最后裁决。	

八、高尔夫球会客户信息管理规定

管理目的：更多地获取客户信息，正确引导营销工作开展方向，锁定目标市场，激励全员营销。
制约范围：营销策划总监、市场营销部经理、会籍营销人员、营销代理商，分销渠道。

规定内容	标　准	核查媒介
客户信息来源	(1) 营销人员走访过程中获取。 (2) 营销人员通过其他渠道获取。 (3) 营销人员提供的客户信息。 (4) 营销代理商、分销渠道提供的客户信息。 (5) 广告、宣传资料收进的客户信息。 (6) 其他关系的客户信息。	《客户信息管理表》

（续上表）

规定内容	标　准	核查媒介
客户信息申报及处理	（1）领取《客户信息申报表》。 （2）填写申报表的相关栏目。 （3）信息中心根据申报资料进行存档、检索、核对、分析。 （4）信息中心向信息提供者反馈分析结果。	
有效信息确定标准	（1）真实的客户姓名、联系方式、地址及其他信息。 （2）与信息中心库存资料不重复、不冲突。	
客户信息费支付	（1）向信息中心提供客户信息，最终实现客户落单。 （2）信息中心将向信息提供者支付×元/张的信息费。	
信息量化标准	（1）信息量化指标参照全员营销量化指标的规定执行。 （2）个人上报的客户信息不能重复。	

第四节　高尔夫球会市场策划部门管理规则

一、策划人员外出管理规定

管理目的：加强员工管理，规范员工行为。

制约范围：市场策划部经理、市场调研员、策划员、工艺制作员、广告设计员、文员。

规定内容	标　准	核查媒介
考勤	（1）市场策划部人员外出调研，先到部门报到，填写《员工出勤登记表》。 （2）外出前填写《拜访客户明细》和《调研人员外出时间表》。 （3）将《拜访客户明细》交部门文员。 （4）回球会后，在《调研人员外出时间表》上注明回归时间。	《拜访客户明细》
外出	（1）策划部人员外出统一着工装，保持仪容仪表的整洁。 （2）市场调研员外出如需用车，凭经理填写的《内部车辆使用申请单》申请。 （3）策划人员外出代表着企业形象，任何人不得做出危害球会利益、损害企业形象的行为。	《内部车辆使用申请单》
汇报	（1）市场调研员根据外出调研情况，填写《考察报告》。 （2）经理根据《考察报告》，评定市场调研员的工作情况。	《考察报告》

二、创意收集与整理规定

管理目的：拓宽创意来源渠道，激发员工参与创意。

制约范围：总经理、营销策划总监、市场策划部经理、各部门经理、策划员、文员、工艺制作员、广告设计员、市场调研员。

规定内容	标　准	核查媒介
通报	（1）策划员接受总经理、营销策划总监的任务，确定创意的主题。 （2）策划员与部门经理协商主题的可行性，经理确认通过后，向球会员工征集创意。 （3）工艺制作员将《创意征集通知》张贴于宣传栏内。 （4）工艺制作员在员工食堂、更衣室设置创意征集箱。 （5）市场调研员在会所、球场等处放置《创意征集单》，邀请球会客户参与提出创意。	《创意征集通知》、《创意征集单》
整理	（1）策划员每天打开各处设置的创意征集箱，收集整理员工创意。 （2）策划员到会所、球场收集客户建议。 （3）策划员在《市场策划部创意汇总表》上详细记录。	《市场策划部创意汇总表》
筛选	（1）策划员选取有代表性的创意作为备选方案。 （2）经理召开部门创意研讨会，研究创意的可行性。 （3）文员以备忘录形式，将部门讨论结果上报营销策划总监。 （4）营销策划总监主持由各部门参加的球会活动研讨会，公布创意，形成决议。	
奖励	市场策划部经理对优秀创意进行奖励，感谢客户和员工的参与。	

三、策划广告规定

管理目的：确保广告质量，树立企业形象。

制约范围：总经理、营销策划总监、市场策划部经理、市场调研员、策划员、工艺制作员。

规定内容	标　准	核查媒介
了解信息	（1）市场调研员根据市场调研情况，填写《考察报告》，调查本球会在公众心目中的定位。 （2）经理根据球会近期活动，参考《考察报告》，确认有无制作广告的必要。	《考察报告》
上报审批	（1）经理确认制作广告的必要性之后，以备忘录形式上报营销策划总监。 （2）营销策划总监签字认可后，上报总经理办公室，请总经理审阅。 （3）总经理签字确认后，由市场策划部经理组织实施。	
制作广告	（1）经理根据广告内容、媒体实力等选择媒体，签订合同。 （2）策划员与媒体共同设计《广告策划草案》。 （3）工艺制作员负责美术编辑与制作。 （4）经理组织对《广告策划草案》进行讨论，提出修改意见与建议。 （5）市场策划部和媒体共同完成广告清样。	合同、《广告策划草案》、广告清样
审核清样	（1）经理将广告清样送营销策划总监审阅。 （2）营销策划总监签字确认后，上报总经理办公室，请总经理审阅。 （3）总经理签字确认后，市场策划部经理根据领导意见，与媒体完成广告后期制作。	广告清样
投放广告	（1）经理与媒体选择适当时间投放球会广告。 （2）市场调研员考察广告投放效果，填写《考察报告》。	广告、《考察报告》

四、工艺制作材料的管理规定

管理目的：加强对工艺制作材料的管理，杜绝浪费现象。
制约范围：市场策划部经理、工艺制作员、文员。

规定内容	标　准	核查媒介
登记入账	（1）工艺制作员清点从仓管部运进的各种工艺制作材料，分类入库。 （2）协助仓库保管员在相应的货卡上登记入库日期、材料名称、规格和数量。	《物品申领单》
使用	（1）根据使用要求，工艺制作员选择适当材料，按所需数量清点出库。 （2）在相应的货卡上登记使用时间、用途和数量。 （3）在“备注”一栏签字确认。	货卡
盘点	（1）工艺制作员每周陪同文员对工艺制作材料进行审核。 （2）文员根据货卡核对账、卡、物是否一致，若有账、卡、物不符或材料浪费现象，责成工艺制作员查明原因，并进行处罚。 （3）文员根据盘点情况，填写《班组自查表》。 （4）文员将《班组自查表》上报市场策划部经理审核。	货卡、《班组自查表》

五、印刷工作管理规定

管理目的：规范印刷工作，高质、高效地完成印刷任务。
制约范围：市场策划部经理、工艺制作员、文员。

规定内容	标　准	核查媒介
领料入库	（1）工艺制作员清点从仓管部运进的各种印刷材料，填写《物品申领单》，分类入库。 （2）协助仓库保管员在相应的货卡上登记入库日期、材料名称、规格及数量。	《物品申领单》
审核登记	（1）市场策划部经理收到外部门的《印刷申请单》，检查填写是否规范。 （2）市场策划部经理审核签字后，转交文员。 （3）文员按要求完成时间的先后对《印刷申请单》进行排序，并在单上注明编号。 （4）文员将《印刷申请单》转交给工艺制作员。 （5）工艺制作员在《印刷单登记表》上进行登记。 （6）将登记完毕的印刷单按编号顺序放入“未完成印刷单”的表夹中存放。	《印刷申请单》、《印刷单登记表》
印刷	（1）工艺制作员每天从“未完成印刷单”的表夹中取出《印刷申请单》和相应的印刷材料，按编号顺序进行印刷。 （2）到工艺制作室取出相应规格、数量的纸张，并在相应的货卡上注明使用时间、用途及数量，在“备注”栏签字。 （3）将印刷完成的表格按部门放入表夹中的相应位置，将《印刷申请单》放入“已完成印刷单”的表夹中，在《印刷单登记表》上注明完成时间。	《印刷申请单》、《印刷单登记表》

（续上表）

规定内容	标　准	核查媒介
分发	（1）工艺制作员完成印刷任务后，由市场策划部文员通知申请印刷部门的文员前来领取。 （2）每天下午为各部门取表格时间，各部门文员取表格时须在印刷单上签字验收，最后由文员在《印刷单登记表》的“备注”一栏注明“取走”。 （3）每天下班前，工艺制作员查看《印刷单登记表》，检查印刷工作的完成情况。	《印刷单登记表》
盘点	（1）工艺制作员每周陪同文员根据货卡，对库存的原料进行盘点、核实。 （2）文员根据货卡核对账、卡、物是否一致，若有账、卡、物不符或材料浪费现象，责成工艺制作员查明原因，并进行处罚。 （3）文员根据盘点情况，填写《班组自查表》。 （4）文员将《班组自查表》上报经理审核。	《班组自查表》

六、宣传与标识物品制作使用管理规定

管理目的：保证球会宣传使用的标识、物品有效管理。

制约范围：宣传、标识物品制作使用管理。总经理、营销策划总监、市场营销部经理、市场策划部经理、公关宣传部经理、公关人员、市场调研员、策划员、工艺制作员、广告设计员、文员。

规定内容	标　准	核查媒介
接单审核	（1）各需求部门填写《设计制作预约单》。 （2）与财务有关的预约单要先由财务部审核。 （3）接单后由公关宣传部核定，与各部门协调商讨具体使用情况，作出设计制作建议。 （4）送交总经理审核。	
设计制作	（1）按审批指示由设计总监分配，交设计人员及工艺制作部主管，工艺制作部主管布置给工艺制作员按要求制作。 （2）设计人员和工艺制作部工艺制作员按工作单要求进行设计和制作。 （3）完成工作后由相应主管审核，并做好完成工作记录，交公关宣传部经理。	
安装摆放	（1）审核后交使用部门核对文字内容，定稿，印刷。 （2）交工程部安装或摆放。	

七、外部媒体接待工作规定

管理目的：保证球会外部媒体联系及接待工作规范进行。

制约范围：适用于外部媒体接待工作，总经理、营销策划总监、市场营销部经理、市场策划部经理、公关宣传部经理、公关人员、文员。

规定内容	标　准	核查媒介
收集信息	（1）处理相关传媒咨询，收集相关媒体信息。 （2）进行预约采访。 （3）填写跟进报告。 （4）准备相关新闻稿及企业宣传资料。	《招待费用申请表》
接待传媒	（1）填写《招待费用申请表》，送审。 （2）批复后知会相关部门，安排打球、用餐、住宿、交通等。 （3）接待传媒。	
信息跟进	（1）进行剪报收集，编排并分发给相关部门传阅。 （2）传阅后收回存档。 （3）做好相应的信息跟进，报道文稿/图片经审核送总经理签审后方可发布。	《外来资料传真记录表》
进行总结	（1）进行总结，作出相应的总结报告、费用核算以及历史记录编写。 （2）对上述报告、核算、记录进行存档。 （3）完成每周/每月工作报告。	

八、大型活动宣传布置工作程序

管理目的：规范球会大型活动宣传布置程序，保证球会大型活动有序进行。

制约范围：适用于球会大型活动的宣传布置工作。总经理、营销策划总监、市场营销部经理、市场策划部经理、公关宣传部经理、公关人员、市场调研员、策划员、工艺制作员、广告设计员、文员。

规定内容	标　准	核查媒介
宣传计划制订	（1）公关部负责根据企业发展要求结合大型活动进行宣传。 （2）公关部负责宣传计划的制订及具体实施。 （3）公关部完成相应的工作跟进报告。	《物品申领单》
设计制作发布	（1）设计部根据活动宣传要求及部门下单（《设计/制作预约单》）进行设计/制作。 （2）交使用部门下单采购制作。 （3）经采购部报价/报批。 （4）设计部根据申请部门的需要，设计各种类型的宣传海报等打样稿。 （5）打样经公关宣传部和使用部门认可后，由采购部门发外制作。 （6）进行入仓登记，由各部门领用。 （7）由工程部安装/发各前台摆放。 （8）工艺制作部根据要求制作各种横幅、背景板、指示牌等。 （9）摄影师根据需要进行摄影并冲晒相片。 （10）设计部、工艺制作部、公关部分别进行工作情况汇总及信息发布。	《设计/制作预约单》、《设计/制作送审记录表》、《工艺制作部成品签收表》、《设计/制作输出打样稿》
记录存档	（1）公关宣传部作出活动总结、核算、记录，并说明计划活动完成情况及效果。 （2）对上述报告、核算、记录进行存档。	《印刷申请单》、《印刷单登记表》

参考文献

1. ［美］菲利普·科特勒．市场营销管理．郭国庆等译．北京：中国人民大学出版社，1997.
2. 罗锐韧．哈佛管理全集．北京：企业管理出版社，1997.
3. 甘碧群．市场营销学．武汉：武汉大学出版社，1997.
4. 屈小伟等．销售人员管理．北京：企业管理出版社，1999.
5. 冯丽云．现代市场营销学．北京：经济管理出版社，1999.
6. 张元元，王光振．现代企业管理实用全书．北京：中国青年出版社，2000.
7. 张永等．推销人员手册．北京：中国人事出版社，2000.
8. 苏伟伦．危机管理——现代企业实务管理手册．北京：中国纺织出版社，2000.
9. 刘勇．体育市场营销学．北京：高等教育出版社，2001.
10. ［美］罗伯特·希斯．危机管理．王成等译．北京：中信出版社，2001.
11. 诺曼·R．奥古斯丁．危机管理．北京：中国人民大学出版社，2001.
12. ［美］拉尔夫·W．杰克逊等．销售管理．李扣庆等译．北京：中国人民大学出版社，2001.
13. 王方华．市场营销学．上海：复旦大学出版社，2001.
14. 徐源．人事主管实务．广州：广东经济出版社，2002.
15. 鲍明晓．体育产业．北京：人民体育出版社，2002.
16. 吴必达．成功企业如何管人．北京：企业管理出版社，2002.
17. 马勇．旅游市场营销．汕头：汕头大学出版社，2003.
18. 冯建国．销售人员管理技巧．北京：中国国际广播出版社，2003.
19. 曲建忠．市场营销学．北京：机械工业出版社，2003.
20. 伍翼程．市场营销原理与实务．长沙：中南大学出版社，2004.
21. 王璞．营销管理咨询实务．北京：中信出版社，2004.
22. 郭国庆．市场营销学．武汉：武汉大学出版社，2004.
23. 连漪．市场营销管理．北京：国防工业出版社，2004.
24. 孙恒育．服务营销实战．郑州：郑州大学出版社，2004.
25. 方少华．绩效管理咨询．北京：机械工业出版社，2006.
26. ［美］克里斯托弗·H．洛夫洛克．服务营销．北京：中国人民大学出版社，2007.
27. 陈祝平．服务营销管理．上海：立信会计出版社，2007.
28. 孟韬，毕克贵．营销策划方法、技巧与文案．北京：机械工业出版社，2008.
29. 田长广．现代策划实战技法．北京：北京大学出版社，2008.
30. 丁兴良．战略营销策划．北京：经济管理出版社，2008.
31. 狄振鹏．服务营销技巧．北京：北京大学出版社，2008.
32. 叶万春．服务营销管理．北京：中国人民大学出版社，2008.
33. 吴柏林．广告策划：实务与案例．北京：机械工业出版社，2010.

聚焦管理的关键环节

企业的优异成绩来自于统一的工作流程、标准的执行方案以及各部门各岗位之间的高效协作，“制度化”和“流程化”促使企业每一位员工从知道“如何做”向知道“如何高效地做”转化。这一转化必将大大提高员工的工作效率和各部门之间的协作能力，从而在整体上提高企业的运营效率。

如果企业没有合理的执行体系和标准的工作流程，没有把日常管理中的每一个细节通过制度化的方式落到实处，就会形成表面化的管理，从而影响到工作效率，进而削弱企业的竞争力。另外一个困扰众多管理者的难题是，企业已经制定了完整的管理制度，但往往在执行和应用时，由于制度细则不完善或执行不力，经常使制度成为一纸空文。所以，要想使制度完全发挥其效用，与之匹配的执行细则和执行标准是不可或缺的。

我们编写《高尔夫球会管理流程丛书》的初衷也在于此。本书正是站在管理者的角度，充分考虑高尔夫企业管理的方方面面，聚焦高尔夫球会管理最为关键的环节，借鉴国际通用的管理制度和文章，详细论述了高尔夫球会经营管理中普遍涉及的标准化、流程化、工具化等理论与实践问题，并提供了具体工作的相关知识、执行方法与流程、实用工具表格等，使之具有可操作性，可在实践的层面上提高管理效率。

当然，每个高尔夫球会都有其各自的特点，所以对于我们提供的制度范例（若制度、范例与国家相应法规抵触，以国家法规为准）、流程、实用表格，读者可以根据所在球会的具体情况进行适当修改或者重新设计，使之更适用于自己的企业。

已经有很多书籍讲述营销策划理论，而本书更侧重于讲述高尔夫球会在营销策划项目中的方式、方法、步骤以及所产生的效果。从中读者可以清楚地看到一个营销的项目是怎么做出来的、做了哪些分析、得出了哪些结论、这些结论或建议的方案是如何得出的、球会利益有哪些、如何制订真正可操作的和合理科学的解决方案，这是项目策划与实施的关键。相信这些几近完整的流程，对企业的高层管理者、战略管理相关工作人员、营销策划相关人员、高尔夫行业的从业者和对高尔夫球会经营管理感兴趣的读者都会有很大的启迪。

本书主要由高尔夫行业专业人士精心编写而成。中国著名的高尔夫专业导师詹国勇先生付出了宝贵的时间来审阅并作序，为本书创造出了激动人心的效果。本书并不是有关营销管理及策划的理论巨作，也不是未来学家尚未验证的观点；相反，每一个章节都是编者对国内外许多成功的高尔夫企业的实务观察与实践经验的总结。具体编写分工如下：全书由黄丽坚、关展荣、霍桂馨进行统稿及定稿；第二篇“高尔夫营销活动管理流程”章节，尤其是“高尔夫营销活动管理流程”的操作内容由吕晓庄老师编写；第四篇“高尔夫球会公共关系管理流程”章节由李树广先生编写，特别是对“企业危机公关管理”的重点内容加以完善；第五篇“高尔夫球会市场策划管理流程”由谭晓晖先生编写，详细分析“高尔夫会籍与营运产品价格制定策略”与操作流程。在本书即将出版之际，特别感谢暨南大学出版社的编辑们，他们辛勤的工作使本书更加完善。

本书在编写过程中参阅了大量书籍和文献资料，在此对有关专家和作者表示衷心感谢。由于作者水平有限，书中难免有错误和疏漏之处，谨请读者不吝赐教。

黄丽坚
2013 年 7 月于北京